高等职业教育"十四五"规划旅游大类精品教材
专家指导委员会、编委会

专家指导委员会

总顾问　王昆欣

顾　问　文广轩　李　丽　魏　凯　李　欢

编委会

编　委（排名不分先后）

李　俊	陈佳平	李　淼	程杰晟	舒伯阳	王　楠	白　露
杨　琼	许昌斌	陈　怡	朱　晔	李亚男	许　萍	贾玉芳
温　燕	胡扬帆	李玉华	王新平	韩国华	刘正华	赖素贞
曾　咪	焦云宏	庞　馨	聂晓茜	黄　昕	张俊刚	王　虹
刘雁琪	宋斐红	陈　瑶	李智贤	谢　璐	郭　峻	边喜英
丁　洁	李建民	李德美	李海英	张　晶	程　彬	林　东
崔筱力	李晓雯	张清影	黄宇方	李　心	周富广	曾鸿燕
高　媛	李　好	乔海燕	索　虹	刘翠萍		

高等职业教育"十四五"规划旅游大类精品教材

总顾问 ◎ 王昆欣

旅行社数字化运营实务

Practical Digital Operations of Travel Agencies

主　编 ◎ 韩国华
副主编 ◎ 刘若炫　王　蕾
　　　　王　粲　王义芳

华中科技大学出版社
http://press.hust.edu.cn
中国·武汉

内 容 提 要

本教材采用"项目引领,任务导向"的教学理念,分为导论和八个项目。导论部分论述了旅行社数字化转型的背景、概念、意义和特点,为学生提供了数字化转型的理论基础和实践方向。八个项目分别针对旅行社的关键工作流程,围绕搭建网络虚拟旅行社、旅行社产品数字化运营、散客组团业务数字化运营、定制旅游业务数字化运营、旅行社平台业务数字化运营、旅行社销售数字化运营、客户管理数字化运营、平台财务运营和大数据分析进行教学设计。八个项目均根据旅行社的真实案例进行改编,让学生在解决实际问题的过程中,能够创新思考,增强创新意识和提高解决问题的能力。通过项目实践,学生能够模拟旅行社数字化运营的各个环节,提升实际操作能力。

图书在版编目(CIP)数据

旅行社数字化运营实务/韩国华主编. -- 武汉:华中科技大学出版社,2024.8. -- (高等职业教育"十四五"规划旅游大类精品教材). -- ISBN 978-7-5772-0980-7

Ⅰ. F592.6

中国国家版本馆CIP数据核字第20240XH687号

旅行社数字化运营实务
Lüxingshe Shuzihua Yunying Shiwu

韩国华　主编

总 策 划：李　欢
策划编辑：王　乾
责任编辑：王　乾　安　欣
封面设计：原色设计
责任校对：李　琴
责任监印：周治超

出版发行：华中科技大学出版社(中国·武汉)　　电话：(027)81321913
　　　　　武汉市东湖新技术开发区华工科技园　　邮编：430223

录　　排：孙雅丽
印　　刷：武汉科源印刷设计有限公司
开　　本：787mm×1092mm　1/16
印　　张：16.75
字　　数：374千字
版　　次：2024年8月第1版第1次印刷
定　　价：49.80元

本书若有印装质量问题,请向出版社营销中心调换
全国免费服务热线：400-6679-118　　竭诚为您服务
版权所有　侵权必究

总序

习近平总书记在党的二十大报告中深刻指出,要"统筹职业教育、高等教育、继续教育协同创新,推进职普融通、产教融合、科教融汇,优化职业教育类型定位""实施科教兴国战略,强化现代化建设人才支撑""坚持教育优先发展、科技自立自强、人才引领驱动""开辟发展新领域新赛道,不断塑造发展新动能新优势""坚持以文塑旅、以旅彰文,推进文化和旅游深度融合发展",这为职业教育发展提供了根本指引,也有力地提振了旅游职业教育发展的信念。

2021年,教育部立足增强职业教育适应性,体现职业教育人才培养定位,发布了《职业教育专业目录(2021年)》,2022年,又发布了新版《职业教育专业简介》,全面更新了职业面向、拓展了能力要求、优化了课程体系。因此,出版一套以旅游职业教育立德树人为导向、融入党的二十大精神、匹配核心课程和职业能力进阶要求的高水准教材成为我国旅游职业教育和人才培养的迫切需要。

基于此,在全国有关旅游职业院校的大力支持和指导下,教育部直属的全国重点大学出版社——华中科技大学出版社,在党的二十大精神的指引下,主动创新出版理念、改进方式方法,会聚一大批国内旅游院校的国家教学名师、全国旅游职业教育教学指导委员会委员、全国餐饮职业教育教学指导委员会委员、资深教授及中青年旅游学科带头人,编撰出版"高等职业教育'十四五'规划旅游大类精品教材"。本套教材具有以下特点。

一、全面融入党的二十大精神,落实立德树人根本任务

党的二十大报告中强调:"坚持和加强党的全面领导。"党的领导是我国职业教育最鲜明的特征,是新时代中国特色社会主义教育事业高质量发展的根本保证。因此,本套教材在编写过程中注重提高政治站位,全面贯彻党的教育方针,"润物细无声"地融入中华优秀传统文化和现代化发展新成就,将正确的政治方向和价值导向作为本套教材的顶层设计并贯彻到具体项目任务和教学资源中,不仅培养学生的专业素养,更注重引导学生坚

定理想信念、厚植爱国情怀、加强品德修养,以期落实"立德树人"这一教育的根本任务。

二、基于新版专业简介和专业标准编写,兼具权威性与时代适应性

教育部2022年发布新版《职业教育专业简介》后,华中科技大学出版社特邀我担任总顾问,同时邀请了全国近百所旅游职业院校知名教授、学科带头人和一线骨干教师,以及旅游行业专家成立编委会,对标新版专业简介,面向专业数字化转型要求,对教材书目进行科学且全面的梳理。例如,邀请职业教育国家级专业教学资源库建设单位课程负责人担任主编,编写《景区服务与管理》《中国传统建筑文化》《旅游商品创意》;《旅游概论》《旅游规划实务》等教材成为教育部认定的职业教育国家在线精品课程的配套教材;《旅游大数据分析与应用》等教材则获批省级规划教材。经过各位编委的努力,最终形成本套"高等职业教育'十四五'规划旅游大类精品教材"。

三、完整的配套教学资源,打造立体化互动教材

华中科技大学出版社为本套教材建设了内容全面的线上教材课程资源服务平台:在横向资源配套上,提供全系列教学计划书、教学课件、习题库、案例库、参考答案、教学视频等配套教学资源;在纵向资源开发上,构建了覆盖课程开发、习题管理、学生评论、班级管理等集开发、使用、管理、评价于一体的教学生态链,打造了线上线下、课内课外的新形态立体化互动教材。

本套教材既可以作为职业教育旅游大类相关专业教学用书,也可以作为职业本科旅游类专业教育的参考用书,同时,可以作为工具书供从事旅游类相关工作的企事业单位人员借鉴与参考。

在旅游职业教育发展的新时代,主编出版一套高质量的规划教材是一项重要的教学质量工程,更是一份重要的责任。本套教材在组织策划及编写出版过程中,得到了全国广大院校旅游教育教学专家教授、企业精英,以及华中科技大学出版社的大力支持,在此一并致谢!

衷心希望本套教材能够为全国职业院校的旅游学界、业界和对旅游知识充满渴望的社会大众带来真正的精神和知识营养,为我国旅游教育教材建设贡献力量。也希望并诚挚邀请更多旅游院校的学者加入我们的编者和读者队伍,为进一步促进旅游职业教育发展贡献力量。

王昆欣

世界旅游联盟(WTA)研究院首席研究员

高等职业教育"十四五"规划旅游大类精品教材总顾问

前言
QIANYAN

在当今的数字化时代,旅游业作为国家经济和文化交往的重要支撑,正面临着前所未有的转型机遇与挑战。党的二十大报告明确指出要"加快发展数字经济,促进数字经济和实体经济深度融合",这对旅游业的未来发展具有重要的指导意义。在这样的大背景下,专业教师与行业精英携手合作,共同编撰了这本《旅行社数字化运营实务》教材,旨在培养适应新时代要求的旅游行业人才,推动旅行社运营的数字化转型。

本教材是工学结合、产教融合的结晶。教材中依据的 ERP 系统来自欣欣旅游网。欣欣旅游网是一家服务于文旅全产业链的科技型企业,聚焦文旅产业信息化,深耕旅行社和景区等文旅企业,提供包括系统建设、网络营销、内容打造、数据挖掘等整体化解决方案。教材中关于 ERP 系统操作的内容均由欣欣旅游网提供。另外,欣欣旅游网还开放实训平台供教材配套使用。教材中涉及的项目和任务根据山东旅行社国际旅游有限公司提供的资料整理所得,并经其参编人员审核。教材执笔人都是具有丰富的教材编写经验、来自教学一线的专业教师。在教材编写之前,相关课程已开设了两个学期,吸收了学生的反馈意见,积累了教学经验。

本教材采用"项目引领,任务导向"的教学理念,紧密围绕旅行社的客户服务、产品开发、市场营销、运营管理等典型工作任务进行教学设计。教材由导论和八个项目组成。导论部分深入论述了旅行社数字化转型的背景、意义和途径,为学生提供了数字化转型的理论基础和实践方向。项目部分详细阐述了搭建网络虚拟旅行社、旅行社产品数字化运营、散客组团业务数字化运营、定制旅游业务数字化运营、旅行社平台业务数字化运营、旅行社销售数字化运营、客户管理数字化运营、平台财务运营和大数据分析,旨在帮助学生全面掌握旅行社数字化运营的关键内容。

本教材适用于高等院校旅游管理类专业的学生,为他们的未来职业生涯奠定坚实的基础,同时也适用于旅行社在职员工的培训。本教材作为旅行社数字化运营的指导用书,能够帮助旅行社提高运营效率、优化客户体验感、增强市场竞争力,使其在数字化转型的道路上走得更稳、更远。

在此,我们要感谢所有参与教材编写和审阅的专家,他们的宝贵经验和专业见解使本教材更加完善和实用。同时,我们也期待广大读者的反馈和建议,以便我们不断改进和更新教材内容,更好地服务于旅游教育和旅游行业的发展。

导论　旅行社数字化运营概述　　　　　　　　　　　　　　/001

项目一　搭建网络虚拟旅行社　　　　　　　　　　　　　　/020

　　第一节　旅行社命名　　　　　　　　　　　　　　　　/023
　　第二节　旅行社组织架构搭建的内容　　　　　　　　　/023
　　第三节　组织架构搭建的操作　　　　　　　　　　　　/026
　　第四节　组织架构再造和创新　　　　　　　　　　　　/038

项目二　旅行社产品数字化运营　　　　　　　　　　　　　/042

　　第一节　产品分类管理　　　　　　　　　　　　　　　/044
　　第二节　产品标签管理　　　　　　　　　　　　　　　/047
　　第三节　产品报价管理　　　　　　　　　　　　　　　/051
　　第四节　产品描述通用模板管理　　　　　　　　　　　/054

项目三　散客组团业务数字化运营　　　　　　　　　　　　/066

　　第一节　散客旅游产品管理　　　　　　　　　　　　　/072

第二节　散客计划信息管理　　　　　　　　　　　/085
第三节　散客订单信息管理　　　　　　　　　　　/092
第四节　散客组团团队管理　　　　　　　　　　　/097

项目四　定制旅游业务数字化运营　　　　　　　　　　　/107

第一节　定制旅游　　　　　　　　　　　　　　　/109
第二节　定制旅游业务的流程　　　　　　　　　　/111
第三节　定制旅游业务数字化　　　　　　　　　　/115

项目五　旅行社平台业务数字化运营　　　　　　　　　　/136

第一节　旅行社平台运营的概念和方式　　　　　　/139
第二节　旅行社平台运营的流程　　　　　　　　　/140
第三节　旅行社平台业务数字化　　　　　　　　　/142
第四节　旅行社平台的运营推广　　　　　　　　　/154

项目六　旅行社销售数字化运营　　　　　　　　　　　　/159

第一节　旅行社数字化运营的概念与意义　　　　　/161
第二节　搭建网络商城　　　　　　　　　　　　　/163
第三节　线路收客　　　　　　　　　　　　　　　/175

项目七　客户管理数字化运营　　　　　　　　　　　　　/188

第一节　旅游分销商　　　　　　　　　　　　　　/190
第二节　分销渠道信息管理　　　　　　　　　　　/195
第三节　分销商数字化订单管理　　　　　　　　　/203
第四节　旅游供应商　　　　　　　　　　　　　　/208

项目八　平台财务运营和大数据分析　　/217

  第一节　财务相关基础设置　　/219

  第二节　结算管理　　/225

  第三节　出纳管理　　/234

  第四节　发票管理　　/245

  第五节　合同管理　　/248

  第六节　大数据统计（报表管理）　　/249

参考文献　　/253

导论
旅行社数字化运营概述

  思维导图

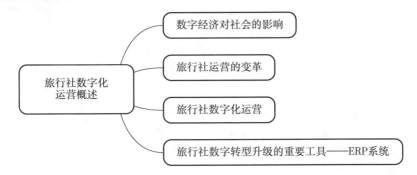

  项目描述

我国社会已经迈进数字化时代,数据已成为经济发展的主要资源。随着数字技术的不断提升和渗透,它对社会、经济和个人产生了广泛而深远的影响,改变了获得信息的方式、就业形态、工作方式、学习方式、人际关系、竞争规则和商业环境等。这些改变要求旅行社进行数字化转型,即从传统的运营形式转向数字化运营,进而提高运营效率、优化用户体验感、提升竞争能力等。

  学习目标

知识目标

(1) 了解数字化经济时代对旅行社运营环境的影响。
(2) 了解旅行社进行数字化转型的必要性。
(3) 了解ERP系统(企业资源计划系统)的功能和特点。

能力目标

(1) 具有分析数字化对旅行社运营产生影响的能力。
(2) 具有为旅行社目前运营存在的问题找到数字化解决方案的能力。

素养目标

(1) 能够与时俱进,具有开拓进取的精神。
(2) 具有创新创业的理念和意识。

当前,传统旅行社运营存在以下困境。

1. 消费疲软

目前,经济正在缓慢恢复,但旅行社还面临着旅游需求下降、人均客单价降低等问题。

2. 不确定性增强

旅行社的运营受到很多不确定因素的影响,如政策变化、天气灾害、恐怖袭击、政治外交等。这些因素都给旅行社带来了风险和挑战,使不确定性增强。

3. 价格竞争激烈

旅行市场竞争激烈,价格成为消费者选择旅行社的重要因素。旅行社需要在保持盈利的同时,提供有竞争力的价格,这给旅行社提升利润和业务发展带来了压力。

4. 依赖供应链

旅行社的运营依赖供应链的稳定和合作伙伴的支持。如果供应链出现问题,如航班取消、酒店关闭等,旅行社将面临行程安排的调整和大量的客户投诉。

5. 舆论压力大

旅行社需要提供优质的服务并满足客户的需求,以使客户保持忠诚度。然而,其中会不可避免地出现一些问题,如行程变更、服务不符合期望等,这给旅行社的声誉维护和客户关系管理带来了挑战。

针对旅行社面临的困境,请完成以下任务。

任务1 任务描述

面对这些挑战,请为旅行社行业发展提供解决方案。为此,请写一篇演示文稿,题为《旅行社行业面临的问题及建议》。演示文稿需要包括以下内容。

(1) 旅行社行业目前面临的主要问题。
(2) 现在的旅行社行业运营环境分析。
(3) 数字化转型的解决方案。

任务目标:完成本任务,可以深刻理解旅行社的行业特点,能分析旅行社行业运营环境的变化,针对旅行社行业的现状和面临的难题,提出数字化转型的解决方案。从而加深对知识的理解,提高应用能力。

任务2　任务描述

　　ERP系统是旅行社进行数字化转型的工具和抓手。请准备一张思维导图,向旅行社的管理者们介绍ERP系统,阐述ERP系统在数字化转型中的作用。

　　任务目标:完成本任务,学会利用思维导图梳理知识和进行思考,了解ERP系统的概念、功能模块,了解ERP系统的特点,能够总结出ERP系统对数字化转型的意义。

　　当前,数字经济的风起云涌推动了技术变革的加速和商业环境的快速变化,让企业重新思考企业运营方式,改变企业价值创造的基本逻辑。

一、数字经济对社会的影响

　　人类在经历了农业社会和工业社会后,进入了信息社会。与农耕时代的农业经济,以及工业时代的工业经济不同,数字技术快速发展和广泛应用衍生出的数字经济是一种新的经济、新的动能、新的业态。在农业社会和工业社会,物质和能源是主要资源,人们从事的是大规模的物质生产活动。在信息社会,数字成为比物质和能源更为重要的资源,以开发和利用数字资源为目的的信息经济活动迅速扩大,逐渐取代了工业生产活动成为国民经济活动的主要内容。数字经济通过产业数字化和数字产业化两个相互联系、彼此促进的途径不断发展起来,掀起了一场产业革命。

(一)信息获取和共享

　　数字化使得获取和共享信息变得更加便捷。通过互联网和数字技术,人们可以随时随地获取各种类型的信息,包括新闻、知识、娱乐等。同时,人们也可以通过社交媒体和在线平台分享信息及与他人交换信息。

(二)商业模式和市场格局

　　数字化改变了传统的商业模式和市场格局。电子商务的兴起使得线上购物成为常态,传统零售业面临着巨大的挑战。同时,数字化也催生了新的商业模式,如共享经济、在线服务等,数字化改变了传统产业的运营方式。

(三)工作方式和就业形态

　　数字化改变了工作方式和就业形态。远程办公和灵活工作模式的普及使人们可以更加自由地选择工作地点和工作时间。同时,数字化也催生了新的就业机会,如数字营销、数据分析、人工智能等领域的工作机会均有所增加。

(四)教育和学习方式

　　数字化对教育和学习方式产生了深远的影响。在线教育平台的兴起使人们可以通过网络学习各种知识和技能,打破了时间和空间的限制。同时,数字化也提供了更多的学习形式,如在线课程、教育应用等。

(五)社交和人际关系

数字化改变了人们的社交和人际关系。社交媒体的普及使人们可以方便地与不在身边的朋友、家人保持联系。同时,数字化也带来了新的社交方式,如虚拟社交、在线社区等,改变了人们的社交行为和社交圈子。

(六)创新和创造力

数字化为创新和创造力提供了更多的机会和工具。通过数字技术、互联网、AI等工具,人们可以更加便捷地获取信息,进行研究和创作。同时,数字化也催生了新领域的发展,如虚拟现实、人工智能等。

数字化改变了人们的生活方式、工作方式和社会交往方式。另外,数字化为人们提供了更多的机会,同时也带来了新的挑战和问题。数字化的发展将继续对社会产生深远的影响,需要人们不断适应。

二、旅行社运营的变革

数字技术通过极强的渗透性以及十分广泛的应用性,与数字资源的开发和利用结合,全面扩展和加强了人类的能力,特别是管理和决策的能力,深刻地改变着旅行社行业与企业的运营环境和运营模式。

(一)消费场景的变化

在传统的消费场景中,由于旅游业产品消费具有异地性特点,生产地即旅游目的地与消费地即旅游客源地在物理上存在天然的分割,消费者无法了解产品的生产状况,卖方和买方存在巨大的信息差。一方面,旅行社提供产品信息,并通过广告等营销方式塑造消费者的认知,影响消费者的购买决策。消费者是产品信息的接受者,只能通过有限的货比三家来弥补信息差。另一方面,旅行社与消费者分隔两地,旅行社对消费者的旅游消费情况的了解也具有很大滞后性和不精确性,所能获得的市场信息在规模上与范围上具有很大的局限性。另外,旅行社的信息存储能力有限,难以为企业的决策提供充分的支持。因此,旅行社想要通过努力对产品进行创新升级来迎合消费者的需求变得非常困难,用户至上、顾客第一的理念很难贯穿所有环节。

而数字化对旅游者的消费方式和消费行为产生了重要影响。消费者可以从多个渠道获得实时信息,消费者也已经习惯通过数字化渠道与企业进行沟通、咨询,以及购买产品和获得服务支持。通过与旅行社任何产品和服务的提供商直接对话,消费者可以方便快捷地表达自己的想法,参与旅行社设计和生产的各个环节,将自身的个性化需求传递给旅游产品和服务的提供者,倒逼旅游产品供应商真正"以顾客为中心",进行产品与服务创新,为消费者制造惊喜。

1. 获取旅游信息的便捷性

数字化经济时代,信息不对称的沟壑逐渐被数字企业填平,旅游者能够更轻松地获取目的地的信息。数字技术为旅游业商业活动构建起了一个虚拟世界,旅游产品供应商与消费者之间的物理束缚被打破,数字化产品、搜索引擎和信息平台得以建立。通过搜索引擎、旅游网站和应用程序,旅游者可以获取关于旅游目的地的详细信息,包括景点介绍、交通指南、住宿推荐、餐饮选择等,这使得旅游者能够更好地规划和准备旅行。

2. 预订与消费的便利性

旅游者可以通过在线旅游平台预订机票、酒店、旅行团等,无须亲自前往实体旅行社。同时,旅游者可以通过移动支付和电子钱包进行支付,提高支付的便捷性和安全性。这种便利的购物方式为旅游者提供了更多的选择。

3. 消费决策的透明性

数字化使得旅游者能够更轻松地获取产品和服务的信息,包括价格、品质、评价等。在线旅游平台将多个企业和多种产品的差异性与价格一目了然地呈现在旅游者面前,旅游者不用货比三家。而且,旅游者可以通过搜索引擎、社交媒体和在线评论等渠道,了解其他旅游者的意见和经验,从而做出更明智的消费决策。

4. 消费体验的社交性

数字化推动了社交媒体和在线社区的兴起。在数字化时代,消费者成为产品的信息源,他们将产品的使用感受和评价上传到互联网,这些信息成为潜在消费者的重要参考信息,其参考性甚至超过了旅行社自身的宣传。并且,消费者通过购买相同的产品或具有相同的消费经历而彼此熟悉,形成了一个打破地域限制和人际关系限制的"小圈子",成为一股不可忽视的消费力量。在购物网站上,消费者产生的有效内容比旅行社生产的内容更具说服力。自媒体和社交媒体的发展起到了弱化广告效果的作用,社群和圈层的影响使消费者更容易更换消费品牌,品牌忠诚度不断降低。消费者对参与程度高、消费体验感良好、能够引起情感共鸣的宣传促销更加"买账"。数字经济时代,打破了从电视、广播、纸媒和户外媒体获取信息的主渠道边界,使得信息获取渠道更加多元化。

5. 大众旅游的定制性

数字化使得越来越多的旅游者能够享受个性化和定制化的旅游体验感。传统消费时代,为了追求规模效应,大众化的旅游产品总是千篇一律的,具有定制性的产品只能为少数人享用。在数字化消费时代,无数的新旅游产品冒了出来,但大多数产品只能在市场上畅销一阵,一两年甚至几个月就会退出历史舞台,消费者的"需求周期"越来越短,新的消费需求在不断出现,多元、细分消费诉求日益显现。随着产品迭代速度的加快,产品生命周期的缩短,仅具有几个大单品的旅行社越来越难以经营下去。一方面,消费者不再满足单一商品带来的体验感,多样化、差异化的旅游需求成为趋势。另一方面,借助数字化工具,旅行社可以多渠道、低成本地收集不同消费者的资料和需求,通过灵活、柔性的管理提供多样化、定制化的产品和服务。同时,供应链的管理更加高效,旅行社进行小团规模定制旅游的成本大大降低,以往昂贵的私人定制旅游产品变得平价,大众定制化旅游时代已经到来。

(二) 产业链的重构

传统的产业链是一条从资源端到消费端的链条式结构,产品的信息通过链条上各个企业一级一级地向下传递,最终传递给消费者。消费信息和资本流动则从底端一级一级地向上传递。一方面,产业链上游的企业对消费市场了解逐步递减,依据下游的预订需求组织生产和运营,对于市场消费端的变化反应缓慢,造成产能过剩或产能不足。另一方面,每一级企业收入来源主要是价格差,价格差的多少取决于信息不对称程度和市场规模实力,越是产业链末端的企业价格差越大,产业链上的层层差价最终需要消费者支付。

传统的推式链状产业链如图0-1所示。

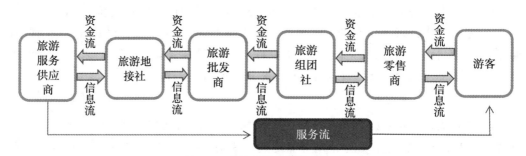

图0-1 传统的推式链状产业链

数字化改变了产业链的组织方式、生产流程、市场营销和消费者互动等。数字化改变了信息流的进程,消费者线上预订和接受服务的体验感越来越好。旅行社根据游客消费的数据,不仅能提供个性化的服务,还可以让游客参与服务流程设计中。移动支付去除了传统旅行社的空间属性,商业竞争从对空间的竞争转移到对时间的竞争。游客可以全天,在任何地方完成产品预订,门店的位置不再是引流的关键因素,抓住游客的注意力成为竞争的焦点。

1. 产业链由链状结构转变为环状结构

在消费端进行数字化的同时,旅行社资源供给侧也在进行数字化"洗礼"。供给侧的数字化使传统的层层推进的链条式产业链结构转变为以消费者为中心的环状结构。一方面,拥有庞大消费群数据和卓越数据算法的旅行社更像一个平台,产业链上各个企业成为围绕平台运转的集成模块。处于平台中心的旅行社凭借大数据应用对消费者进行深度分析,从而提供满足消费者个性化需求的产品。另一方面,利用数字技术整合产业生态链的各个端点,协助各个端点提高效率和加强协作。

2. 产业链的协同效应增强

数字化连接打破了旅行社的内外边界,在别的领域创建的数据能够跨界提供信息或支持。数字技术极大地降低了旅行社之间信息沟通的成本,大大降低了交易费用。企业整合与顾客、供应商、合作伙伴在数据、信息系统、工作流程和工作实务等方面业务能力的提升,使得广泛的、低成本的合作成为可能,使旅行社适应规模经济的要求、分担新产品开发风险,发挥企业核心竞争优势。数据作为一个量化的符号和客观存在,本身没有内在价值,因而能够突破组织限制,使世界各行各业被网络连为一体。数据的流动还能够带动技术、资本、人才向利用效率更高的领域集中,纠正资源错配。

3. 产业链之间的竞争取代企业之间的竞争

数字化使旅行社行业的"游戏规则"发生了变化,竞争对手可能来自其他领域,数据技术让跨界屡见不鲜。新的供应商来自四面八方,跨界合作不断产生新业态。旅行社将不能再用传统的方式定义自己的身份,行业洗牌的机会在某种程度上随时都有可能发生。

(1)供应链整合。

随着供应链的整合和全球化的推进,企业之间的竞争逐渐转移到了整个产业链的竞争。旅行社不再仅仅关注自身的竞争力,而是需要与供应商、合作伙伴和分销渠道等各个环节进行紧密合作,以提高整个产业链的效率和竞争力。

(2)价值链协同。

产业链中的各个环节相互依赖,形成了一个完整的价值链。企业之间的竞争已经不再是简单的产品竞争,而是整个价值链的竞争。旅行社需要通过协同合作和创新,提高整个价值链的效率和附加值,以获得竞争优势。

(3)产业生态系统。

产业链的竞争已经演变为更加复杂的产业生态系统的竞争。旅行社需要在这个生态系统中找到自己的定位和角色,并与其他企业和组织进行合作和协同,以实现共同发展和共享价值。

尽管产业链之间的竞争取代了企业之间的竞争,但企业之间的竞争仍然存在,尤其是在同一产业链中的企业之间。企业仍然需要关注自身的竞争力,不断提升产品质量、创新能力,提高市场营销水平等,以在产业链中获得更好的地位和竞争优势。

(三)营销模式的变化

传统的营销方式是以旅行社为主导的,消费者是被动的接受者。数字化下的旅行社开发多样的旅游产品以满足人们个性化的消费需求,使旅游产品的种类越来越丰富。然而,越来越多的产品类别在无形中增加了消费者的搜索成本,但并不一定能够带来更好的消费体验感(普拉哈拉德、拉马斯瓦米,2018)。为了讲清楚每一类产品的特色和优势,各种宣传信息充斥在网络空间和人们的生活空间,信息泛滥导致消费者对单个产品的注意力缺乏,降低了消费者从产品中获得的使用价值(夏皮罗、范里安,2017)。传统的营销模式还增加了企业的销售成本,浪费了企业的资源,正如"营销先驱"约翰·沃纳梅克曾经提出的"我知道在广告上的投资有一半是无用的,但问题是我不知道是哪一半"。

数字化对营销产生了深远的影响,改变了传统营销方式和策略。旅行社需要积极应对数字化带来的挑战和机遇,不断提升数字化能力,灵活运用数字化技术和工具,以适应数字化时代的竞争,实现营销效果和效益最大化。

1. 数据驱动的营销决策

数字技术使得企业能够收集和分析大量的数据,包括消费者行为、市场趋势、竞争情报等。通过数据分析,企业可以更好地了解消费者需求和偏好,优化产品定位和市场策略,做出更明智的营销决策。

2. 个性化营销和定向广告

数字技术使得企业能够更精准地定位和吸引目标消费者。通过分析消费者的相关数据和行为,企业可以实施个性化营销策略,向特定的消费者群体提供定制化的产品和服务。定向广告也成为一种常见的数字化营销手段,通过精确的广告投放,企业可以提高广告的效果和回报率。

3. 社交媒体和影响力营销

数字技术使得企业能够通过社交媒体平台与消费者进行直接互动。企业可以利用社交媒体建立品牌形象、推广产品、与消费者进行互动。影响力营销也成为一种重要的数字化营销策略,企业通过与有影响力的个人或机构合作,可以扩大品牌的曝光度和影响力。

4. 在线旅游经营和移动营销

数字技术使得企业能够通过在线旅游平台进行在线销售和交易。在线旅游的兴起改变了传统的销售模式,消费者可以随时随地进行挑选和预订,企业可以拓展销售渠道和市场范围。移动营销也得到了快速发展,通过移动应用和短信营销等方式,企业可以直接与消费者进行互动。

5. 数据分析和实时反馈

数字技术使得企业能够实时监测和分析营销活动的效果。通过数据分析工具,企业可以了解广告点击率、转化率、用户反馈等指标,及时调整和优化营销策略,提高营销效果和投资回报率。

(四)组织和业务结构的重构

传统的金字塔式与职能分工的组织架构使组织内部沟通不畅,信息无法自由地在各个部门或团队之间流动,导致信息孤岛和信息不对称等情况出现。同时,部门之间的利益冲突,以及部门之间的合作和协调困难,导致资源浪费和效率低下等情况出现。不仅如此,信息沿着垂直管理层级上下逐级传递,导致信息失真与滞后,造成决策过程缓慢,使组织反应不够灵活和敏捷。当外部环境发生变化时,僵化的组织需要经过较长时间的调整才能适应新的变化,这限制了组织的竞争力和灵活性。传统组织中的权威和控制机制,以职位和层级为导向,员工仅仅按照既定的规则和流程履行职责,发展路径相对固定,这限制了员工的发展空间和个人成长机会,使得员工缺少自主性和创造性,也导致了员工流失和士气下降。

数字技术改变了企业的运营方式、组织架构和管理方式,主要表现在以下几个方面。

1. 优化业务流程

数字技术使得旅行社能够对业务流程进行优化。通过数字工具和系统,旅行社可以简化和加速业务流程,提高工作效率和质量。例如,ERP系统可以帮助旅行社提高信息共享和协同办公效率。

2. 促进团队建设与协作

数字技术能使旅行社跨越地域限制,组建虚拟团队。通过云计算、ERP系统、在线协作工具和视频会议等,旅行社可以与全球各地的员工、合作伙伴和客户进行实时沟通和协作,实现远程办公和跨区域合作。

3. 数据驱动决策

数字技术使得企业能够更好地分析、收集和利用数据。通过数据分析工具和技术,企业可以获取大量的数据,包括市场趋势、消费者行为、业务绩效等。这些数据可以为企业的决策提供有力支持,帮助企业做出更明智的战略和运营决策。

4. 增强创新能力和敏捷性

数字技术为旅行社发展提供了更多的机会和可能性,旅行社可以利用数字技术开发新产品、服务和业务模式,满足不断变化的市场需求。例如,虚拟现实(VR)和增强现实(AR)为旅游活动带来了全新的体验感。旅游者可以通过VR技术在虚拟环境中体验目的地的景点和文化,增强旅游的沉浸感。AR技术可以为旅游者提供实时的导航和信息展示,提高旅游的便利性和互动性。数字化还使企业的反应更加敏捷,能够快速响应市场变化,灵活调整企业战略和运营策略。

5. 改变客户管理模式

数字技术使得企业能够更好地管理和维护客户关系。通过客户关系管理系统和数字化营销工具,企业可以更好地了解客户需求和偏好,为客户提供个性化的产品和服务,增强客户的满意度和忠诚度。

6. 影响组织文化和员工体验感

数字化对企业的组织文化和员工体验感产生影响。数字技术使得企业更加开放、透明和灵活,鼓励创新和合作。同时,数字化工具和平台也提升了员工的体验感,例如在线培训、员工福利管理等。

慎思笃行

发展数字经济重在"以数促实"

【光明时评】

习近平总书记在党的二十大报告中指出:"加快发展数字经济,促进数字经济和实体经济深度融合,打造具有国际竞争力的数字产业集群。"习近平总书记关于数字经济和实体经济关系的重要论述,深刻揭示了数字经济发展的内在规律,科学回答了在中国式现代化进程中如何实现数字经济和实体经济同频共振深度融合这一重大时代课题,为深入推动发展数字经济的理论创新和实践创新提供了根本遵循。

近年来,云计算、大数据、人工智能等技术引领的新一代数字化浪潮浩浩荡荡。面对复杂多变的外部环境,生产、生活、政务等众多线下场景加速搬到线上,数字化转型按下"加速键",数字技术应用深度和广度不断拓展,新技术新业态新模式层出不穷,数字经济日渐成为继农业经济、工业经济之后的新兴经济形态。统计数据显示,我国2021年底数字经济规模超过45万亿元,占国内生产总值比重已提升至39.8%,数字经济已发展为我国经济的"半壁江山"和主要增长点。

需要指出的是,发展数字经济不是与实体经济"抢位"。制造业一直以来都是国民经济的支柱,是立国之本、兴国之器、强国之基,也始终是数字经济的主战场。党的二十大报告中提出的推动数字经济与实体经济融合发展的战略部署,意味着要把实体经济作为数字经济"下半场"的主攻方向和关键突破口。事实上,发展数字经济既有助于打通制造业供应链上下游、产业链的众多环节与服务链的各节点,加快推动产业数字化转型升级,又可以不断优化业务流程,持续降低生产交易成本,从根本上实现效率变革、动力变革、质量变革。还要看到,新一代信息技术有助于持续丰富和拓展经济各行业各领域的数字化应用场景,从而催化传统制造业"数字蝶变"。可以说,发展数字经济是实体经济转型升级的强大支撑力。

由此可见,发展数字经济的关键点就是"以数促实"。换言之,需要把数字化、网络化、智能化作为着手点,充分挖掘数据要素赋能数字经济高质量发展的作用机理,加快数字产业化和产业数字化双轮驱动,打造一大批具有相当国际影响力、竞争力的数字产业集群。新时代、新征程,我们要充分利用好关键历史窗口期,把"以数促实"作为数字经济高质量发展的着力点,在中国式现代化进程中赋予实体经济新内涵,全面开启数字化转型新蓝海,为加快构建新发展格局和推动高质量发展赋予新动能。

(资料来源:瞿云《发展数字经济重在"以数促实"》,光明日报,2022年12月7日)

三、旅行社数字化运营

（一）数字化运营的概念

旅游业在数字技术加持和跨业融合中不断开辟新赛道，党的二十大报告提出了文旅融合的目标和方法，新文旅悄然来临。在这种趋势下，传统旅行社的经营模式和管理模式已无法适应环境的变化，数字化运营成为旅行社转型升级的关键战略之一。数字化运营不仅是将传统业务模式转化为在线模式，更通过技术创新和数据驱动，重新定义旅行社的运营模式和商业模式。

数字化运营是将企业的运营活动、业务流程和决策过程转化为数字形式，并运用信息技术和数据分析手段进行管理和优化的过程。数字化运营涵盖了企业的整个价值链，包括产品设计、业务操作过程、供应链管理、市场营销等各个方面。数字技术在旅行社运营中的应用，有利于实现运营的智能化、高效化和个性化，为企业带来竞争优势。

（二）旅行社数字化运营的意义

1. 适应市场需求变化

随着社会经济的发展和人们生活水平的提高，人们的旅游需求也在不断变化。传统的旅游产品和服务已经不能完全满足现代消费者的需求。因此，旅行社需要转型升级。数字化转型使得旅行社能够更好地了解消费需求，通过大数据分析和个性化推荐算法，为消费者提供更加个性化和定制化的旅行服务。消费者可以根据自己的偏好和需求，选择适合自己的旅行产品和行程安排。

2. 降本增效，提高竞争力

旅行社行业是一个竞争激烈的行业，各地区和企业之间的竞争日益激烈。通过数字化转型升级，旅行社可以运用自动化和智能化的方式提升运营效率，减少人工操作和重复性工作，降低运营成本。例如，旅行社 ERP 提供在线预订和自助服务等，消费者可以自主完成旅行产品的选择和预订，减少人工介入的时间和成本。

3. 拓展市场，增加销售量

数字化转型可以帮助旅行社拓展市场。通过互联网和社交媒体等，旅行社可以吸引更多的潜在消费者。

（1）与全球市场的无缝连接。

数字化技术打破了地域限制，使得企业能够更容易地进入全球市场。通过互联网和在线旅游交易平台，企业可以直接面向全球消费者，实现跨境销售和交易。数字化还使得企业能够更好地了解和适应不同国家和地区的市场需求与文化差异。

（2）精准定位和个性化营销。

数字化技术使得企业能够更精准地定位和吸引目标消费者。通过数据分析和市场调研，企业可以了解消费者的需求和偏好，进行个性化的产品定位和营销策略。数字化营销工具和平台也提供了更多的渠道和方式,有助于实施精准营销和定向广告投放。

(3) 进行情感互动营销。

数字化技术使得企业能够通过社交媒体平台与消费者进行直接互动。旅行社可以利用社交媒体建立品牌形象、推广产品、与消费者进行互动,也可以通过与有影响力的个人或机构合作,借助其影响力和粉丝基础,提升品牌的曝光度和影响力。

(4) 精准预测和决策。

数字化技术使得企业能够更好地进行市场分析和预测。通过数据分析工具和技术,旅行社可以收集和分析大量的市场数据,包括消费者行为、市场趋势、竞争情报等。这些数据可以为企业的市场拓展和决策提供有力支持,帮助企业发现新的市场机会,掌握新的发展趋势。

(5) 实现全天候销售。

在线旅游交易平台的兴起改变了传统的销售模式,消费者可以随时随地进行购物,企业可以拓展销售渠道和市场范围。移动营销也得到了快速发展,通过移动应用等,企业可以实现24小时的推广和销售。

4. 提高客户忠诚度

(1) 提供定制化的产品和服务。

通过数字化技术,旅行社可以收集和分析客户数据,了解客户偏好、需求和购买行为。基于这些数据,企业可以向客户提供定制化的产品、服务和优惠政策,增加客户的满意度和忠诚度。

(2) 建立良好的客户关系。

客户关系管理系统(CRM)是培养忠诚客户的重要工具,它可以帮助旅行社管理客户信息、交互记录和历史购买记录,实现客户数据的集中化和共享化,从而更好地了解客户的状态和需求,为客户提供个性化的服务,提升客户关系和客户忠诚度。

(3) 实现关系营销和互动。

利用社交媒体平台与客户进行互动是培养忠诚客户的有效方式。企业可以通过社交媒体建立品牌形象、提供有价值的内容、回应客户的问题和反馈,实现一对一的关系营销和情感互动。积极参与社交媒体互动可以提升客户的参与感和忠诚度。

(4) 不断优化客户体验感。

旅行社通过数字化工具和在线旅游互动平台,为客户提供便捷的预订体验感、个性化的服务和支持,加强客户与企业的互动和联系。通过用户数据积累和大数据分析,企业可以持续改进服务方式和服务水平,不断提升客户体验感。

(5) 制定客户奖励机制。

制定客户奖励机制是培养忠诚客户的一种常见方法。通过数字化技术,企业可以建立会员系统,为忠诚客户提供特定的优惠、礼品、积分等奖励。制订会员计划可以激励客户继续购买和与企业保持互动,提升客户的忠诚度。

(6) 及时反馈和沟通。

通过数字化渠道，企业可以定期与客户进行沟通并听取客户反馈。企业可以通过发送电子邮件、短信、调查问卷等方式，了解客户的满意度、需求和建议。企业积极回应客户反馈，并采取措施解决问题，能够提升客户的满意度和忠诚度。

5. 数据分析和决策支持

数字化转型使得旅行社能够收集和分析大量的数据，了解客户行为和市场趋势，从而做出更准确的决策和战略规划。数据分析可以帮助旅行社优化产品组合，确定定价策略和市场推广策略，提高经营效益和市场竞争力。

四、旅行社数字转型升级的重要工具——ERP 系统

（一）ERP 系统的概念

ERP 系统是反映数字化时代先进管理思想的一种数字应用软件，它融入了现代的管理思想和管理方法，同时充分发挥了数字技术的优势，是运用先进管理思想和数字技术对企业资源进行全面管理的综合性系统。在许多企业中，ERP 系统都得到了非常成功的应用。

ERP 系统的定义来自其英文原义，即企业资源规划（Enterprise Resource Planning，ERP）。ERP 系统是一个对企业资源进行有效共享与利用的系统，通过信息系统对信息进行充分整理、有效传递，使企业的资源在购、存、产、销、人、财、物等各个方面都能够得到合理的配置与利用，从而实现企业经营效率的提高。

ERP 系统集企业管理理念、业务流程、基础数据、人力物力、计算机硬件与软件于一体，对企业的人、财、物、客户、信息、时间和空间等进行综合平衡和优化管理，协调企业内外各管理部门，围绕市场导向开展业务活动，能够提高企业核心竞争力，从而帮助企业取得更好的经济效益。从本质上讲，ERP 系统是一套以信息科技为基础的信息系统，是一个软件。ERP 系统集系统管理思想与内容于一体，为决策者和员工提供了辅助决策的手段和管理平台，能够帮助企业提升经营管理水平。所以，ERP 系统也是一个管理工具。ERP 系统是计算机技术与管理思想的融合体，即通过电脑生成新的管理工具和管理方法，进而实现企业的管理目标。

（二）ERP 系统的特点

1. 综合性

ERP 系统涵盖了旅行社各个部门和业务流程，包括产品管理、计调、客户管理、采购、销售、人力资源等。ERP 系统将企业的各个功能模块整合在一起，实现了信息的共享和流通。

由于旅游活动具有综合性特点，旅行社内部需要协调众多的事情才能完成一次旅游活动，从旅游产品的开发、市场推广、产品销售，到行程的安排、旅游产品预订、旅游活动的组织与导引，再到旅游服务的后续跟进，各个环节的协同工作都需要精细化管

理。通过ERP系统，旅行社可以实现财务、人事、采购、销售、计调、导游等多个业务流程的全面管理，极大地提高了企业内部的协同效率。

不仅如此，伴随企业竞争范围的扩大，企业为了应对竞争，不但需要对自身资源信息进行掌握，还需要对供应商和销售商的信息进行整合，以形成相对完整的供销信息体系，来应对变化的市场和竞争对手多变的竞争手段，力争实现企业的竞争优势，达到共赢的目的。由于有了先进的信息技术和ERP系统，企业有了实现整合价值链信息的技术平台，解决了资源整合手段的问题。如，对房、餐、车、票各项资源报价进行统一管理，企业能够减少沟通成本，降低人工误差，提高资源配置效率。

2. 集成性

在传统的企业管理中，采购、生产、销售、财务、人力资源等相对独立，各有各的管理方式与系统，相互之间的信息用人工的方式进行传递，这就造成了信息的重复处理，甚至信息的不一致，降低了沟通效率，浪费了信息资源。而ERP系统提供了一个统一的平台，并通过数据的集成和共享，有效整合了企业中的各个环节，实现了不同部门之间的协同工作和信息的一致性。各个部门可以共享同一份数据，避免了数据冗余和信息不一致等问题的出现。

3. 实时性

旅行社服务产品的综合性和对环境依赖性强的特点要求企业不仅需要知己知彼，还需要及时获取信息并实现信息在每一个服务传递环节的共享。例如，旅行社产品信息和旅游团信息不仅需要企业内部各部门清楚明了，以便相互分工协作，而且需要与企业外部的分销商和旅游供应商实时共享，以便制订促销计划并保证供应。

如果没有ERP系统，旅行社主要通过人工拨打电话、发送传真，以及其他社交工具传递信息，一方面信息传递速度慢，另一方面在信息传递过程中容易出现信息遗漏或失真等问题。ERP系统提供了实时的数据更新和查询功能，信息是联动的而且是随时更新的，每个有关人员都可以随时掌握即时资讯。ERP系统可以帮助企业和合作伙伴做出更准确的决策，并及时调整业务策略。例如，在传统信息流体系下，要想得到实时的销售信息几乎是不可能的，只有每天或每一规定的时段由销售统计人员将一定时间的销售信息进行汇总后，才能提供完整的销售信息。而在ERP系统下，服务传递流程和信息流是同时进行的，管理者可随时得到任何时间和任何时段的销售信息。

ERP系统可以轻松地获取各项指标的数据，通过对旅行社内部的各种信息进行实时监控和数据分析，让管理者可以及时发现问题和机会，并为管理者提供全面、准确的决策依据。同时，ERP系统具有提供数据预测和模拟的功能，可以帮助管理者进行方案的评估和预测，帮助管理者更好地规划和管理企业的未来发展。

4. 标准化

ERP系统基于行业的实践和标准流程，可以帮助企业建立标准化的业务流程和操作规范。这有助于企业提高工作效率、降低成本,并提升竞争力。

5. 流程化

ERP系统的优势是可以实现信息的集中处理和流程优化。旅行社ERP系统的计划、事务处理、控制与决策等都是在整个供应链的业务处理流程中实现的。ERP系统要求在每个业务流程中较大限度地发挥每个人的工作潜能与责任心,流程与流程之间则强调人与人之间的合作精神,以便在有机组织中充分发挥每个人的主观能动性与潜能,进而有效实现企业管理中信息的横向传递,减少不必要的中间环节。

在ERP系统中,管理者可以跟踪业务的每一个步骤,随时发现存在的问题。企业甚至可以通过专门的软件,让系统自动通报问题。在ERP系统的帮助下,企业的管理成了一个系统的、环环相扣的过程。在此过程中,部分原有的业务流程要重新调整,以减少随意性,加强规范性。

6. 一体化

在原有的管理系统中,服务传递、资金流、信息流是相互分离的,信息来源于对服务传递、资金流的综合处理。在日常的运转中,信息流是与其他流相分离的,它们之间的关系只有在月度结算时才会明朗,而ERP系统把三者合而为一。也就是说,每一种"流"的流动都能带动其他"流"的流动,而且在各自渠道集中,信息的来源已不是业务部门提供旅游团组织接待信息,财务部门提供资金流和信息流信息。信息的来源向业务的源头延伸,特别是涉及组织接待的信息都要由组织接待人员在组织接待业务处理的同时生成信息流,并定期或随时传递到整个系统中。例如,在组织接待模块输入游客名单,各业务端口可同步查看并使用信息,实现了高效、便捷、精准传播信息,避免了人工操作导致的误差。

7. 可定制性

ERP系统通常具有一定的可定制性,旅行社可以根据自身的业务流程和需求,对ERP系统进行定制,以满足特定的业务需求。如,满足专线操作的ERP系统、满足组团业务的ERP系统、满足集团公司需求的ERP系统等。

8. 精准性

ERP系统具有数据分析和报告功能,能够帮助企业进行业务分析和决策支持。通过数据分析,企业可以发现问题、优化流程,做出更明智的决策。

9. 可扩展性

ERP系统通常具有一定的可扩展性,企业可以根据发展需要进行扩展和升级。随着企业规模的扩大和业务的增加,ERP系统可以进行相应的扩展,以满足企业的发展需求。

知识活页

教学互动

旅行社企业在积极进行数字化转型。在此背景下,请思考,你应该做好哪些准备,使自己成为这个行业的人才?

评价标准

序号	评分项目		评分内容、标准及细分项		分值/分
1	演示文稿	内容	主题突出、条理清晰	50分	100分
		格式	语言规范、整洁统一	20分	
		演示	仪态大方、表现力强、有互动	30分	
2	思维导图	形式	布局合理、主题明确、形象化	40分	100分
		内容	简洁性、完整性、结构性	60分	

项目小结

数字经济对人们的工作、教育、人际交往以及商业模式和市场格局等方面产生了重大影响。旅行社行业具有环境敏感性。在数字化经济的背景下,行业面临的市场环境、价值链体系、营销模式和组织架构都在瓦解和重构。数字化运营是时代所需,是解决目前旅行社面临种种问题的重要途径,在行业的转型升级中起着决定性作用。旅行社数字化转型是一项系统工程,ERP系统是这项系统工程的抓手和工具。

项目训练

践行数字化创新 赋能旅游业发展

党的二十大报告对加快建设数字中国、实施国家文化数字化战略等做出了重要部署。习近平总书记强调,加快发展数字经济,促进数字经济和实体经济深度融合,打造具有国际竞争力的数字产业集群。2022年10月,文化和旅游部公布了2022年文化和旅游数字化创新实践案例,包括十佳案例和20个优秀案例。30个案例聚焦5G、人工智能、大数据、云计算等数字技术在文化和旅游领域的创新应用,在服务行业管理、便利游客出游、推进文旅融合发展等方面产生了良好示范、带动作用。

一、服务行业管理

据了解,在此次公布的案例中,部分案例涉及以数字化创新赋能旅游行业发展和管理,借助科技手段更好地把握旅游市场,做好数据监测,探索创新发展。

其中,由中国旅游研究院(文化和旅游部数据中心)申报的"全国旅游市场景气监测与政策仿真平台"获评十佳案例,体现了大数据指导和支撑旅游行业决策的能力。该平台运用数据仓库及数据中台技术,建成"1+7"数字应用体系,平台涵盖1978年以来供给侧和需求侧的多源异构数据,实现了130多个旅游指标的研发和数据挖掘。

"该平台具有数据信息全,大数据与传统数据相互融合、相互补充,数据处理的口径和方法符合规定,采集数据与用活数据并重等特点,可为旅游市场研判、行业决策提供支撑。"中国旅游研究院总统计师说。

"部分案例为旅游管理提供更精准的数据反馈,在利用大数据方面,更加注重数据完整性、准确性、决策性。同时,为旅游管理提供全方位、综合性支撑,展现了在一定尺度的旅游空间进行旅游全要素、综合性、精细化管理的思路和理念。"北京第二外国语学院旅游科学学院副院长说。

据了解,此次公布的案例均为2020年1月1日以后完成的创新成果。因受经济影响,游客需求发生变化,行业同样面临新的挑战。如何借助数字化创新助力行业化危为机,成为此次公布案例的一大亮点。

上海春秋旅行社有限公司申报的"数字赋能'智'旅分销平台"是优秀案例之一。

目前,旅行社企业各种经营、宣传活动从线下转移到线上。"数字赋能'智'旅分销平台"致力于解决传统旅行社在数字化转型过程中遇到的App开发难度大、用户获取成本高等痛点,依托微信小程序的特性,将店铺装修、首页轮播图和专题页、各条产品线的商品搜索和展示介绍等功能相结合,为旅行社企业提供"一站式"服务。截至2022年11月,该平台入驻企业达405家,可售产品数达到1万个以上,发展有效微店1.7万个,累计销售金额超5000万元,累计服务70万余人次。

二、提升游客体验感

"5G、人工智能、大数据、云计算等数字技术是旅游行业的天然'近亲',相互之间关联度较高。"中国软件与技术服务股份有限公司事业部项目总监表示,"强化旅游管理与更好服务游客是一体之两面,评选出的案例解决了旅游业的一些固有问题,在提升游客体验感方面发挥了显著作用"。

天朗气清时,到公园赏秋划船,成为不少游客的选择。而在节假日和周末高峰时段,游客在公园游船售票处排起"长龙"等待购票上船的场景屡见不鲜。

北京市公园管理中心关注到这一问题,其申报的"基于5G和北斗卫星导航技术的公园景区游船智慧管理平台"入选十佳案例。该平台运用"5G+北斗"等自主知识产权核心技术,在北京陶然亭公园实现自助扫码购票、统一云上排队、游船智能运管、快速精准救援等,做到游客服务智慧化、公园管理智能化、指挥调度可视化。

"游客一键扫码即可完成线上购票,不用现场排队,也可线下现金购票,统一云上排队登船。游客扫二维码或刷卡启动游船后,系统自动计时,游览结束返回码头后,可扫'退款动态二维码'自助结算。这解决了以往周末和节假日高峰时段游客排队等候时间长的问题,切实提升了游客体验感。"北京市公园管理中心服务管理处副处长介绍。该平台还推动了公园景区游船运管模式、应急救援等的发展。2022年1月至11月,北京陶然亭公园游船共服务游客29.05万人次,总收入948.82万元,单船产值5.93万元,比2021年同期提高31.48%。

在优秀案例中,还有华强方特文化科技集团股份有限公司申报的"AR沉浸式轨道船体验项目《致远 致远》",运用大型全程可控动感轨道船等技术,让游客沉浸式体验"致远"号传奇历程;中国国家博物馆申报的"8K+AR+5G科技助力全球博物馆珍藏云端智慧传播",将全球博物馆凝聚于云端,推动博物馆资源向线上拓展……一系列数字化创新成果的推出,让游客更好地体验到了"诗与远方"的独特魅力。

三、深化文旅融合

"此次评选的案例覆盖面比较广,重点突出,推动文化和旅游深度融合的理念也得到了体现。"相关人员介绍:"许多案例将文化和旅游相结合,既让文化丰富旅游内涵,又能通过旅游对外传播先进文化,两者相辅相成、相互促进。"

上海米哈游天命科技有限公司(简称上海米哈游)申报的"以游戏为载体的文化传播和旅游宣传推广模式探索"特点鲜明,入选了十佳案例。创作团队从张家界、桂林、黄龙等地景区中取景构建游戏场景,创作了融入民乐元素的背景音乐,设计了职业为戏曲表演艺术家的游戏角色,并以春节等为参考推出海灯节、逐月节等活动。此外,游戏中还加入茶道、中药等传统文化元素,让全世界玩家在游戏中感受中华优秀传统文化的魅力。

除游戏,上海米哈游还联合景区推出"从驻足到远行"活动,制作宣传视频,在景区内设置游戏打卡点。不少玩家因此萌发旅游想法,亲眼领略当地风景,实现了"游戏+文旅"的跨界联动。

优秀案例中还有云南腾云信息产业有限公司申报的"'中老铁路游'小程序和'游泰东北'小程序",两个小程序集服务游客各类需求与展示中老铁路沿线的中国、老挝、泰国三国文化和旅游资源于一体,提前布局中老铁路黄金旅游线路智慧化服务,为中国游客了解沿线文化、体验旅游资源提供了重要窗口。

"此次发布的案例为旅游行业数字化发展树立了标杆。开展数字化创新,就要注重实用性,脱虚向实,从解决游客服务和体验感的痛点、管理决策的盲点入手,树立问题导向的总原则。还要强调特色化,从设计、规划到实施、运营均要依据实际情况和具体场景。同时,还要重视创新性,积极探索新技术在实际应用场景下的新模式,结合市场化机制和旅游目的地资源优势,取长补短,打造具有生命力、可持续的旅游数字化发展新生态。"相关人员介绍。

(资料来源:赵腾泽《践行数字化创新赋能旅游业发展》,中国旅游报,2022年11月15日)

阅读以上案例,思考以下问题。
数字化技术帮助旅游企业解决了哪些问题?

项目一
搭建网络虚拟旅行社

思维导图

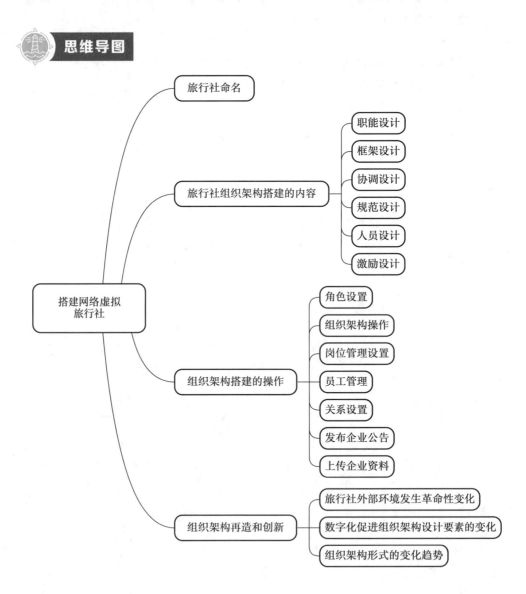

在本项目中,学生要学习如何在ERP系统上搭建旅行社的组织架构。如同一项游戏的开始,先进行角色的设置和搭建,然后把合适员工招聘进来并安置到合适的岗位上,既要满足企业业务经营的需要,又要发挥员工才能,人尽其才,搭建好员工职业发展平台。为了对员工和业务进行有效地管理和控制,管理人员要设置好业务的审批流程,让每一项工作都被纳入旅行社的整体运营中。

知识目标

(1) 掌握旅行社命名的规则。
(2) 掌握旅行社组织架构搭建的内容。
(3) 了解数字化背景下旅行社组织架构的演变趋势。

能力目标

(1) 能够为旅行社取一个合适且具有特色的名字。
(2) 能够搭建旅行社组织架构。
(3) 能够设置旅行社组织角色和各个岗位。
(4) 能够设置旅行社业务审批流程和发布公告。

素养目标

(1) 具备统筹规划的系统思维。
(2) 具备与时俱进的精神。
(3) 具备敬岗爱岗的精神。
(4) 养成遵纪守法的习惯。

目前,虽然受经济周期影响的旅游行业重新焕发了生机,但整个旅游行业的市场需求、竞争格局、产品业态、商业模式等都发生了巨大的变化。旅游行业踏上了新征程。在这样的背景下,如果你决定成立一家旅行社,一方面要满足日益增长的市场需求,另一方面要在市场中获取利润,你需要完成以下工作任务。

任务1

任务描述:为旅行社取一个符合法律规范的且具有特色的名字。

任务目标：掌握旅行社命名规则，了解旅行社命名需要考虑的要素，能够为旅行社取一个合适的名字。

任务2

任务描述：学生需要为旅行社构建组织架构。旅行社组织架构如图1-1所示。

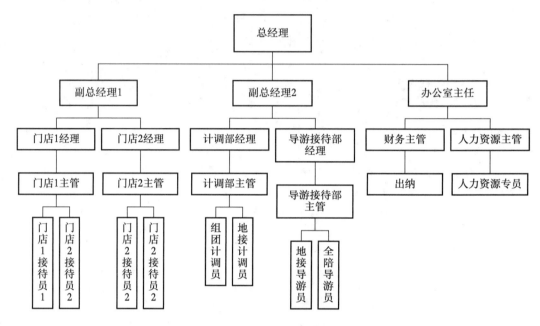

图1-1 旅行社组织架构

该任务需要三个步骤来完成。
步骤一：设置旅行社的组织角色。
步骤二：搭建旅行社各个部门，注意旅行社各个部门之间的层级管理。
步骤三：设置旅行社岗位。

任务目标：掌握旅行社各个部门的搭建方式，掌握旅行社相关业务，了解旅行社的主要工作任务。通过本任务的学习，学生能够在ERP系统上构建旅行社组织架构。

任务3

任务描述：设置旅行社员工管理流程。
完成该任务需要做好以下工作。
步骤一：在组织架构中添加员工。
步骤二：旅行社引进一位实习生作为组团计调员，重新为该实习生设置角色权限。原来的地接计调员离职，新增加一名地接计调员。
步骤三：设计审核审批流程，包括付款审批、退款审批、导游审批、员工报销审批、授信审批、结团审批、反结团审批等。
步骤四：发布一个新产品，要求旅行社各个业务部门抓紧了解和学习，每周末对员工学习新产品知识的情况进行总结。

步骤五：上传旅行社的行程抬头和电子章。

任务目标：了解如何将员工放置到合适的岗位上，发挥每位员工的特长；了解如何设计审核审批流程；了解如何发布公司公告；了解如何通过员工安置、审核审批和发布公告等进行旅行社管理。

第一节　旅行社命名

名字是与外界交往的一个重要符号，旅行社的名字也是如此。名字响亮的旅行社犹如长出一张会说话的嘴，向人们展示着它的产品和服务。但旅行社取名并非是完全随心所欲的，完整的旅行社名字一般包括四部分：第一部分是旅行社所在地名称；第二部分是旅行社的具体名称；第三部分是旅行社的营业种类，即公司的行业属性；第四部分是旅行社的企业形式。

第一部分是旅行社所在地名称，比如某某旅行社旅游有限公司。值得注意的是，在给旅行社命名时不能私自冠以"中国""中华""全国""国家""国际"等字样，有这些字样和所在地名称的名字需要经国家市场监督管理总局批准才可以使用。

第二部分是旅行社的具体名称，旅行社经营业主自己取的名字，由业主自由选定。但名字必须用文字表示而不能用一些数字、符号、图形等表示。除此之外，下面的名字也不能使用：对国家、社会或者公共利益有损害的名称；其他国家（地区）名称；国际组织名称；以外文文字或汉语拼音字母组合而成的名称；用数字组成的名称。另外，旅行社的具体名称是旅行社表明企业身份并区别于其他旅行社的标识，因此设计的名称要具有营销功能，可以向外界传达信息。第二部分的具体名称具有唯一性和排他性。一方面，名称不得与登记注册的旅行社名称相同或相近，以免引起外界的误解和混淆，更不能浑水摸鱼，损害消费者和其他经营者的利益。另一方面，该名字一经注册，其他旅行社不能使用与此相同或相近的名字。

第三部分表明旅行社的行业属性。旅行社在进行名称注册时，在名称中要有"旅行社"或"旅游"等字样。

第四部分表明了旅行社的企业性质。如公司性质为有限责任公司，必须在公司名称中标明"有限责任公司"字样；如公司性质为股份有限公司，必须在公司名称中标明"股份有限公司"字样。这样，便于消费者明晰旅行社性质，了解旅行社信用。

第二节　旅行社组织架构搭建的内容

组织架构的精心搭建是旅行社业务成功的基石，它在企业管理中扮演着至关重要的角色。企业通过高效利用各种资源，实现产品的再生产和创新。资源的合理分配和有效运用，以及对实现企业目标所承担的责任，都与组织架构的科学构建紧密相关。企业运营是资源在企业内部的有序流动和协调，以确保达成企业目标。组织架构的搭建不仅规定了资源配置的具体方式，还为企业员工的行为提供了指导。

一、职能设计

职能设计是指确定旅行社基于战略目标和使命，根据市场需求和竞争环境的需要，确定的工作职责、服务范围、核心业务和关键职能。职能设计可以确保旅行社有效地开展业务。在进行职能设计时，旅行社首先需要确定旅行社较擅长和较有竞争力的业务领域。例如，专注于出境旅游、国内旅游、企业定制旅游或特定主题旅游等。根据旅行社市场定位和核心业务，旅行社可以确定服务范围，包括旅游产品设计、行程安排、票务服务、导游服务、签证服务、客户服务等。按照服务范围和业务需求，旅行社可以划分不同的经营职能和管理职能，并明确职责和工作内容。

二、框架设计

旅行社的组织框架设计是指确定旅行社内部各部门和各职能的组织架构框架。简单来说，就是纵向层级设计和横向部门设计。

（一）纵向层级设计

组织应当有层级，不同层级对应不同的责任、权力和能力。纵向层级设计要确定从旅行社最高一级到最低一级之间应设置的层级数量。

1. 高级管理层

总经理/首席执行官（CEO）：作为旅行社的较高管理者，负责制定公司的战略方向、决策并进行整体管理。

高级副总经理/首席运营官（COO）：协助总经理/首席执行官，负责旅行社的日常运营和业务部门的管理工作。

2. 中层管理层

部门经理/总监：负责各个部门的日常管理、业务发展和团队管理等。部门经理包括销售经理、行程安排经理、客户服务经理等。

如果旅行社有多个区域或分支机构，可以设置区域经理来负责各个区域的业务运营和管理工作。

3. 基层管理层

主管/团队领导：负责具体部门或团队的日常管理、任务分配和绩效评估等工作。

在某些业务繁忙的部门，可以设立领班或主管，负责协调和管理小组成员的工作。

（二）横向部门设计

根据专业化分工原则，将具有相同或相近职能的工作岗位放在一个部门，这样可以提高效率,降低人员匹配的难度,实现组织内部工作的专业化和效率化。

1. 基础业务部门

销售部门:负责旅游产品的销售和市场推广。销售部门包括销售团队和市场营销团队。

产品部门:负责产品的设计和创新,以及制定和安排旅游行程。

计调部门:负责协调和管理旅行活动的实际执行,与供应商进行协商和合作。

客户服务部门:负责提供售前咨询和售后服务,解答客户问题和处理投诉。

2. 基础支持部门

财务部门:负责财务管理、预算控制、报表分析和财务审计等工作。

人力资源部门:负责招聘、培训员工,以及对员工进行绩效管理,发放员工福利等工作。

行政部门:负责日常行政事务、办公设施管理和文件归档等工作。

三、协调设计

协调设计是指协调方式的设计。框架设计主要研究分工,有分工就有协作。协调方式的设计就是研究各个管理层次、各个部门之间如何进行合理的协调、联系、配合,以保证工作效率,发挥管理系统的整体效应。

四、规范设计

规范设计是指对管理规范的设计,即对企业规章制度进行设计,它是管理的规范和准则。企业结构设计最后要落实并体现在规章制度上。管理规范保证了各个层次、部门和岗位按照统一的要求和标准进行配合和行动。

五、人员设计

人员设计是指对管理人员进行的设计。企业结构设计和规范设计,都要以管理者为依托,并由管理者执行。因此,按照组织架构设计要求,企业必须进行人员设计,配备相应数量和质量的人员。

六、激励设计

激励设计是指设计激励制度,包括正激励和负激励。正激励包括工资、福利等,负激励包括各种约束机制,也就是奖惩制度。激励制度既有利于调动管理人员的积极性,也有利于防止一些不正当和不规范行为的发生。

第三节　组织架构搭建的操作

一、角色设置

企业角色设置是企业在管理和组织过程中,根据企业的目标、职责和任务,将任务和职责分配给不同的部门、岗位和人员,从而确保企业内部各项工作有序开展的一种管理方式。角色设置包括创建、修改和删除自定义角色等。角色设置有助于各部门明确职责、协调关系和协同工作。并且,通过角色和权限机制的分配,角色设置可以为企业提供平衡保护和灵活的权限管理策略。

企业的经营管理角色包括领导者、规划者、组织者、决策者、监督者、沟通者等,这些角色主要基于企业的战略目标和运营需求,以及个人的能力和经验而定的。

此外,企业角色权限管理不仅涉及角色的创建和权限的分配,还包括对角色权限进行细粒度访问控制,以加强数据的安全性、提高工作效率和简化内部管理流程。例如,旅行社可以根据组织架构、职能或混合的方式梳理并调整角色名,以适应组织架构的变化。

企业角色设置涉及角色定义、权限管理、组织架构调整等。就像人的身体系统由躯干、四肢、五脏六腑等组成,每一部分都具有特定的功能,共同作用于人体。通过合理的角色设置和权限管理,企业可以有效地组织和协调内部资源,实现组织目标,同时也能激发员工的工作热情和积极性。

(一)添加角色

设置步骤:管理员—系统设置—企业设置—角色权限。在角色汇总中,点击"添加角色"(见图1-2)。旅行社的角色设置与其组织架构的搭建有关。一般来说,有总经理、副总经理、各部门经理、计调员、营销员、导游员、客服、行政文员、出纳等角色。

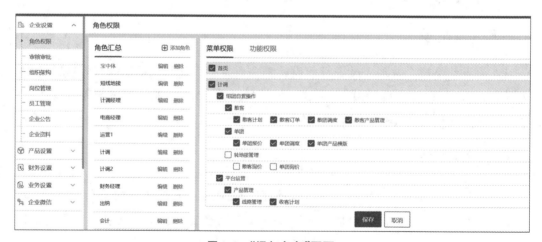

图1-2　"添加角色"页面

（二）设置菜单权限

对于添加的角色，选择角色对应的可以操作系统菜单的权限。在角色权限页面，点击"菜单权限"，可以看到ERP系统中所有操作菜单的权限（见图1-3）。根据角色设置需要的菜单权限进行选择，打钩的为已授权、未打钩的为未授权。该角色只能对已授权的菜单项目进行操作，未授权的项目只能查看。

图1-3　设置角色菜单权限

（三）设置功能权限

设置功能权限是指赋予某一特定角色业务操作权限。在角色权限页面中，点击"功能权限"，勾选该角色系统设计的功能权限（见图1-4）。打钩的为已授权、未打钩的为未授权。该角色只能对已授权的菜单项目进行操作，未授权的项目只能查看。

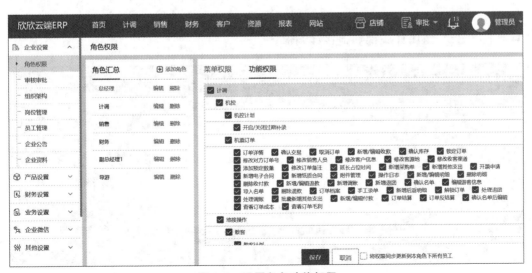

图1-4　设置角色功能权限

二、组织架构操作

组织犹如一个系统,它要发挥作用就需要先将一个整体分为彼此联系的几个部分,每个部分承担不同的功能,各部分之间有效连接,彼此配合,共同发挥作用。组织架构设计是将旅行社这个整体分为组织、部门和岗位。结构设计不是把一个企业分成几个部分,而是企业作为一个服务于特定目标的组织,必须由几个相应的部分构成。它不是由整体到部分的分割,而是整体为了达到特定目标,必须有不同的部分,而且每个部分承担不同的职能。

组织架构设计包括层级划分和部门单元划分。层级划分是指管理层次的构成及管理者直接领导的下属数量,这是组织的纵向结构。部门单元划分是指组织单元或部门构成,这是组织的横向结构。例如,某家经营国内旅游业务的旅行社,总人数在30人左右,有总经理1名、财务总监1名、常务副总经理1名,下设办公室、计调部、市场营销部、导游部4个部门,每个部门各有1个部门经理。那么,这家旅行社纵向有3个管理层级,横向有4个部门。另一家经营国内、入境和出境旅游业务的旅行社,有总经理1名、副总经理2名、财务总监1名,下设行政及人力资源部、入境旅游中心、出境旅游中心、国内旅游中心、航空票务中心、市场营销中心6个部门,每个部门设1名部门经理,人数较多的部门设副经理1名。这家旅行社的纵向结构有4个层级,横向结构有6个部门。规模较大的旅行社采用事业部制,将其横向结构划分为多个事业部(子公司或分社)。

(一)添加组织架构

结构设计在ERP系统中的设置步骤:管理员—系统设置—企业设置—组织架构—添加一级组织,输入组织名称、部门编号和组织说明(见图1-5)。如,组织名称为"总经理办公室";部门编号为"0000";组织说明为"旅行社的最高权力机构,负责对外沟通和对内协调"。如果该级组织还有下级组织,点击"添加下级组织"即可。例如,计调部有两个下级组织:组团计调部和地接计调部。

图1-5 添加组织架构

（二）组织架构的操作

对设计好的组织架构可以进行编辑、删除和人员启用或禁用操作。在进行删除操作时，如果原来的部门有员工或者有下级组织，需要先将员工转移到其他部门，有下级组织的要先删除下级组织。旅行社有人员变动时，某员工因离职或其他原因离开本组织，操作人员需要选中离职人员所在的部门，点击"人员"，进行禁用操作；当恢复其职务时，即可进行启用操作。组织架构的操作如图1-6所示。

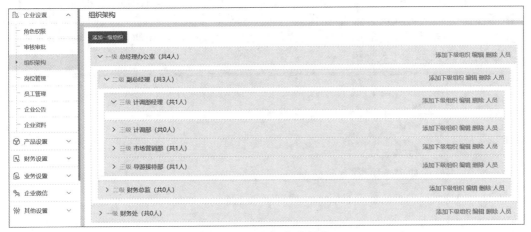

图1-6　组织架构的操作

三、岗位管理设置

在组织架构搭建起来之后，设计人员需要设置旅行社的各个岗位。岗位是组织要求个体完成的一项或多项任务以及为此赋予个体权力的载体。俗话说"一个萝卜一个坑"，即岗位与人一一对应。

操作步骤为管理员—系统设置—企业设置—岗位管理—添加岗位，添加岗位名称和岗位说明，表明本岗位应当承担的岗位职责。添加岗位如图1-7所示。

图1-7　"添加岗位"页面

他山之石

知识活页

四、员工管理

旅行社组织架构搭建完成后，就需要找到合适的人并将其安置在合适的岗位上，发挥其聪明才智，激励其高效率地完成岗位工作。企业里的人都有自己的职责，要有条不紊地开展自己的工作，这样整个企业才可以高效地运转起来。

（一）新增员工

旅行社把员工招聘进来，按照员工的特长和优势，将其安置在合适的岗位上。操作步骤：管理员—系统设置—企业设置—员工管理—新增员工，新增入职员工的信息，包括该员工的个人信息、部门信息、岗位信息、角色权限、登录和使用ERP系统账号等。"新增员工"页面如图1-8所示。

图1-8 "新增员工"页面

（二）查询员工信息

把所有关于员工的信息录入系统后，可以方便地在员工列表中查询员工信息。查询步骤：管理员—系统设置—企业设置—员工管理—员工列表。系统支持按状态、角色、部门、岗位和关键字等搜索查找员工信息。需要呈现的员工信息内容与先后顺序是可以自定义设置的。员工列表与查询员工信息页面如图1-9所示。

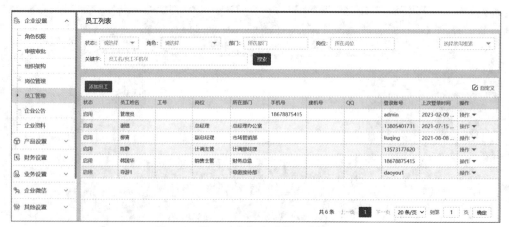

图1-9 员工列表与查询员工信息页面

(三)员工管理操作

对已经输入系统的员工进行查看/修改、设置权限、变更部门、禁用、重置密码、查看操作日志等,所有的操作均可以在操作日志中查看。"员工管理"页面如图1-10所示。

图1-10 "员工管理"页面

1. 查看/修改

如果某一员工发生变动,如升职、调岗或因业务原因转换部门等,可以针对该员工进行操作。查看/修改员工信息页面如图1-11所示。

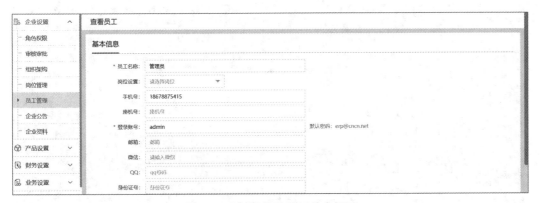

图1-11 查看/修改员工信息页面

2. 设置权限

需要注意的是,员工管理中的设置权限和角色权限中的设置是不一样的。角色权限中的设置是针对这个角色下所有员工的,而在员工管理中点击某个员工的设置权限是针对这个员工的。员工权限设置页面如图1-12所示。例如,公司新来了一位实习生,给他开设了员工账号,虽然他是计调员,但是不想给他计调员这个角色的全部权限,那么就可以在员工管理中,针对这位实习生的权限进行设置。为了提高效率,系统支持"同步权限至他人""复制他人权限""重置权限"三个选择。其中,"重置权限"意味着恢复角色权限。

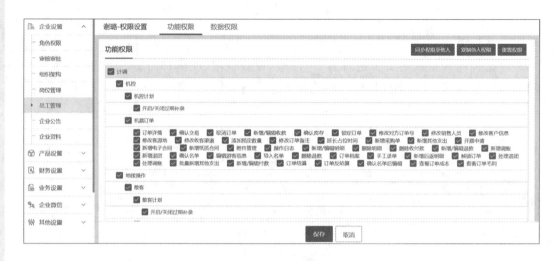

图 1-12　员工权限设置页面

3. 变更部门

当员工所属部门发生变更时,需要在系统中变更该员工所在部门信息。变更员工部门如图 1-13 所示。

图 1-13　变更员工部门

4. 禁用

如果某位员工离职,出于公司内部信息保密的角度(如一些重要的客户信息和财务信息等),就需要对这位员工的账号进行禁用。员工禁用如图 1-14 所示。此处,我们不建议更改这位员工的信息,以免数据流失。

图 1-14　员工禁用

5. 重置密码

为了防止他人登录公司 ERP 系统，扰乱公司业务。员工在拿到账号信息以后，需要登录系统更改密码，因为初始密码都是默认的。如果员工忘记了登录密码，可以重置密码。重置密码如图 1-15 所示。

图 1-15　重置密码

6. 查看操作日志

系统会记录每一步业务操作，用户可以通过操作日志查看操作内容、操作人和操作时间等。查看操作日志如图 1-16 所示。

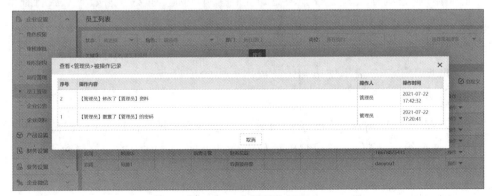

图 1-16　查看操作日志

五、关系设置

单位、部门和岗位角色相互之间的关系,是指各个部分在发挥作用时,彼此之间如何协调、配合、补充、替代的关系。在ERP系统中,组织之间横向的业务分工和协作可通过系统集成设计来实现。例如,计调员在计调菜单中做好行程计划,销售人员即可在销售菜单中查询到该计划,并点击查看行程信息并下订单。计调人员可以即时查看订单信息,然后根据要求进行相应操作。同样,财务部门也可以查询到相应的信息。即时共享和信息集成让旅行社各个业务部门成为分工明确、统一协作的有机体。单位、部门和岗位的纵向关系主要表现在业务流程审批上。

(一) 审批设置

审批设置步骤:管理员—系统设置—企业设置—审核审批—审批设置。审批设置如图1-17所示。

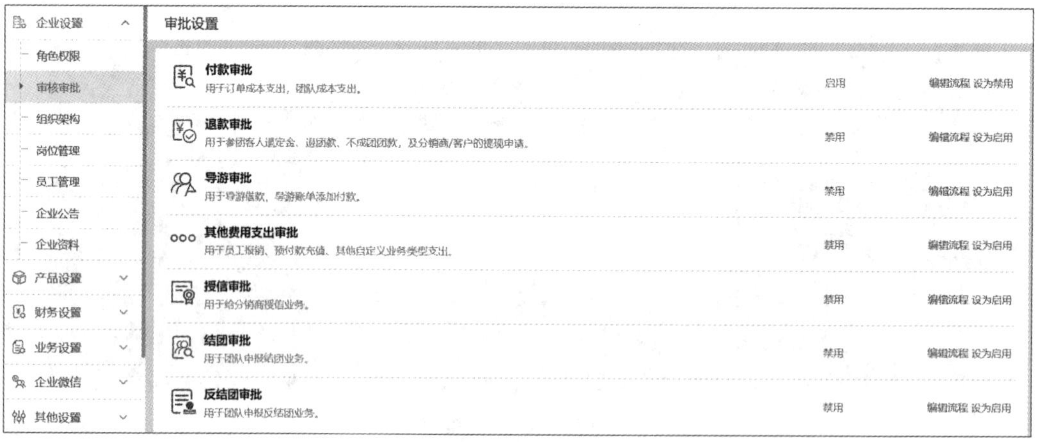

图1-17 审批设置

在业务的主要节点上,设置审批项目和审批流程,可对业务进行控制和管理。审批流程的优化是提高审批效率的关键,旅行社可以通过重点分类进行审批控制。针对B(企业)端的业务流程设置不仅要考虑审批的基本功能,还要考虑如何与旅行社业务系统集成,以实现业务协同。系统默认的审批项目包括以下方面。

1. 付款审批

付款审批用于订单成本支出和团队成本支出的项目。

2. 退款审批

退款审批分三种情况:向已经参团的客户退定金;由于各种原因,旅游团没有成立,将团款退还给客户;分销商客户的提现申请。

3. 导游审批

导游审批用于导游借款等项目。

4. 其他费用支出审批

其他费用支出审批用于员工报销、预付款充值以及其他自定义业务类型支出的款项。

5. 授信审批

授信审批一般针对分销商。旅行社根据一定的标准和流程将分销商划分为不同等级。等级不同意味着对分销商下单的要求不同。

6. 结团审批

结团审批用于团队申报结团业务。旅游活动结束后,在核对相关信息无误的情况下,申请结团。结团后意味着账务不再变动,收入可以得到确认。

7. 反结团审批

反结团审批用于团队申报反结团业务。对于已经结团的旅游团,如果发现账单出现失误等,需要反结团。通过反结团操作,团队的状态由"已结团"变为"未结团",在"未结团"状态下可进行调账、修改或删除等。

(二)设置审批条件和节点

在审批设置页面,旅行社可根据需要启用或禁用某一项审批设定,编辑审批流程。点击"编辑流程",新增审批节点,勾选生效部门,进行下一步设置流程,勾选审批条件,增加审批员工。设置审批条件和节点如图1-18所示。

图1-18　设置审批条件和节点

组织架构如果需要调整,即扩大某一部门的权限或者收缩某一部门的权限,工作人员可以对已经完成的审批流程进行编辑操作。

(三)通知设置

将申请进度通知给审批人,有两种通知形式:一是在审批全部通过或被驳回时通知;二是任意一次审批结果均发起通知。通知设置如图1-19所示。前者对审批人打扰较少，后者需要申请人实时了解审批进度，以便申请人采取相应措施，旅行社可以根据业务类型的需要在通知设置中进行设置。

图1-19　通知设置

结构搭建、角色设置和关系设置是紧密联系在一起的，即在进行结构搭建时，实际已经进行了角色设置和关系设置。作为一项工作，三者存在着彼此承接的关系。在对组织架构进行规范分析时，重点是结构搭建，角色设置和关系设置是结构搭建的展开。

六、发布企业公告

旅行社如果有重大事件发生，该事件是员工关注或合作客户关注的，且内容是可以公开的，此时企业需要发布企业公告。企业公告涉及的内容非常广泛，包括创新产品、人员任免、年会庆典、职务变更、合作客户变化、票据遗失等，这些都可以通过企业公告进行公布。发布企业公告的操作步骤：管理员—系统设置—企业设置—企业公告—添加—填写公告类型。公告类型有两种，即产品和文章。

（一）产品类公告

公告的内容是与产品有关的，就选择产品类公告。例如，为迎接建党100周年庆典，企业计划举行一次促销活动，重点推广红色旅游线路。就可以在企业公告—添加类型中选择产品，选择与此次活动关联的产品，填写公告内容，上传附件，填写权重，如果该公告的内容非常重要，权重就较大，反之权重就较小。权重用数字来表示，按照企业习惯选择0—1或0—100的数字表示公告的重要程度。选择发布范围包括企业内部、分销商和供应商。如果该项共享仅为企业内部共享，就勾选企业内部；如果是分销商需要知道的信息，就勾选分销商，以此类推。

（二）文章类公告

公告类型是文章类的，如企业发布的人事任免通知等，就需要填写公告主题。公告主题一般由企业名称、事项和文章组成，如某某旅行社山东分社企业内部招聘公告，可以由企业名称+文章组织的形式，也可以直接简写"公告"进行发布。其他内容与产品类型公告完全一致。

增加企业公告如图 1-20 所示。

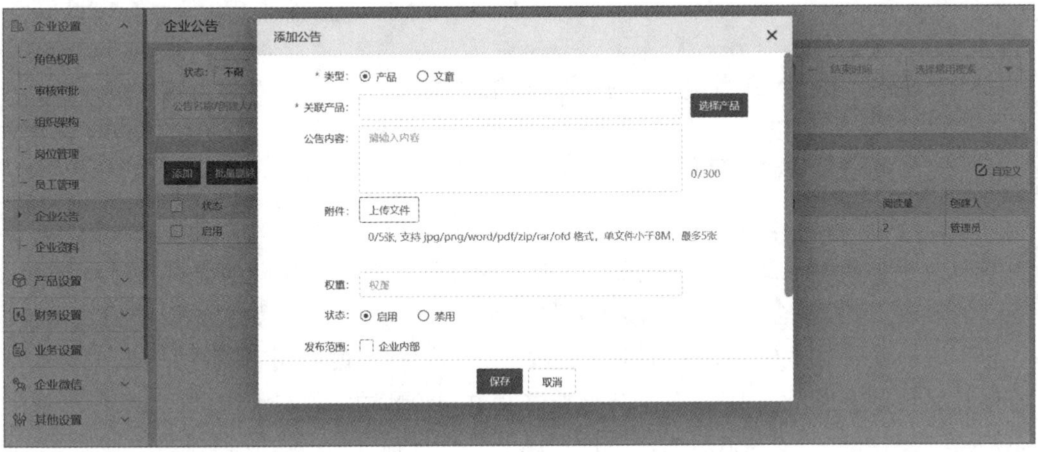

他山之石

图 1-20　增加企业公告

对于发布的公告，相关人员可以进行查看、修改、删除和禁用等操作。

七、上传企业资料

在开展业务时，某些资料需要重复使用，如企业产品介绍 PPT 模板、出团通知书的行程抬头、电子业务章、合同专用章、旅游合同模板等。我们需要把这些通用、常用的资料上传到旅行社的 ERP 系统中，以便随时调用。操作步骤：管理员—系统设置—企业设置—企业资料。上传企业资料如图 1-21 所示。

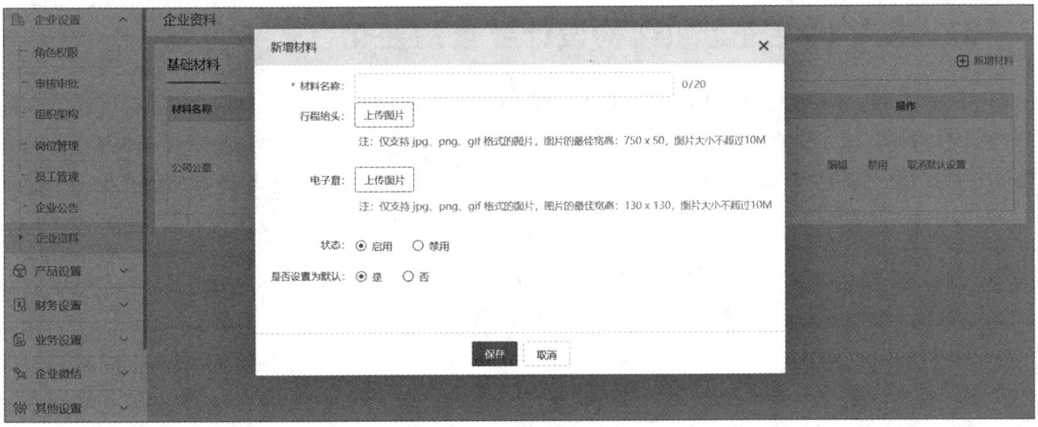

图 1-21　上传企业资料

可以对已经上传的资料进行编辑、禁用和取消等操作。

第四节　组织架构再造和创新

一、旅行社外部环境发生革命性变化

（一）竞争格局的变化

过去，旅行社很容易便可定义自己的产品、旅游资源和竞争对手，根据拥有的资源和竞争对手的策略采取相应的措施，提高市场份额。但在数字化经济环境下，全域旅游已然形成，跨界融合的旅游业态更是层出不穷，竞争对手会从始料未及的领域涌现。社会资源的配置在数字技术的推动下打破了时间和空间的限制，行业的边界正在不断模糊并发生动态变化。跨界竞争与合作并存并不断深化，敌友难辨，只有以客户为中心，为客户创造价值才是旅行社不变的主题。

（二）客户需求的变化

数字化使旅游需求和消费呈现三个方面的变化。一是购买活动时间的碎片化。旅游产品信息的查询、咨询和购买活动不再集中在某一时间段进行，而是随时随地发生。二是购买活动空间的虚无化。旅游产品的购买行为不需要在特定空间进行，购买的产品也不一定是当地旅行社推荐的产品，而是面对整个全球的产品供应链。数字经济的发展降低了信息成本，企业与消费者信息不对称的沟壑逐渐被填平，旅行社依赖信息不对称获取利润的时代终将结束。三是旅游消费的个性化。随着消费者购买时间与空间的增加，消费者的选择性增强，个性化消费成为消费者的需求。消费者需求的快速迭代成为新的趋势，旅行社行业市场竞争的激烈程度将逐步加大。

二、数字化促进组织架构设计要素的变化

数字化技术与全新商业模式的相互作用，深刻影响着旅行社行业价值链的各个环节，消费市场、供应链、分销渠道、企业的运营等价值链要素都在发生变化，整个行业的价值体系正在重构。旅行社外部环境的变化呈现快速性和不确定性，工业化时代建立的以科层制为理论基础的组织架构形式将不再适应数字化时代的需求。同时，数字化技术的发展也为组织架构的重组和再造提供了支持。未来，旅行社的组织架构将更加灵活，职能管理的重要性将逐渐弱化。具体表现在以下方面。

（一）分工整合

智能化和数字化会提高员工的工作效率，扩大员工的工作范围，提升员工的工作能力。因此，旅行社可将许多经过详细划分的工作单元组合成较大的、复杂的工作单元，以减少岗位数量和职位数量，简化工作流程，降低组织协调成本，提高员

工作效率。

（二）任务整合

智能化和数字化工具是员工的助手，它们可以让员工同时完成多项工作，因而员工可以从事工作程序中多个环节的工作。以往的任务流程和分工细化将逐步不再适用，旅行社可以通过业务流程整合更好地满足客户需求，提升客户满意度。

（三）职务整合

智能化和数字化为旅行社提供了更专业的辅助工具，逐步取代了传统的职能服务与管理方式。例如，在ERP系统中输入业务活动数据，即可自动生成财务数据，减少了会计等相关职能的需求。

（四）知识整合

旅行社的员工需要全面了解工作流程中的各个环节，而不仅限于本部门或本岗位的工作内容。智能化和数字化使得即时信息共享成为现实，工作流程中的信息能够快速获取和应用。

三、组织架构形式的变化趋势

在数字化时代，未来旅行社组织架构形式将发生以下的变化。

（一）扁平化

在数字技术的推动下，旅行社运营的信息沟通方式将发生变革。其一，旅行社与外部合作企业的信息沟通成本大幅降低，使得端对端的直接联系成为可能，减少了中间环节，提高了信息传递效率，降低了交易成本。其二，在旅行社内部，物联网、大数据和移动互联网等技术的应用，使得业务数据能够自动采集并实时传输。部门之间与层级之间的信息壁垒逐步被打破，数据可以在不同部门和层级之间流畅传递和共享，不再像传统组织那样需要先进行部门汇总，再通过层级自下而上地逐级汇报或自上而下地下达命令。数字技术的运用提高了信息传递的效率，同时避免了信息在传递过程中的失真。数字技术的应用使得组织更加扁平化。

（二）模块化

信息技术的持续发展以及由此带来的显著交易成本降低，推动了传统组织架构的重构与整合，以及企业内部业务流程的重新设计。组织机构内部横向与纵向的模块化重构使得组织架构具备扁平化、开放性和自组织等特征。模块化组织指的是将组织的运营系统按照能力和知识分解为半自主的功能模块。这些功能模块在统一的标准平台下独立设计和生产，并能够灵活适应市场变化。模块化组织内部信息存在两种类型：第一种是决定模块联系规则的"公共信息"；第二种是被每个模块包裹着的"隐藏信息"。简单且统一的联系规则确保了组织的整体性，并通过不同的组合方式将各个模块联系在一起。模块之间在平行开展工作的同时，内部信息包裹化使得每个模块均能够独立进行创新活动。模块化使得组织越来越关注内外部资源的整合与协同效应，可以选择将许多内部活动外包或将原本的外部活动纳入组织的管理运作体系，从而使得组织边界变得模糊和灵活。在模块化组织中，企业不再通过行政命令的方式干预下级生产部门、分公司或子公司的运作，而是通过内部市场机制来实现交易，这将导致企业与市场之间的边界逐渐模糊化。

教学互动

假设你是某个旅行社的总经理，本班同学是旅行社员工。请思考，如何通过组织架构的设计，让本班级从一个学习组织转变为可运营的旅行社组织。

评价标准

序号	评价项目	评价内容	分值/分
1	旅行社命名	合乎规范、富有特色且简洁，传播性强	20
2	搭建旅行社组织架构	结构合理、角色分配适当且岗位设置能够满足运营需求	50
3	员工管理	岗位分配适当，角色权限设置符合工作需要和员工实际情况，审核审批流程有利于实现业务控制和员工管理，发布的公告符合规范	30

项目小结

本项目介绍了旅行社的命名规则、组织架构搭建的形式、员工管理流程以及组织架构未来的发展趋势。通过本项目的学习，学生能够在ERP系统上搭建旅行社的组织架构。

项目训练

以下为某旅行社组织架构图(见图1-22)，请完成以下任务。

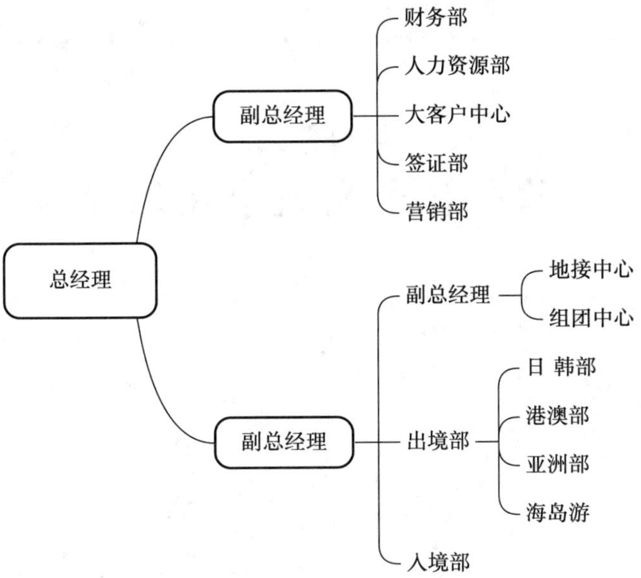

```
                    ┌── 财务部
                    ├── 人力资源部
          ┌─ 副总经理 ─┼── 大客户中心
          │         ├── 签证部
          │         └── 营销部
总经理 ──┤
          │         ┌─ 副总经理 ─┬── 地接中心
          │         │          └── 组团中心
          │         │         ┌── 日 韩部
          └─ 副总经理 ┼── 出境部 ─┼── 港澳部
                    │         ├── 亚洲部
                    │         └── 海岛游
                    └── 入境部
```

图 1-22　某旅行社组织架构图

（1）分析该旅行社组织架构形式。

（2）在 ERP 系统上搭建该旅行社的部门。

（3）在 ERP 系统上为该旅行社设计主要管理角色权限。

（4）你认为该组织架构存在什么缺陷？该如何调整？在 ERP 系统完成组织架构的调整。

项目二
旅行社产品数字化运营

 思维导图

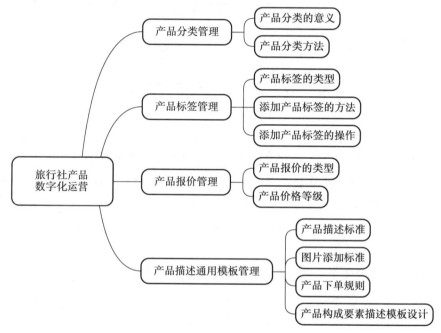

 项目描述

产品是旅行社经营的基础,几乎所有的业务部门都围绕产品执行相应的任务,同时也围绕产品归纳客户信息。对产品进行数字化处理,有助于旅行社有条理、结构化地组织有关产品的信息。这样,一方面是将工作结果和客户行为转化为量化形式保存,另一方面则是方便查询、回溯、汇总和进行智能分析,从而解决相关决策问题。旅行社产品数字化包括产品分类管理、产品标签管理、产品报价管理和产品描述通用模板管理等。

项目二 旅行社产品数字化运营

知识目标

(1) 了解旅行社产品分类管理的原则和意义。
(2) 了解旅行社产品标签管理的意义和方法。
(3) 掌握旅行社产品报价管理的类型和方法。

能力目标

(1) 能够对旅行社产品进行分类管理。
(2) 能够为旅行社产品设置数字标签。
(3) 能够设置旅行社产品的定价类型。
(4) 能够设计旅行社产品描述的通用模板。

素养目标

(1) 具备统筹规划的系统思维。
(2) 树立顾客至上的理念。
(3) 具备敬岗爱岗的精神。

任务引入

旅行社已经建立起来了,现在需要设计旅游产品并进行产品运营管理。为了高效管理旅游产品,我们需要对旅行社的产品进行数字化处理,并建立产品运营管理的数字平台。这样可以将产品开发、分类管理、产品标签、定价类型等集中到数字平台上,使客户和业务人员能即时了解产品情况并做出调整。

任务1

任务描述:设置产品分类。

任务目标:了解分类对产品管理的意义和价值,根据要求设置分类标准,通过本任务的学习,学生能够通过ERP系统进行产品分类设置。

任务2

任务描述:为旅行社产品添加合适的标签。

任务目标:掌握旅行社产品标签设计技巧,理解产品标签在提升市场定位、优化搜索功能以及增强客户体验感方面的重要性。

任务3

任务描述:设置旅行社产品报价类型。

任务目标:了解旅行社设置产品报价类型的意义,掌握产品报价类型的设置方法。通过本任务的学习,学生能够在ERP系统上有效地设置各类产品报价。

任务4

任务描述:设计旅行社产品描述的通用模板。

任务目标:学习产品描述标准,掌握产品通用模板设计的方法和注意事项,能够设计并上传产品通用模板。

第一节 产品分类管理

一、产品分类的意义

产品管理的基础在于对产品进行分类,而分类方法的变化是整个旅游产品系统变化的核心。就像家庭用品的布置一样,如果不进行分类归置,所有的物品都堆放在一起,不仅会十分混乱,而且查找物品会十分耗时,大大降低了工作效率。产品分类管理不仅方便了旅行社的员工,更重要的是让消费者能够轻松获取他们感兴趣的产品,从而增加订单量。

从抽象层面来看,优秀的分类应该是将同类产品尽量放在一起,将不同类产品尽量分开。对整体而言,最好能符合MECE(Mutually Exclusive Collectively Exhaustive,互斥且完备)原则。当旅行社规模较小且产品数量较少时,分类并不是非常重要,因为员工对每个产品都很熟悉。在向消费者推销产品时,只需将产品展示供消费者选择即可。但随着旅行社产品增多,就需要清晰地梳理、分类和管理产品。

产品分类是旅行社数字化运营的第一步。旅行社对经营的产品进行分类具有以下意义。

(一)更好地进行归纳、整理和搜索

只有对产品进行统一分类,才能将研究对象从每一类产品的个性特征归纳为每一类产品的共同特征。对于规模较大的旅行社而言,经营的产品种类繁多,逐个分析每一个产品的工作量过大且不必要。因此,旅行社需要对产品进行归纳和整理,只集中研究某类产品,这样能够显著提高工作效率。员工需要查询特定产品或某类产品时,可以根据产品分类的关键要素进行快速检索。

(二)更精准地进行产品定位

通过对产品进行分类,员工可以清晰地了解每个产品的特点、目标客户群和市场定位。这有助于旅行社在市场竞争中找到自己的差异化优势,提供能够满足不同消费者需求的产品,从而吸引更多的消费者。

（三）有利于市场推广和销售

对产品进行分类管理可以帮助旅行社制定更有针对性的市场推广和销售策略。通过分析不同产品的市场需求和竞争状况，旅行社可以有针对性地选择合适的营销渠道和推广方式，从而提高销量。

（四）更好地设计产品组合和包装

产品分类管理可以帮助旅行社设计更具吸引力和完整性的旅游套餐，为消费者提供更多样化和个性化的产品组合。通过对不同类别的产品进行组合，旅行社可以满足消费者的不同需求和偏好，从而增加销售机会和旅行社收益。

（五）更好地进行供应链管理和选择合作伙伴

产品分类管理有助于旅行社进行供应链管理和选择合作伙伴。通过分析不同类别产品的供应链需求和合作伙伴要求，旅行社可以选择合适的供应商和合作伙伴，以确保产品质量和服务水平。

（六）优化产品管理策略

产品分类管理可以帮助旅行社进行绩效评估和优化。通过分析不同类别产品的销售数据和客户反馈，旅行社可以评估产品的市场表现和客户满意度，及时调整和优化产品策略，从而提升旅行社的竞争力和盈利能力。

二、产品分类方法

旅游产品分类的方法有很多，旅行社采用哪种分类方法并没有一定之规，完全取决于旅行社进行产品管理的需要。ERP系统支持四级分类。第一级分类，按照产品的形态，将产品细分为单项产品和包价产品。第二级分类，单项产品包括但不限于签证、机票、酒店、景区门票、电话卡、租车、导游服务等，可以单独拆分出来售卖的产品都属于单项产品；包价产品是指对资源进行再整合，将不同的单项产品进行整合包装，以吸引消费者购买的产品形式。第三级分类，包价产品又可被继续细分为旅游团产品、自由行产品和定制化产品。第四级分类，定制化产品又可被分为三类：单项组合定制，如自由行的机票＋酒店；主题定制，有具体行程和主题，主要针对小众的特色旅游线路；完全C2B定制，消费者提出具体需求，由旅行社进行对接。

总的来看，四级分类就是将其中一个产品类型进一步细分，如主题定制产品按照消费者需求分为摄影定制产品、科学考察产品等。产品细分越多，产品管理就会更为精细，提供的产品也更具有针对性，更能满足消费者的个性化需求。然而，随着细分程度的增加，旅行社的产品管理复杂度和成本也会相应提升。因此，旅行社需要在收益和成本之间进行权衡，以找到适合自身的分类方式。

进行产品设置的操作步骤：管理员—系统设置—产品设置—产品分类。产品分类设置页面如图2-1所示。

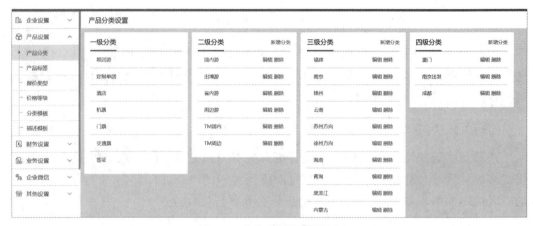

图 2-1　产品分类设置页面

产品的分类设置可以根据不同的标准和需求进行。以下是一些常见的产品分类方式。

（一）按照旅游目的地分类

（1）国内旅游。

（2）国际旅游。

（3）周边游（短途旅行）。

（二）按照旅游主题分类

（1）休闲度假（如海滩、温泉、度假村等）。

（2）探险旅行（如徒步、登山、潜水等）。

（3）文化体验（如历史遗迹、民俗体验等）。

（4）生态旅游（如国家公园、自然保护区等）。

（5）研学旅游（如学术交流、学术考察等）。

（6）康养旅游（如疗养、瑜伽、健康检查等）。

（三）按照旅游方式分类

（1）自由行（自助游）。

（2）跟团游（包括半自助游和全包式旅游）。

（3）定制化旅游（根据消费者需求定制的个性化旅游）。

（4）邮轮旅游。

（5）背包旅行。

（四）按照旅游时长分类

（1）短期旅游（1—3天）。

（2）中期旅游（4—7天）。

(3)长期旅游(8天以上)。

(五)按照旅游预算分类

(1)经济型(预算友好)。

(2)中档型(中等消费水平)。

(3)高端型(豪华体验)。

(六)按照旅游服务项目分类

(1)机票预订。

(2)酒店预订。

(3)旅游套餐。

(4)旅游保险。

(5)签证服务。

(6)导游服务。

(7)交通接送。

(七)按照消费者特殊需求分类

(1)家庭旅游。

(2)蜜月旅游。

(3)老年人旅游。

(4)残疾人旅游。

(5)宠物友好旅游。

在进行产品分类时,旅行社可以根据目标市场、消费者需求以及旅行社的业务重点来进行调整和优化。这种分类方式不仅有助于消费者更容易地找到他们感兴趣的产品,也方便旅行社进行市场分析和产品管理。

第二节　产品标签管理

产品标签是产品的一个属性,旅行社通过添加产品标签,可以帮助消费者更快速地了解产品的特点和亮点,有利于消费者检索和选择产品。与此不同,产品分类主要用于内部管理,便于旅行社按照产品品类进行营销和分析销售数据。

产品标签的主要作用是向消费者展示产品特性,因此需要使用能引起消费者兴趣的文案。一个产品可以有多个标签。特别是对于旅行社而言,借助类似携程、美团、飞猪等大平台进行产品销售时,确保产品标签与消费者需求匹配非常重要。

一、产品标签的类型

随着产品的多样化和消费者需求的个性化,旅行社对产品分类标签的需求也日益增多。不同的旅行社会根据其创始人和团队的"基因"来确定公司的产品线,例如研学、亲子、户外等。如果一个旅行社缺乏自己的独特"基因",其经营的产品线可能会显得杂乱无章。此外,产品标签经常会随着市场潮流和消费者趋势的变化而调整。可从以下几方面添加旅游产品标签。

(一)旅游目的地标签

根据产品涉及的旅游目的地,添加相应的旅游目的地标签。如果是前往巴黎的旅游,可以添加"巴黎""法国"等标签。

(二)主题标签

根据产品的主题或特色,添加相应的主题标签。如果是一次冒险的旅游,可以添加"冒险""户外活动"等标签。

(三)体验感标签

根据产品提供的独特体验感,添加相应的体验感标签。如果产品提供了美食体验感,可以添加"美食""当地特色菜""风味餐"等标签。

(四)季节标签

根据产品适合的季节,添加相应的季节标签。如果产品适合夏季,可以添加"夏季""海滩"等标签。

(五)价格标签

根据产品的价格水平,添加相应的价格标签。如果产品是高端的、奢华的,可以添加"豪华""高端"等标签。

(六)活动标签

根据产品提供的特定活动,添加相应的活动标签。如果产品包含徒步、登山等,可以添加"徒步""登山"等标签。

(七)特殊标签

根据产品的特点,添加相应的特殊标签。如果产品提供了私人定制服务,可以添加"私人定制""个性化行程"等标签。

二、添加产品标签的方法

添加产品标签是为了方便消费者快速识别和筛选产品,同时也是为了实现搜索引擎优化(SEO)和提升用户体验感。设计产品标签要站在消费者的角度上进行思考,需要了解消费者的消费需求和消费行为。消费者在搜索、挑选和购买产品时,一般会关注产品的功能、旅游目的地、性价比、适合的消费人群等,产品标签内容要包含消费者需要的信息。

在常规情况下,标签是一种常见的文本形式,通常可以进行结构化处理。因此,可以有效地存储、组织、管理、搜索和精确定位标签。随着标签数量的增加,它们能够更精确地描述信息,使信息更容易被精确定位和搜索。

(一)关键词研究

在设定标签之前,关键词研究非常重要,这有助于了解潜在消费者在搜索产品时可能会使用的词汇。为此,旅行社可以使用SEO工具来查找相关且搜索量较高的关键词。

(二)标签相关性

确保标签与产品之间有关联性至关重要,需要根据产品的实际特点和卖点选择合适的标签内容,例如旅游目的地、活动类型、特色体验等。避免过度标签化或使用不准确的标签词,这样可以确保标签能够准确反映产品的特点。

(三)简洁明了

通常情况下,标签应该简洁直接,避免冗长和复杂的表述。最好使用消费者易于理解的词汇,避免使用行业术语或专业词汇。

(四)一致性

在整个网站上保持标签的一致性非常重要,这意味着同一类型的产品应该使用相同或相似的标签。如果多个产品具有相同的特点或卖点,最好使用相同的标签,这样有助于提升用户体验感。

(五)层次分明

旅行社可以设置主标签和子标签,以区分产品的不同层次。主标签通常用于描述产品的主要类别,而子标签则用于描述产品的具体特点。

(六)更新维护

定期检查和更新标签非常重要,确保标签与产品之间具有相关性,并能反映旅游趋势和消费者需求。同时,及时删除不再适用或搜索量较低的标签。

(七)使用搜索引擎优化标签

使用搜索引擎优化标签可以提升产品在搜索结果中的排名。然而,需要避免过度优化,如堆砌关键词等。

（八）注重消费者体验感

确保标签易于被消费者理解和使用，可以帮助消费者快速找到他们感兴趣的产品。在产品页面上，要突出显示重要标签，如"热门""特价""限时优惠"等。

（九）数据分析

使用网站分析工具来监控标签的表现，了解哪些标签较受欢迎，哪些标签需要改进。

（十）遵守规范

遵循搜索引擎的规范。

旅行社在添加产品标签时，标签内容最好为30个字左右，这样可以增加产品被更多消费者发现的机会。每个标签的关键词都应与特定的消费人群相关联，避免设置与产品不相关的关键词，以防止访问量的减少，并保持产品标签结构的精准性。

三、添加产品标签的操作

在ERP系统上，设置产品标签的步骤：管理员—系统设置—产品设置—产品标签。产品标签设置页面如图2-2所示。ERP系统提供全局标签、跟团游标签、定制单团标签等。全局标签支持所有类型的产品标签使用，全局标签反映的信息是大多数消费者关心的内容。跟团游标签仅适用于跟团游产品，设计时需考虑跟团游消费者的需求，如省心、省钱、交友、学习等。同样，定制单团标签仅限于定制单团线路使用。

图2-2　产品标签设置页面

第三节　产品报价管理

一、产品报价的类型

旅行社的产品定价受到多种因素的影响,包括产品成本、供需关系和市场竞争等,因此不能随意确定。然而,旅行社在定价策略上并非束手无策,合理的定价策略可以对市场产生重要影响,尤其是对于市场上占据优势地位的旅行社而言,定价策略的应用空间较大。差异定价策略是旅行社常用的一种定价策略,它指的是旅行社对同一条线路的不同消费者采用不同的价格策略。差异定价策略普遍存在,例如航空公司常常使用的策略,具体如下所示。

（一）不同舱位的差别定价

大多数航空公司的舱位分为头等舱、公务舱和经济舱。舱位不同,票价不同。头等舱的票价往往高于经济舱。

（二）不同预订时间的差别定价

预订时间不同,票价不同。当天预订,票价基本没有折扣。随着提前预订天数的增加,票价折扣幅度逐渐增大。

（三）不同时间的差别定价

一天当中,不同起飞时间的票价有所不同:上午起飞的航班票价较高,早上起飞的次之,晚上起飞的航班较便宜。一年之中,出行日期不同,票价也有所不同。在出行高峰期,航空公司的机票基本上都是全价销售,没有折扣;而在淡季,票价会出现不同幅度的折扣或优惠。一周当中,工作日和周末的票价也有所不同,工作日的票价比周末低。

（四）特别机票的差别定价

特别机票是指针对特定人群提供的价格优惠机票。一般来说,限制越多价格越低,限制越少价格越高。特别机票主要有以下几种类型。

1. 旅游机票

旅游机票的价格比一般机票稍低。然而,旅游机票有严格的规定,即有效时间非常短暂,只能购买往返机票,不能购买单程机票。一旦超过有效期,消费者必须自行承担损失。

2. 团体机票

团体机票是通过委托代理方式获得的机票,即航空公司委托代理公司(通常是旅行社)以较低的价格订购的批量机票。这类机票价格相对较低,但限制条件较多,例如通常不允许退票。

3. 包机机票

包机机票是为一架飞机或整体团体出行而设定的机票。这种机票的折扣力度较小,但限制较少。

4. 学生机票

购买学生机票的人必须持有有效的学生证。一般来说,学生机票只能在寒暑假期间使用,并且通常需要提前申请。

5. 儿童票和婴儿票

一般情况下,儿童票适用于2周岁以上至12周岁以下的儿童,票价通常为原价的五折左右。婴儿票适用于2周岁及以下的婴儿,票价通常为原价的一折左右。

景区门票类似航空公司的机票,采用不同时间段和不同人群的差别定价策略。同样,旅行社的产品也应该采用差别定价策略,系统中默认设定成人价、儿童价和婴儿价等。产品报价类型的设置步骤:管理员—系统设置—产品设置—报价类型。报价类型页面如图2-3所示。

图2-3　报价类型页面

二、产品价格等级

价格等级是指根据收客渠道的不同而设定的不同结算价格。一般来说,ERP系统会默认设定同行价和直客价。旅行社可以根据不同的客户单位添加不同的结算项目。常见的产品价格等级分类如下。

（一）按照分销渠道划分

旅行社的分销渠道一般有四种,即直接销售渠道、多代理分销渠道、平台分销渠道和独家代理销售渠道。

直接销售渠道是指，旅行社直接向消费者销售产品，没有中间商。这种销售渠道不需要与中间商分享利润，容易管控，但市场覆盖面有限，例如只能通过旅行社的销售人员或自营门店销售产品。通过直接销售渠道销售产品制定的价格被称为直客价。

多代理分销渠道是指，选择多家旅行社建立分销渠道。这种销售渠道具有市场覆盖面广以及节省人力、物力等优点，但也具有环节多、难控制、摊薄利润等缺点。通过多代理分销渠道销售产品制定的价格被称为同行价。

平台分销渠道是指，通过电子商务平台或在线旅游经营商实现产品销售。通过平台分销渠道销售产品制定的价格称为平台价。

独家代理销售渠道是指，在特定区域选择一个代理商与旅行社进行紧密捆绑，通常情况下，独家代理价格较分销价格更低。

（二）按照产品形态不同划分价格等级

按照旅游行程中包含的服务项目不同，价格等级可分为全包价、半包价、小包价和零包价。

1. 全包价

全包价是指预付的价格包含了所有服务项目的费用，包括各个产品的单项服务（如住宿、交通、餐饮、景点等）以及旅行社提供的服务（咨询服务、导游服务、后勤保障、手续办理、购置保险等）。参加旅游团的消费者采取一次性预付旅费的方式，将各种相关旅游服务全部委托给一家旅行社办理。价格中包含的服务项目通常包括按规定等级提供的酒店客房、一日三餐及饮料、固定的市内游览车、翻译导游服务、交通集散地接待服务、每人20千克的行李托运服务、景点门票和文娱活动入场券，以及全程陪同服务等。

2. 半包价

半包价是指，在全包价产品的基础上，扣除中餐、晚餐费用的一种包价形式，其目的在于降低旅行社产品的直观价格，提高产品的竞争力，同时也是为了更好地满足消费者在用餐方面的不同需求。

3. 小包价

小包价产品又称可选择性产品，它由非选择部分和可选择部分构成。非选择部分包括接送、住房和早餐等，费用由消费者事前预付；可选择部分包括导游、参观游览、节目观赏和风味餐等，消费者可根据兴趣、经济情况、时间安排自由选择，费用现付。

4. 零包价

购买零包价产品的消费者必须随团前往和离开旅游目的地，但在旅游目的地的活动是完全自由的，形同散客。因此，零包价旅游又称为"团体进出，分散旅游"。参加零包价旅游的消费者可以获得团体机票价格的优惠和由旅行社统一办理旅游签证的便利。

（三）按照客户类型不同划分价格等级

根据"二八定律"，80%的利润由20%的消费者贡献。换句话说，80%的消费者只贡献了20%的利润。由于不同消费者对旅行社的重要性不同，旅行社需要区分对待产品的营销和定价策略，以提高效益。例如，旅行社可以设置黄金会员价、铂金会员价、白金会员价等。

产品价格等级的设置步骤：管理员—系统设置—产品设置—价格等级。价格等级页面如图2-4所示。系统默认有同行价、直客价等，旅行社可以根据需要添加价格等级类型，也可以对已经添加的价格等级类型进行修改或删除。

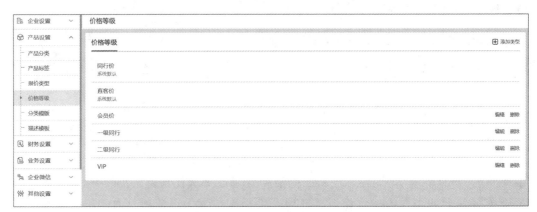

图 2-4　价格等级页面

第四节　产品描述通用模板管理

一、产品描述标准

产品设计完成后，旅行社需要把产品呈现出来。由于旅行社的产品具有无形性和不可感知的特点，需要借助文字和图片进行展示。由于每个人对文字表达的理解都有所不同，不同的人对同一个产品的理解也千差万别。为此，旅行社需要将产品呈现的内容进行标准化描述。对产品进行标准化描述是旅行社数字化运营的关键，也是旅行社积累经验、防止错误、提高效率的重要工作之一。

产品描述需要包含哪些内容可以根据不同的旅行社的需求进行设计。ERP系统提供了按照产品分类选择相应产品描述类型的功能。具体操作步骤：管理员—系统设置—产品设置—分类模板，然后选择要设计的旅游产品类型，点击"添加描述"。ERP系统提供了多种可以选择的字段，包括产品的特殊描述、购物、自费描述、行程描述等。产品描述模板设计如图2-5所示。

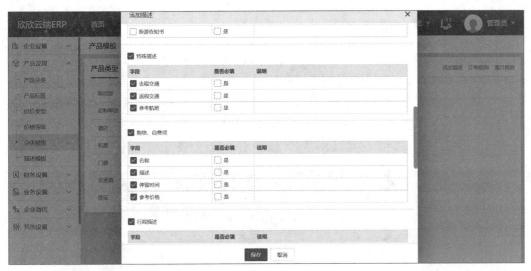

图 2-5　产品描述模板设计

二、图片添加标准

由于产品具有无形性特点,消费者无法亲身体验,因此产品的图片显得尤为重要。消费者在查询产品时,主要依赖文字描述和图片信息来判断产品的吸引力和价值,这使得旅行社在产品展示上需要投入大量精力。因此,旅行社需要通过清晰的图片和精准的文字信息来说服消费者。在选择图片时,以下几点尤为重要。

（一）使用高质量的图片

对于消费者来说,高质量的图片通常更具吸引力。将这些高质量的图片以视觉化的方式展示在宣传页上,不仅能给消费者带来视觉震撼,还能留下深刻印象,激发消费者的旅游兴趣,从而提高订单转化率。

（二）图片的配置要和产品相符

旅游网站上展示的图片以旅游目的地或景区为主。因此,在选择图片时,关键是确保图片能够与实际产品相符合,这样可以为消费者营造更真实的旅游体验感,并增强他们对产品的信任。

（三）要选择能够展示产品细节的图片

通常情况下,产品的展示需要两种类型的图片:一是展示产品整体的图片,用于吸引消费者的点击;二是展示产品细节的图片,这些图片能够促使消费者做出购买决策。展示产品细节的图片能让消费者了解产品的质量和真实性,帮助消费者判断产品是否符合期望。例如,酒店在展示外观时,同时展示周围的风景、卧室和浴室等细节,这样能够更全面地展示酒店的设施和服务。

（四）多张图片有机结合

在选择图片时，如果不想选择单一主题的图片，也可以将多个主题、类型和图片样式有机地组合在一起，为消费者创造清晰的视觉效果。

旅游产品图片使用规则设置步骤：管理员—系统设置—产品设置—分类模板—图片规则。图片上传规则设计如图2-6所示。系统默认上传本地图片，如果还有其他途径的图片，则不要勾选"上传本地图片"。使用图片时，须注意图片是否有侵权问题。

图2-6　图片上传规则设计

三、产品下单规则

为促进产品销售，同时降低销售风险，保障旅行社利益，增强销售人员及分销渠道人员的责任感，防止"悬单""死单"发生，旅行社可对产品销售和下单流程进行设置，设置步骤：管理员—系统设置—产品设置—分类模板—订单规则。订单规则设置如图2-7所示。

图2-7　订单规则设置

（一）下单规则

1. 最小预定数量

出于成本效益的考虑,在某一特定的价格点下,旅行社需要设定产品的最小预定量。例如,一些旅游线路可能对于成团有特定的要求,如果预定量低于此要求,旅行社可能无法盈利甚至会亏损。

2. 最大预定数量

旅行社的接待能力受多个因素影响,其中最大预定数量是限制某些产品报名人数的主要因素之一。超出最大预定数量,旅行社将无法接待或者面临成本大幅上升的情况。例如,某一线路在特定日期的旅行社仅能切位机票10个,因此该线路的最大预定数量也限制在10人。

3. 收客截止时间

旅游产品因季节变化明显,价格波动较大。同时,由于旅游服务项目预定和出境旅游团队需要办理签证等手续,旅行社通常会对某些产品的收客时间进行限制。例如,一般情况下,澳大利亚、新西兰全览16天的旅游线路,如2月5日出发,收客截止时间通常设定为出发前一个月。

4. 超卖校验

超卖是指旅行社销售的产品数量超过了实际库存数量。例如,某个产品在某日的实际库存是10,但预定量却达到了12。导致超卖的原因可能是当库存剩余量为2时,客户A和客户B查询后各自认为还有2个库存可预定,并同时下单。系统更新后,实际库存变为0,但系统却记录了客户A和客户B各自预定了2个产品,这样就导致了超卖。

5. 游客证件

预定旅游产品需要输入游客的相关证件或者至少一名游客的相关证件。

（二）订单处理规则

1. 二次确认

针对某些产品或特定的分销商,旅行社可能设定了订单需要二次确认的要求。在这种情况下,消费者的订单仅具备意向性,需要旅行社或资源提供方确认后才能生效。

2. 自动清位时间

消费者对某一产品产生购买意向,但尚未最终确认购买。在这种情况下,销售人员将订单状态设置为"占位"。如果消费者迟迟未能做出决定,该订单将继续占用库存,可能导致产品销售受阻,进而出现尾单现象。设置自动清位时间意味着为占位订单设定了最终期限,超过此时间,订单将失效,已占用的库存会自动释放。

3. 交易支付比例

为了保障旅行社和消费者的利益,防止随意撤销订单,消费者预订产品时通常需要支付一部分预付款。预付款的金额由双方协商确定，可以是固定的金额，也可以是订单总额的一定比例。

4. 定金金额

定金是指当事人事先约定的，为确保债权实现而由一方在履行前预先向对方支付的一定金额或其他形式的财物。定金属于一种担保方式。由于定金是在履行前预付的，并且金额在协议中是明确约定的，因此可以通过定金的约定来督促双方自觉履行合同义务，起到担保作用。

四、产品构成要素描述模板设计

在产品的内容描述中，许多要素通常是相似的，因此可以预先设置通用模板。在实际使用时，只需调用这些模板，并根据具体的产品和旅行团的情况进行必要的修改，就能事半功倍。

产品构成要素描述模板设计的具体操作步骤：管理员—系统设置—产品设置—描述模板，然后点击"添加"，输入模板名称、模板类型和模板描述，点击"保存"即可。添加描述模板如图2-8所示。

图 2-8　添加描述模板

（一）预订须知

预订须知是指消费者下单时对双方都具有约束力的条款。根据旅游类型划分，预订须知包括国内旅游预订须知、出境旅游预订须知、入境旅游预订须知，或者长线旅游预订须知和短线旅游预订须知。典型的预订须知内容包括以下几个方面。

1. 预订方式

预订方式是指预订产品的方式，如在线预订、电话预订、邮件预订等。提供预订的具体步骤和联系方式，方便消费者预订产品。

2. 预订时间

预订时间指的是消费者预订产品的时间窗口，包括预订开始时间和截止时间。通过明确预订时间,消费者能够了解预订的时间限制,方便及时预订产品。

3. 预订确认

预订确认说明了预订后的确认方式,如预订确认邮件、短信等。提醒消费者在预订后留意确认信息,并确保预订的准确性。

4. 预订费用和支付方式

预订费用和支付方式可以明确告知消费者预订所需的费用和支付方式,例如定金、全款等,并提供支付方式的建议,如银行转账、在线支付等。

5. 取消和修改政策

取消和修改政策说明了预订后的取消和修改政策,包括取消申请的截止日期、退款比例、修改费用等内容,以确保消费者了解相关规定。

6. 人数限制和配额

人数限制和配额可以提醒消费者产品可能存在的人数限制和配额,以确保消费者了解可能的限制和预订的可行性。

7. 其他重要信息提醒

其他重要信息提醒列举了一些消费者在预订过程中需要注意的重要信息,例如护照有效期、签证要求、健康状况等,以确保消费者在预订前了解并满足相关要求。

8. 联系方式

联系方式提供了旅行社相关负责人的紧急联系方式,以便消费者在需要时能够及时联系到相关负责人。

他山之石

(二)温馨提示

针对参团消费者在旅途中的准备事项和注意事项,温馨提示的内容通常与旅游目的地和旅游活动项目相关。旅行社在编制模板时,可以根据不同的产品、旅游目的地或旅游项目进行个性化设计。

1. 旅游目的地信息

提供关于旅游目的地的基本信息,如气候、文化、风俗习惯等,以帮助消费者更好地了解和适应旅游目的地的环境。

2. 行程安排

提醒消费者关于行程的具体安排,包括出发时间、集合地点、行程路线、景点参观顺序等,以确保消费者按时参加活动并顺利完成行程。

3. 注意事项

列举一些消费者在旅行过程中需要注意的事项,如保管贵重物品、注意个人安全、遵守当地法律法规等,以确保消费者安全旅游。

4. 环境保护

提醒消费者关注环境保护的重要性，如不乱扔垃圾、节约用水、保护野生动植物等，以促进旅游的可持续发展。

5. 特殊需求

了解消费者的特殊需求，如饮食禁忌、身体健康状况等，并提供相应的建议和安排，以确保消费者的舒适和安全。

6. 购物提示

提供关于当地购物的建议，如购物场所的信誉、价格的合理性等，以帮助消费者做出明智的购物决策。

7. 旅游保险

建议消费者购买旅游保险，以应对可能发生的意外情况，如疾病、意外伤害等，保障消费者的权益。

8. 紧急联系方式

提供旅行社或导游的紧急联系方式，以便消费者在遇到紧急情况时能及时联系到相关人员。

在编写温馨提示时，要简明扼要、清晰易懂，用简洁的语言表达，避免使用过于专业或复杂的术语，以确保消费者正确理解和遵守相关提示。

（三）签证信息

签证要求因旅游目的地国家或地区的政策不同而存在差异。旅行社可以根据提供的产品涉及的主要目的地国家或地区，编写统一的模板来提示签证信息。在涉及签证信息的产品中，需要考虑以下内容。

1. 目标国家签证要求

提供给消费者前往目标国家所需的签证要求，包括签证类型、申请材料、申请流程、费用等。确保消费者了解办理签证的基本要求和流程。

2. 签证申请时间

提醒消费者在旅行计划中合理安排签证申请的时间。建议消费者提前开始准备签证申请所需的材料，并留出足够的时间以应对可能发生的延误。

3. 签证费用和支付方式

明确告知消费者签证申请所需的费用，并提供支付建议，如银行转账、在线支付等，确保消费者了解签证费用的支付方式和相关规定。

4. 签证有效期和停留期限

提醒消费者关于签证的有效期和停留期限，确保消费者了解签证的有效期限制和停留时间的规定，避免因签证过期或停留时间超限而引发其他问题。

5. 行程安排和签证要求的匹配

建议消费者根据签证要求合理安排行程,确保行程安排与签证要求相匹配。例如,如果签证要求提供酒店预订证明,建议消费者提前预订酒店并妥善保存相关证明文件。

6. 签证拒签风险和退款政策

提醒消费者签证申请可能存在的拒签风险,并说明相关的退款政策,以确保消费者了解签证申请的风险,并明确退款政策,以避免不必要的纠纷。

7. 签证咨询和辅助服务

提供签证咨询和辅助服务的联系方式,以便消费者在签证申请过程中得到必要的帮助和支持。例如,提供旅行社或专业签证代办机构的联系方式等。

在提示签证信息时,要确保信息准确、全面,并尽可能提供相关的官方链接或参考资料,以便消费者进一步了解和核实签证要求。同时,建议消费者在签证申请前咨询专业机构或相关部门,确保申请顺利进行。

(四)报名材料

报名材料与签证信息相同,一般分国别和地区要求提供不同的材料,包括以下内容。

1. 报名要求

明确列出报名的基本要求,如年龄限制、身体健康状况、护照有效期等,确保消费者符合要求。

2. 报名流程

详细说明报名的具体流程,包括报名方式、报名截止日期、报名所需材料等,并为消费者提供指导,使消费者能够顺利完成报名。

3. 报名材料清单

列出报名所需的材料清单,如个人身份证明、护照复印件、签字确认书等,确保报名者材料齐全,以便顺利报名。

4. 报名费用和支付方式

明确告知报名所需的费用和支付方式,如报名费、定金等,并提供支付方式建议,如银行转账、在线支付等。

5. 取消和退款政策

说明报名后的取消和退款政策,包括取消申请的截止日期、退款比例等,确保报名者了解取消和退款的相关规定。

6. 紧急联系方式

提供旅行社或相关负责人的紧急联系方式,以便消费者在需要时能够及时联系到相关人员。

7. 免责声明

提醒消费者在旅行过程中自行负责个人安全和财产安全,并告知消费者旅行中可能存在的风险。

(五)退改规则

退改规则是指,消费者在产品订单需要修改或者取消已生效的订单时,需要承担的义务与责任。一般,退改规则包括以下几方面内容。

1. 取消申请截止日期

明确告知消费者取消申请的截止日期,即在该日期之前取消申请可以享受全额退款或免费修改,提醒消费者在截止日期前及时取消或修改申请。

2. 退款政策

说明取消申请后的退款政策,包括退款比例和退款方式。例如,可以告知消费者在取消申请后将享受全额退款、部分退款或不可退款等。

3. 修改政策

说明修改申请的规定,包括修改费用、修改次数限制等,提醒消费者在修改申请时可能需要支付额外费用或受到次数限制等。

4. 特殊情况处理

提醒消费者在遇到特殊情况时如何处理,如因疾病、意外等原因无法参加行程,以及消费者说明特殊情况下的退款或修改政策等,以便消费者了解相关规定。

5. 退改申请流程

详细说明消费者进行退改申请的具体流程,包括联系方式、申请材料、申请时间等,确保消费者了解如何进行退改申请并保证申请的顺利进行。

6. 免责声明

在退改规则中加入免责声明,提醒消费者在退改申请过程中要自行负责个人安全和财产安全,并了解可能存在的风险。

7. 客服支持

提供客服支持的联系方式,以便消费者在需要时能够及时联系到相关人员,咨询退改事宜或寻求帮助。

(六)费用包含

为了防止产生不必要的误会,旅行社需要指明旅游团费中包含的服务项目。通常来讲,旅游费用包括以下方面。

1. 行程费用

明确列出产品包含的行程费用,包括交通费用(机票、火车票等)、住宿费用、用餐费用等,确保消费者了解产品覆盖的基本费用。

2. 景点门票

说明产品包含的景点门票费用,列出具体的景点名称和门票价格,提醒消费者在行程中可以免费或优惠参观的景点。

3. 导游服务费

说明旅游产品包含的导游服务费用,包括导游陪同、讲解等服务,确保消费者了解导游服务费用中已经包含的项目。

4. 餐饮费用

明确列出产品包含的餐饮费用,包括早餐、午餐、晚餐等,提醒消费者在行程中可以享受的免费或优惠餐饮服务。

5. 旅行保险

说明产品是否包含旅行保险费用,以及保险的具体范围和保障内容,提醒消费者在旅行中根据自己的需要购买额外的旅行保险。

(七)费用不包含

费用不包含是指,行程中消费者的个人消费,以及合同未约定由旅行社支付的费用,包括但不限于行程以外非合同约定的活动项目所需的费用、自行安排活动期间发生的费用等。这些费用需要消费者自行承担,但旅行社须做好提醒工作。

一般情况下,旅行社在写产品费用不包含时,可以考虑以下内容。

1. 个人费用

明确列出产品不包含的个人费用,如个人购物、个人消费、洗衣费等。提醒消费者在行程中可能需要自行承担的个人费用。

2. 自费项目

说明产品不包含的自费项目,如特定景点的额外门票、特色活动等费用。提醒消费者在行程中可能需要额外支付的自费项目。

3. 餐饮费用

明确说明产品不包含的餐饮费用,如午餐、晚餐等费用。提醒消费者在行程中需要自行承担的餐饮费用。

4. 交通费用

说明产品不包含的交通费用,如往返机票、火车票等费用。提醒消费者在行程中需要自行承担的交通费用。

5. 旅行保险

明确说明产品不包含的旅行保险费用,提醒消费者在旅行中是否需要购买额外的旅行保险。

6. 其他费用

列举产品中可能存在的其他费用，如机场税费、燃油附加费等。提醒消费者在行程中可能需要额外支付的费用。

对于添加成功的描述模板，可以进行"查看""编辑"和"删除"操作。描述模板的编辑如图2-9所示。

图2-9　描述模板的编辑

教学互动

如果你是产品经理，你将从哪些方面进行产品信息管理？

评价标准

序号	评价项目	评价内容	分值/分
1	旅行社产品分类管理	合乎规范，满足产品分类管理的要求	10
2	旅行社产品标签管理	富有特色，便于搜索和管理	20
3	旅行社产品报价管理	准确且合理	20
4	旅行社产品描述通用模板管理	具有层次性、条理性，能够满足产品管理的要求	50

项目小结

本项目从产品管理的角度分析了旅行社产品数字化运营，包括产品分类管理、产品标签管理、产品报价管理、产品描述通用模板管理等相关内容。通过本项目的学习，学生能够对旅行社产品进行数字化描述，并通过ERP系统实现旅行社产品管理的流程化，提高产品的运营效率。

项目训练

调研与学院合作的旅行社产品管理情况，对合作旅行社的产品信息管理进行评价，以此为蓝本设计更加合理的产品信息管理制度，并将设计的内容上传到ERP系统。产品设计包括但不限于以下内容。

（1）产品分类。
（2）产品标签。
（3）价格类型。
（4）价格等级。
（5）产品描述标准。
（6）图片添加标准。
（7）产品下单规则。
（8）产品描述模板设计，包括预订须知模板、温馨提示模板、签证信息模板、报名材料模板、退改规则模板等。

在线答题

项目三
散客组团业务数字化运营

 思维导图

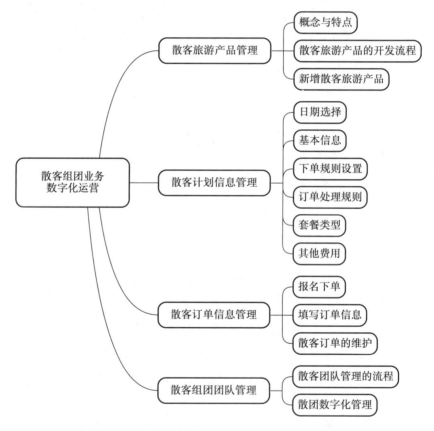

 项目描述

　　散客组团是将个别旅客(散客)组合成一个团队,一起参加旅游活动或旅行的方式。这种形式的旅行安排主要服务于那些没有自行安排行程或希望与其他旅客一同旅行的个人旅客。通常,散客组团由旅行社主导安排和组织,包括散客组团产品和地接组团产品。散客组团业务的数字化贯穿在游前、游中和游后的整个过程。在游前阶段,包括将新产品上传到系统上,制订收客计划和团期,管理库存,制定下单规则,以及管理订单信息;在游中阶段,旅游团成团后,安排旅游资源,执行接待计划,监督和管理旅游团接待工作,处理旅游团的意外情况;在游后阶段,包括计算成本和收入,进行结算、反馈和总结等。

知识目标

(1)能够掌握散客组团自营旅游产品信息管理的相关内容。
(2)能够了解散客组团自营组团计调的内容。

能力目标

(1)能够操作和管理散客组团自营旅游产品的信息。
(2)能够根据散客组团的情况完成散客自营组团的计调信息管理。

素养目标

(1)具备统筹规划、整合资源的能力。
(2)具备应对变化、组织协调的能力。

山东某旅行社面对日益高涨的亲子旅游需求,开发了一条从济南出发到北京的三日游线路。

皇家北京"非凡北京"双高精品三日游如表3-1所示。

表3-1 皇家北京"非凡北京"双高精品三日游

线路特色	★独家指定携程酒店:北京渔阳饭店。 ★中西式自助早餐100元/位。 ★持酒店房卡可免费游泳、健身。 ★独家专享故宫亲子旅拍。 ★精华景点:故宫、颐和园、八达岭长城、中国科技馆、什刹海、鸟巢、水立方等。 ★味蕾盛宴:全聚德烤鸭餐、金殿自助餐、京味春饼宴。 ★独家专享:八大服务、八大承诺。
交通	去程:济南—北京(高铁)。 回程:北京—济南(高铁)
日期	(待定)

续表

	晚餐、住宿:北京
第一天	早上乘坐高铁前往首都北京,导游将恭候贵宾的到来,将会提前一天通知出发时间安排专车接站。 ★颐和园:我国现存较大、保存较完整的皇家园林。1998年,颐和园被联合国教科文组织列为世界文化遗产。另外,颐和园还是国内首批国家5A级旅游景区。清朝自康熙皇帝开始强调"以孝治国",乾隆皇帝为孝敬其母孝圣皇后修建了颐和园,因此颐和园成为以"孝"为基础的、福寿文化内涵较为深厚的皇家园林。 ★清华大学学子交流:通过与清华大学的学子交流,游客可以深入了解清华的人文和历史等。清华学子将分享他们如何考入清华、实现个人目标的经历,以及他们的学习方法和习惯。清华优秀学子将向游客分享他们的学习经验、成长历程和心态,帮助游客掌握学习技巧,享受学习的乐趣。清华大学学子交流的主题内容有:清华学子如何填报高考志愿;清华学子从小立志考入清华,并如何被培养和考上清华;清华学子在中学阶段如何实现自我突破;清华学子如何突破学习瓶颈和掌握学习技巧;清华学子如何缓解考试压力;清华学子校园生活和学习课程介绍;鼓励游客勤奋好学,告诉他们考入清华不是梦想;清华学子如何与老师和同学相处;解答游客学习和生活中遇到的问题和困难;培养良好的学习习惯。在学子交流活动中,游客可以与清华学子面对面地探讨学习压力、生活烦恼、心理成长以及社会实践等,从清华学子成功的经验中学习,确保活动的实效性和参与度。 ★清华门口博士服拍照:赠送孩子们博士服与清华校徽。 ★京味春饼宴:享用标准为30元/人的午餐。北京春饼风味独特。配以甜面酱和葱丝,食后口中余香。 ★奥林匹克公园:游览2008年北京奥运会主会场国家体育场——鸟巢,以及较具特色的国家游泳中心——水立方,还有玲珑塔的外景。 游客可自行拍照留念。 最后,入住酒店休息
	早餐、午餐、住宿:北京
第二天	★八达岭长城:八达岭长城是中国古代伟大防御工程万里长城的重要组成部分,属于明长城的一个隘口。它位于居庸关的前哨地位,古称"居庸之险不在关而在八达岭"。明长城的八达岭段被誉为"玉关天堑",是明代居庸关八景之一。八达岭景区是全国文明风景旅游区示范点。八达岭长城以宏伟的景观、完善的设施和深厚的历史文化内涵闻名于世,是著名的旅游胜地。游客在这里不仅可以领略壮观的长城风光,还能品尝北京特产。 ★自助餐:享用标准为30元/人的午餐,菜品形式多样,菜式丰富,营养全面,较适合老人和儿童。 ★中国科学技术馆新馆:中国科学技术馆新馆位于北京市朝阳区北辰东路5号,东临亚运居住区,西濒奥运水系,南靠奥运主体育场,北望森林公园。该馆占地4.8万平方米,建筑规模达到10.2万平方米,是奥林匹克公园中心区的重要组成部分,体现了"绿色奥运、科技奥运、人文奥运"三大理念。 最后,入住酒店休息

续表

第三天	早餐、午餐	
	★天安门广场：游客可在天安门广场合影留念(每人赠送一张天安门集体照)，瞻仰人民英雄纪念碑，观赏中国国家博物馆、人民大会堂外景。 ★毛主席纪念堂：为纪念开国领袖毛泽东而建造的，位于天安门广场，人民英雄纪念碑南面，坐落在原中华门旧址(如因政策性原因关闭则观其外观)。 ★故宫：预计游览故宫需2.5小时。故宫，旧称紫禁城，是中国明清两代的皇家宫殿，位于北京中轴线的中心。故宫以三大殿为核心，占地约72万平方米，建筑面积约15万平方米，内有大小宫殿七十多座，房屋九千余间。故宫分为外朝和内廷两部分，是世界上现存规模较大、保存较完整的木质结构古建筑之一。故宫是国家5A级旅游景区，于1961年被列为第一批"全国重点文物保护单位"，1987年被列入"世界遗产名录"。在游览故宫时，我们提供无线导览设备，采用一对多广播模式，独立讲解，互不干扰，让您能够更深入地了解北京的历史故事。如果游客未能预订故宫门票，我们将到恭王府参观，请尽快报名！ ★什刹海：什刹海区域是北京市历史文化旅游风景区和历史文化保护区。水域面积约33.6万平方米，与中南海的水域相连，是北京少数拥有开阔水面的开放型景区之一。同时，什刹海是北京内城面积较大、风貌保存较完整的历史街区之一，在北京城市规划与建设史上具有独特的地位。 ★全聚德烤鸭餐：晚餐为全聚德烤鸭，标准为50元/人。全聚德是北京的老字号，以采用明火烧果木的传统方法烤制著名的烤鸭而著称。这种烤鸭皮酥肉嫩，散发出果木特有的清香。 最后，专车送站，乘坐高铁返回温馨的家，结束愉快的北京之旅	
包含项目	接待标准	
	★交通：家乡—北京，往返使用二等座高铁；在北京当地的旅游车上保证一人一正座。 ★门票：所列景点的门票价格已按照优惠票核算，一经购买不接受任何证件的退费申请。 ★餐标：50元/人，包括两早餐、三正餐(包括全聚德烤鸭)；30元/人(金殿自助餐、京味春饼宴)。 (人数不足时，菜量会相应减少；餐品皆为提前定制，不吃不退。) ★住宿：全程入住北京渔阳饭店(设施包括空调、电视、独立卫生间等，单人入住可能需与他人合住或选择三人间，或需支付房间差价)。 ★导游：北京优秀导游服务。	
	注意： (1)1.2米以下儿童只含车位、半餐标、导游服务，不含门票及床位早餐； (2)1.2—1.5米儿童含车位、正餐、导游服务、半价门票、半价高铁票。 我社有权拒绝旅行社未确认的儿童上车，因游客个人瞒报造成的一切后果及损失请游客自负	
自费项目	为丰富行程特色并轻松游览景点，本社推荐景区交通及特色景点，欢迎游客自愿参加	
购物安排	特产店	

续表

| 注意事项 | （1）地接服务质量将依据大多数游客填写的意见单为准。请游客在当地填写意见单时如有投诉，请务必注明；否则，返程后我社将不再受理相关投诉。此次汽车团为散客拼团，游客可在省内沿途上下车，集合时间以出发前一天通知的时间为准！
（2）我社不对小孩和60岁以上的游客承担监护责任；游客须自行保管贵重物品。如因个人原因丢失物品，由游客自行负责，我社及导游有义务协助寻找或报案，但不负责赔偿。
（3）游客的座位将按照报名先后顺序分配座位号，请游客们根据导游告知的座位号有序入座，不得占用他人的座位。
（4）游览景点大多有规定的时间，请游客们按照导游规定的时间、地点集合上车，若游客没有在规定时间内上车，我们的车辆最多等候30分钟，若还没有抵达集合地，为了保障团队大部分人的利益，请迟到游客自行打车到下一个聚集地！
（5）如因游客自身原因临时离团，未产生的费用将按照旅行社实际成本退费！若游客因不可抗拒因素无法游览景点，本社不退赠送的景点门票费用！
（6）旅游过程中可能会出现不确定因素，例如旅游大巴突发故障。我社将及时安排补救措施，如修理或调派其他车辆。若因调派车辆需等候，游客请耐心等待。一旦车辆到达，游客不得因拒绝上车而要求赔偿。如遇车辆问题，我社唯一的补救措施是修理或调派其他车辆，并不涉及任何形式的赔偿。请游客在报名参团前仔细阅读并慎重考虑签订的合同条款。
（7）游客务必保证自身身体状况良好，并适合参加旅行活动，若游客隐瞒病情，旅游过程中发生的问题由游客自行负责。如游客有特殊病史、精神问题等，都不宜参加旅行活动。
（8）18岁以下的游客如单独参加旅行活动，须有家长的确认签字书，家长签字确认后方可将未成年游客交予我社接待。对于交予我社接待的18岁以下的游客，我社都视为家长知悉并签字确认，如果后续出现因未确认而带来的其他问题请游客及家长自行处理。
（9）以上景点的游览时间仅供参考，具体游览时间将根据旅游旺季和淡季而定。在淡季，通常能保证游客充分游览，但请理解，实际情况可能会有所变动。行程中标注的城市间和景点间车程时间是在无交通拥堵、无天气影响（如雨雪）、无道路维修或其他意外情况下测算的。如遇特殊情况，可能会影响到行程时间，请各位游客理解。
（10）以上行程报价单为合同附件，每一条文字均为合同的组成部分。请游客在报名时及出发前仔细阅读，以确保理解和遵守合同内容。
（注：公安机关规定，所有游客入住宾馆登记时必须带好身份证或有效证件，否则无法入住。） |

针对以上旅游产品，请完成以下任务。

任务1　散客组团产品信息管理

任务描述：任务主要包括学习散客组团线路的上传、渠道管理、上架管理和下架管理等。为此，学生需要完成以下工作。

（1）将上述线路内容上传到ERP系统，检查无误后上架销售，选择直客销售和同业批发两个销售渠道。

（2）为本线路设计宣传海报并上传ERP系统。

任务目标：了解散客组团旅游线路的内容和特点，学会将散客组团线路上传到

ERP系统,并对已上传的线路进行查看、编辑、上架、下架、上传宣传海报和进行渠道管理等操作。

任务2 散客计划信息管理

任务描述:本任务主要是让学生了解如何为设计好的散客旅游线路制作出团计划,包括出团日期的选择、库存数量、下单规则等。为此,学生需要完成以下几个工作。

(1)制订接下来两个月每周五出团的计划,最后一个月假定为销售旺季,每周五出团的价格在原来价格的基础上增加200元。

(2)填写出团基础信息,团控人员为你本人,设定每周的第二天为铁发团期。

(3)设置下单规则,最小预订量为1,最大预订量等同于库存量,收客截止日期为出团日期前一日的零点。不可以超收,无须登记游客信息。

(4)设置订单处理规则,即立即确认库存,在游客下单后订单将被保留4小时,如果4小时内游客没有支付预订金额的50%,视为取消订单。采用人工分团方式。

(5)设计一个标准套餐标准和一个豪华套餐标准。

(6)新增单房差费用的价格为200元。

任务目标:了解制作出团计划中的要素,掌握如何制订出团计划、下单规则,学会进行成本控制和库存管理。

任务3 散客组团产品订单信息管理

任务描述:对于上述上架产品,给游客下订单或者收同行的订单,准确填写订单信息,对订单出现的意外情况进行处理。为此,学生需要完成以下工作。

(1)自己作为直客,下一份订单,客单价减少100元。

(2)录入另外一位同学的预订信息。

(3)直客新增单房差费用为200元。

(4)对同行客户订单做退团处理。

(5)为直客开具发票。

(6)为直客制作电子合同。

任务目标:已上架的产品可以下订单,准确填写有关订单信息,并能够维护订单。

任务4 散客旅游团管理

任务描述:保证上述订单能够批量成团;可对该旅游团进行资源安排;可查看本旅游团的成本和收入情况。其中,住宿安排单价为1000元,后期发现安排错误,应改为100元,请更正过来。重新报告本旅游团的毛利情况。

任务目标:通过本次课程学习,学生能够掌握散客团管理的一般流程,学会为散客旅游团安排旅游资源和进行成本、收益管理。

第一节　散客旅游产品管理

一、概念与特点

（一）概念界定

旅行社开发并销售的旅游产品称为自营旅游产品。自营旅游产品分为两类。其中一类是事先对客源市场进行调查，然后根据市场需要进行旅游产品的设计与开发，进而通过自身的销售途径和第三方销售渠道进行销售，将分散的游客组织成团，以团为单位开展旅游活动，这样的旅游产品为自营组团旅游产品。自营组团旅游产品面对目标消费市场，游客分散选购，因而购买自营组团旅游产品的游客被称为散客，由散客组成的旅游团被称为散客团。因此，自营组团旅游产品在旅行社业被简称为散客旅游产品。

（二）特点

散客旅游产品有以下特点。

1. 节约成本

针对散客旅游产品，旅行社可以进行标准化操作，易产生规模效应，节约成本。而且，由于组团的规模较大，旅行社可以与供应商协商获得更多的价格优惠，使散客能够以更低的价格参加旅游活动。

2. 行程固定

旅行社会提前安排好整个旅游行程，包括交通、住宿、用餐和景点参观等，使散客不需要自行进行烦琐的行程规划。

3. 社交机会多

散客组团可以为游客们提供与其他游客交流和结识新朋友的机会，增加旅行的乐趣和互动。

4. 导游服务更专业

散客组团通常会有专业导游陪同，为游客提供相关的讲解和服务，使旅行更加丰富和有趣。

散客组团通常会有固定的出发日期和行程安排，游客可以根据自己的时间和偏好选择适合的团队参加旅行。旅行社会提供相关的信息和预订方式，游客可以提前预订并支付费用以确保订单的有效性。

二、散客旅游产品的开发流程

旅游产品的开发需要遵循特定的流程,以确保新旅游产品具有市场竞争优势。

(一)市场调研与分析

旅行社根据市场需求、竞争状况和自身优势选择目标市场,并了解目标市场的需求和偏好,包括旅行喜好、预算范围、旅游目的地选择、消费行为和消费习惯等。旅行社还可以与旅游顾问和行业专家合作,以明确目标市场的需求特征和市场空白点。

(二)旅游目的地选择

根据市场调研结果和旅行社的资源,旅行社可选择适合散客的旅游目的地。旅行社需要考虑旅游目的地的吸引力、交通的便利性和安全性,以及旅游资源的丰富程度。

(三)旅游行程设计

根据旅游目的地的特点和游客需求,旅行社要设计具有吸引力的行程,并考虑行程中的景点选择、活动安排、餐饮和住宿等,确保行程的多样性和具有吸引力。

(四)合作伙伴选择

旅行社要选择合适的旅游资源和旅游产品供应商,包括住宿、餐饮、交通、购物场所、导游等,确保选择的服务产品的品质符合目标消费群体的消费需求,能够为消费群体提供良好的旅行体验感。另外,旅行社还需与众多供应商签订合作协议,确定双方的权利和义务。

(五)制定有竞争力的价格

根据行程的成本、市场需求和竞争情况,旅行社需要选择合理的定价策略。同时,考虑目标消费群体的预算范围和市场对价格的敏感度,以确保旅游产品的竞争力和盈利能力。

(六)销售渠道的选择

旅行社可以通过多种渠道进行销售和推广,包括线上渠道(网站、社交媒体、在线旅游平台等)和线下渠道(旅行展会、合作伙伴推荐等)。同时,旅行社还需制定有效的营销策略,以吸引目标消费群体并提高旅游产品的知名度和销售量。

(七)提供旅游咨询服务

提供旅游咨询服务的旅游咨询员或旅游顾问需要具备专业的知识和技能,能及时了解旅游业的最新动态和旅游目的地的文化、景点、交通、餐饮等信息。此外,他们还需要为游客提供关于旅游目的地、行程安排、交通、住宿、餐饮、景点介绍等方面的详尽信息,帮助游客做出明智的旅行决策。旅游咨询员或旅游顾问还应该向游客提供关于当地文化、礼仪、习俗等方面的咨询,帮助游客更好地融入和理解当地文化。

对于散客旅游产品的设计，设计者需要持续关注市场动态和游客需求的变化。他们应该通过创新和升级旅游产品来满足市场和游客的需求，根据市场反馈和游客反馈不断改进旅游产品和服务。这样可以保持旅游产品的市场竞争力和吸引力。

三、新增散客旅游产品

新旅游产品被开发出来之后，应及时将产品上传ERP系统，以便对其进行管理和操作。上传ERP系统的操作步骤：计调—组团自营操作—散客—散客产品管理—新增产品（见图3-1）。

图 3-1　新增产品

（一）基本信息

进去之后，填写产品的基本信息。旅游产品基本信息如图3-2所示。

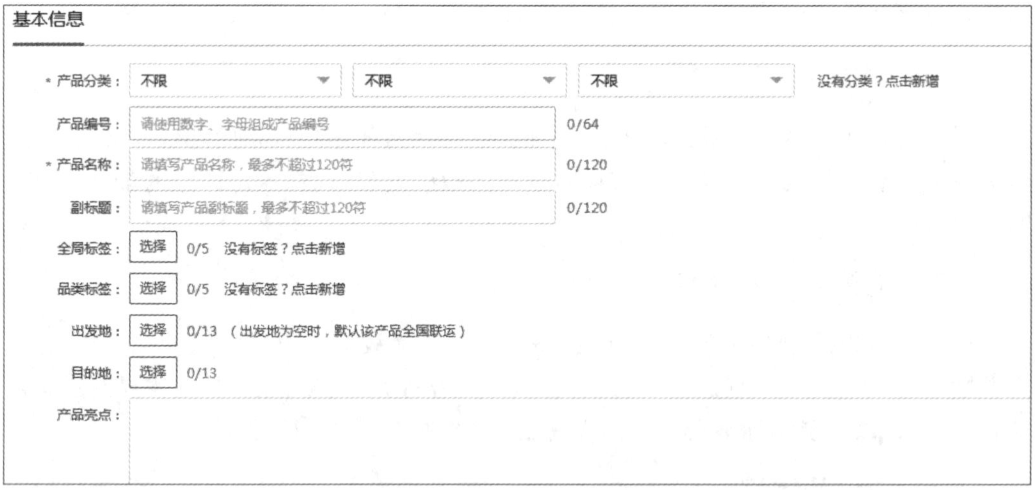

图 3-2　旅游产品基本信息

旅游产品的基本信息包括产品分类、产品编号、产品名称、副标题、全局标签、品类标签、出发地、目的地、产品亮点、产品图片、产品介绍等信息。

1. 产品分类

设置中已经设置好了产品的类别，在这里只要点击下拉链接选择即可，系统默认三个界定词来界定产品类别。如果旅行社觉得有必要采用其他的分类方式，可以点击"没有标签？点击新增"，系统会转往产品分类设置页面，在此页面增加新的分类方法和界定词即可。

2. 产品编号

产品编号是为了便于旅行社管理、汇总和统计而设计的，由数字和字母组成。例如，北京一日游的编码是BJ001；北京两日游的编码是BJ002。产品编码由旅行社根据自身经营的需要或产品的特点进行设定，没有固定模式。

3. 产品名称

对于旅行社而言，一个好的产品名称就是一个亮点，也是一个卖点。在将产品打造成品牌的过程中，产品名称起到至关重要的作用。在给产品命名时，旅行社要把产品的特色和优势体现出来，不可过简，也不可过于抽象，让人摸不着头脑。同时，修饰词也不可过多，特色过多反而没有特色，也不可过于夸张，过分提高游客期望，这样会降低游客的满意度。另外，在给产品命名时要有创意，读起来要顺口，辨识度要高，要有故事、有情怀，能够激发目标消费群体的购买欲望，从而占领目标消费群体的心智空间。前文案例中，产品名称为"皇家北京'非凡北京'双高精品三日游"，该名称凸显了产品的六大属性，即皇家、北京、非凡、双高、精品、三日。传达了产品的旅游目的地、时间、交通、定位等信息，简洁明了。但是，该产品名称读起来不太顺口，缺少创意，不够新颖。需要特别注意，系统默认产品名称不得超过120个字。

产品名称还应当符合规范，旅行社的产品名称一般包含以下内容：旅游目的地简称，如"三亚""昆大丽"等；标明旅游行程天数的文字，如"六日（游）""五晚六天（游）"等；标明交通工具的文字，包括标明首道交通工具或往返交通工具的文字，如"双飞""双卧"等。旅游产品名称中尽量不使用不确定性用语，如标明五星却并非全程挂牌五星酒店的；不得使用他人已经注册商标的名称等。

4. 副标题

副标题具有对产品名称进一步解释或补充的作用。前文案例中，产品副标题是"高端品质、山东成团、独家指定酒店"，这说明了本产品的优势。

5. 全局标签

设置中已经设置了全局标签，点击下拉链接，选择需要的全局标签即可，如果没有合适的全局标签，点击"没有标签？点击新增"，返回设置页面增加设置。系统默认可以添加5个全局标签。前文案例中，全局标签为"主推、新品"。

6. 品类标签

与全局标签的添加一样。前文案例中，产品的品类标签被设定为"研学""亲子"。

7. 出发地

出发地指可以发团的客源地，系统最多可以添加13个。前文案例中，出发地为山东济南。

8. 目的地

目的地指旅游产品到达的旅游目的地，系统最多可以添加13个。前文案例中，目的地为北京。

9. 产品亮点

旅行社在推出新的旅游产品或者旅游产品竞争白热化的时候，一个亮点往往能够让产品快速打开市场，在消费者心中占据一席之地。旅游产品的亮点包含两大部分内容，即差异化和优势。亮点能够有效地区隔竞争。亮点可以是竞争对手做不到或做不好的，也可以是竞争对手还没有宣传的，如果旅行社能够率先提出，便能很容易地得到消费者的信赖。另外，旅行社提出的亮点必须是旅行社可以做到的，能够发挥旅行社优势内容的，而不是为了吸引消费者创造的华而不实的，甚至是虚假宣传的内容。并且，亮点必须能让消费者感到眼前一亮，能够满足目标消费者的旅游需求。

在提炼旅游产品亮点时，可以从以下几个角度思考。

(1) 价格角度。

价格是影响消费者决策的重要因素，透明化或者可比性较强的产品可以以价格作为亮点。低价策略简单粗暴，经常使用此策略不仅会降低旅行社的收益而且会损害旅行社的形象，因而企业需要慎用低价策略。当旅行社在产品成本方面具有优势（如可以获得资源方的优惠、旅行社管理效率较高等）时，或者针对某些产品进行促销时，能够带动后端产品的销售从而使整体效益最大化。在这两种情况下，旅行社可以采用低价策略。

(2) 服务角度。

大多数消费者消费的主要内容就是服务，周到热情的服务是吸引消费者的重要因素。但是，由于服务具有无形性，服务的提炼程度比较难以衡量，旅行社一定要进行场景化描述，以提升消费者的直观联想。空洞的宣传并不能吸引消费者，如"您身边的旅行管家，提供优质的服务是我们的使命""客户就是上帝"等，这些口号因过于空洞反而显得有些虚假。

(3) 效率角度。

大多数消费者越来越感性，如果能快速地整合旅游资源，减少消费者的预订时间，高效率地满足消费者的个性化需求，将对消费者产生较大的吸引力。比如，提前一天预订也可成团等。

(4) 稀缺角度。

"物以稀为贵"是对人性的深刻认知，不管是旅游资源稀缺还是产品数量稀缺，都会提升旅游产品在消费者心中的价值。稀缺策略的有效使用能制造紧迫感（限时抢购、提前预订等）和更好地辅助亮点作用的发挥，从而驱动消费者购买。

(5) 方便角度。

大多数消费者在消费旅游产品时都不想太麻烦，如果能从消费者的角度出发，提供更多的服务方便消费者购买，并以此为亮点进行宣传，可能会吸引一大批嫌麻烦的消费者。例如，提出"无论您在市区的任何地方，我们都负责接送"等宣传语。

(6) 实力角度。

强大的实力能够让消费者对旅行社的产品和服务放心,这种实力来源于旅行社过去的成就、技术和资质等,如旅行社曾经服务过知名的大公司、明星等,或者被某机构或某明星"打卡""种草"过,或者获得过什么荣誉等。

(7) 附加值角度。

与竞争对手相比,在提供同样的产品时,具有额外的附加价值,大多数消费者就会优先选择该产品。产品的附加价值可以为提供赠品、会员积分等。

(8) 选择角度。

旅行社可将全包价旅游产品拆分成小包价旅游产品提供给消费者任消费者自由搭配,这样消费者拥有更多的自主选择权,能够激发消费者的购买欲望。

(9) 认知角度。

社会上普遍存在一些共同的认知,当旅行社能打破这种认知,提出一个新的共识性认知,并且该认知能被社会普遍接受时,就会给消费者留下深刻的印象。例如,某位公众人物提出"生活不仅有眼前的苟且,还有诗与远方"的口号,短短的一句话让人们对旅行产生了新的认知。

(10) 情感需求角度。

以情感驱动消费,如某亲子旅游产品,专门设计旅游活动,增进亲子之间的感情,让亲情不再缺失。

(11) 社交需求角度。

旅游具有社交属性,寻找同类是人类的天性。基于消费者的兴趣、爱好、价值共鸣,为消费者量身打造的旅游产品往往能够对旅游具有特定需求的消费者产生巨大的吸引力。

前文案例中,旅游产品的亮点涉及住宿、景点和餐饮服务等,这些亮点属于从服务角度提炼的亮点。"八大服务、八大承诺"的品牌保证则是从附加值的角度提炼出来的亮点。

10. 产品图片

产品图片即为旅游产品添加的图片。

ERP系统提供从本地电脑上传图片(点击"上传图片")和图库选择图片(点击"从图库选择")的服务。具体采用哪种方式,旅行社可以从设置页面进行设置。前文案例中,缺少产品图片,这样会影响消费者的主观体验感,降低旅游产品的吸引力。

11. 产品介绍

旅行社可对旅游产品进行总结性介绍,即可以从食、住、行、游、购、娱六大要素向消费者展示旅游活动的内容。如果行程介绍比较详细,产品介绍可以作为选填项目。但是,如果行程介绍不能全面地展示产品价值,就还应增加产品介绍。

(二) 交通信息

交通信息主要包括以下内容。

1. 出发地和目的地

旅行社要明确列出旅游产品的出发地和目的地,包括具体的城市或机场名称等。提醒消费者旅游产品的起点和终点。

2. 交通方式

旅行社要说明旅游产品采用的交通方式,包括飞机、火车、汽车、轮船等,提醒消费者在行程中可能会使用到的交通工具。

3. 交通费用

旅行社要明确列出旅游产品中包含的交通费用,如机票、火车票等,提醒消费者费用中已经包含的交通费用。

4. 特殊交通安排

如果旅游产品中有特殊的交通安排,如观光巴士、私人包车等,旅行社要详细描述这些特殊交通安排的具体情况。

交通说明如图3-3所示。

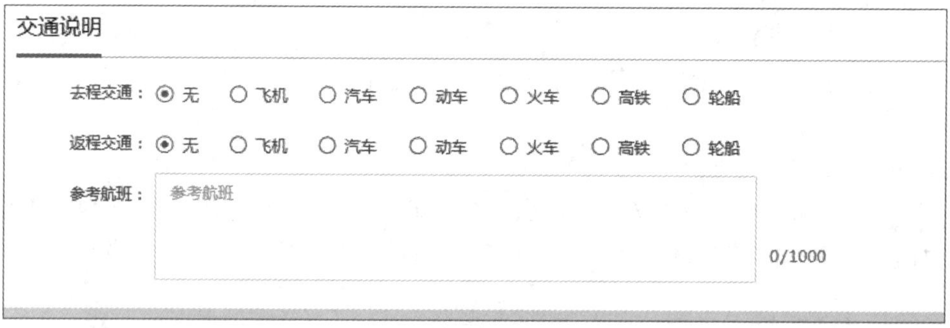

图3-3 交通说明

值得注意的是,在交通说明里,选择去程交通和返程交通的情况时,如果选择飞机选项,则应填写参考航班的情况。

(三)行程信息

ERP系统提供了三种行程信息填写方式,即标准行程、自定义行程和模板导入。其中,模板导入需要先下载模板,按照模板的要求填写信息,然后点击"导入标准行程"即可。标准行程信息如图3-4所示。如果选择标准行程方式,需要按照行程日期的先后顺序一一填写。

1. 标题

"标题"为当日旅游活动的标题。每日活动的标题都要与主标题相呼应,把主标题烘托出来,创建某些场景,给消费者留下深刻的印象。例如,一个四日游旅游产品,其主题是"我自立、我自强——中华成人之旅"。第一天的行程标题是"家事一日";第二天的行程标题是"国学一日";第三天的行程标题是"攀登一日";第四天的行程标题即"奉献一日"。四天的行程内容层层递进,烘托了主标题。

图3-4 标准行程信息

2. 详情

填写每日的旅游活动内容,按照当日活动的先后顺序填写。中文行程统一使用24时制。时间格式包括起止时间且应当易于识别,如00:00,00:00—00:00或00:00/00:00;在标明航班时间时,可以用"0000"格式表示时间,但应当防止与其他数字符号混淆。重要的地点,如集合地点等应当突出显示。

3. 交通

填写当日的交通信息。

4. 住宿

填写当日的住宿信息。

5. 用餐

对当日的早、中、晚餐进行勾选操作,在有必要的情况下填写备注。

6. 景点

填写当日游览参观的景点信息。

7. 购物点

填写当日购物点的信息。

8. 自费项

填写当日参加自费的项目信息及收费信息等。

9. 产品图片

上传当日活动的图片。

10. 到达城市

搜索并选择当日旅游活动的目的地,选择是否过境和是否过夜。如果到达的旅游目的地不止一个,可以点击"新增"按钮。

需要增加一天的行程时,可以点击行程中的"＋"号,这样就会增加一天的行程。如果减少一天行程,可以点击行程中的"×",如将本日行程上移,即可点击"∨",下移即可点击"∧"。

(四) 购物与自费项目

为了丰富旅游行程,降低旅游产品的直观价格,旅行社可以安排购物和自费项目。在ERP系统中,旅行社需要提供填写购物与自费项目的标题、停留时间、参考价格(价格说明)和购物信息等。添加购物点和自费项目如图3-5所示。

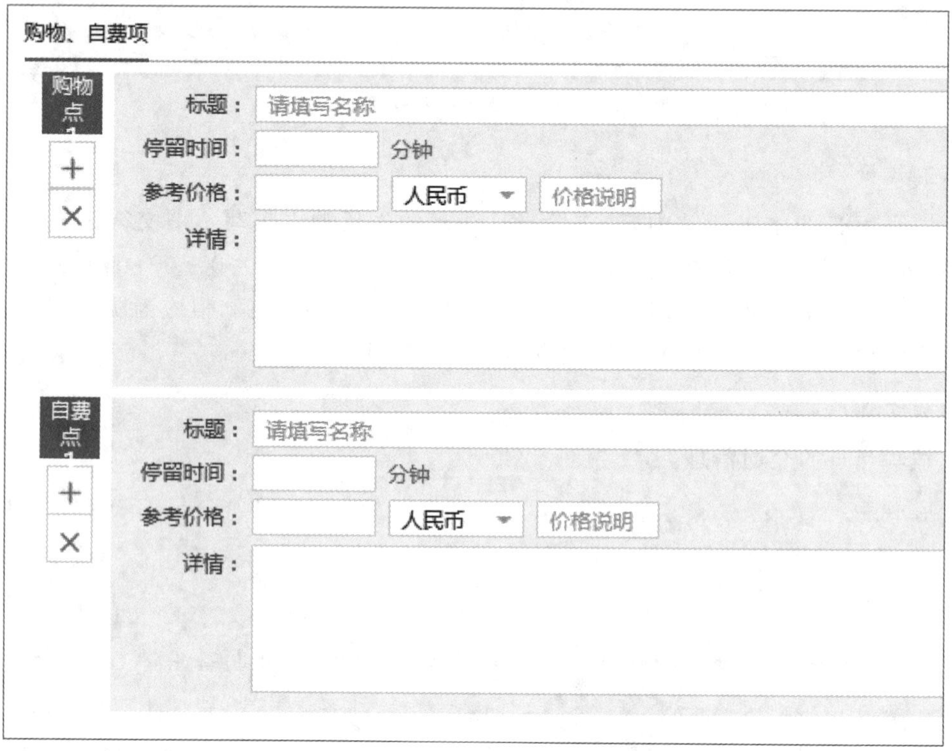

图3-5　添加购物点和自费项目

(五) 其他说明

其他说明是指上述行程中未详细说明的事项。填写其他说明如图3-6所示。

1. 费用包含

费用包含部分明确了报价中包含的项目。

2. 费用不包含

费用不包含部分通常指出了报价不包含的内容,需要消费者另行支付。这些项目通常与包含的项目相关联,容易导致误解和纠纷。

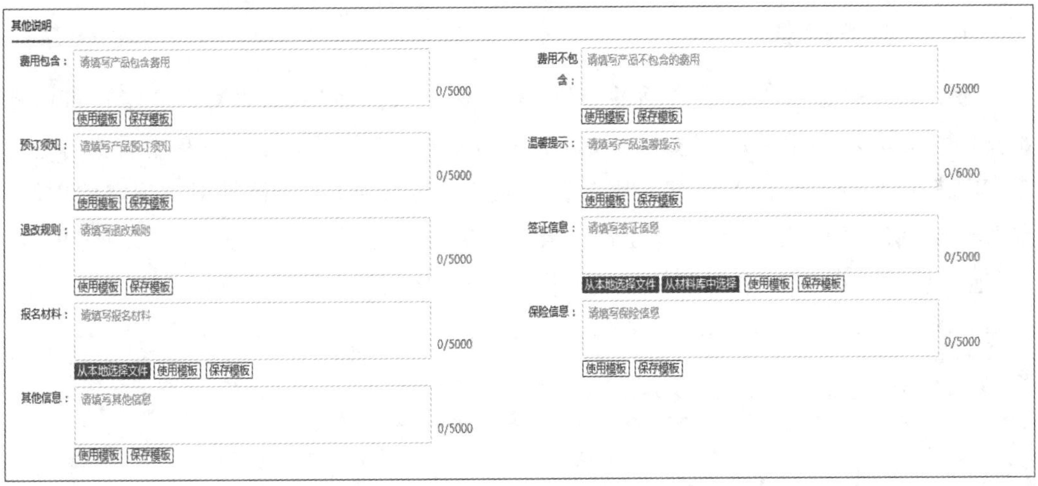

图 3-6 填写其他说明

3. 预订须知

预订须知指的是消费者在预订时需要注意和了解的内容。行程单中应包含"预订须知"部分，简要说明证件、住宿、退款政策、门票优惠、保险要求以及安全须知等事项。预订须知和行程单中提供的安全告知共同履行旅行社对于保障旅行安全和顺利进行所应尽的告知义务。

4. 温馨提示

温馨提示应当包含旅行过程中可能发生的情况，以及需要提醒消费者关注的内容。

5. 退改规则

退改规则应当明确说明消费者在退改行程时需要承担的责任和费用，以及具体的退改方式等。

6. 签证信息

签证信息包括关于出境旅游目的地国家签证的相关规定。

7. 报名材料

报名材料中应详细列明消费者参加旅游活动时需要提交的材料，例如国际护照、出入境证件、身份证等。

8. 保险信息

保险信息包括消费者为本次旅游活动购买的保险的相关内容。

9. 其他信息

其他信息即为除上述信息外的信息。

每个旅游产品的其他信息差别不大，可以直接导入模板以提高效率。

（六）服务标准

服务标准是指提供旅游产品的规格，按照食、住、行、游、购、娱六大要素将可以标准化的指标填入ERP系统。填写服务标准页面如图3-7所示。旅游行程中需要写明住宿、用餐、用车等的安排及标准。服务标准表述一定要规范，不得使用不确定性用语，如"准×星级""相当于""×星未挂牌""豪华""优秀导游（领队）服务""参考值×星级""当地×星""预备×星"和对照非星级酒店的"与××同级"等。

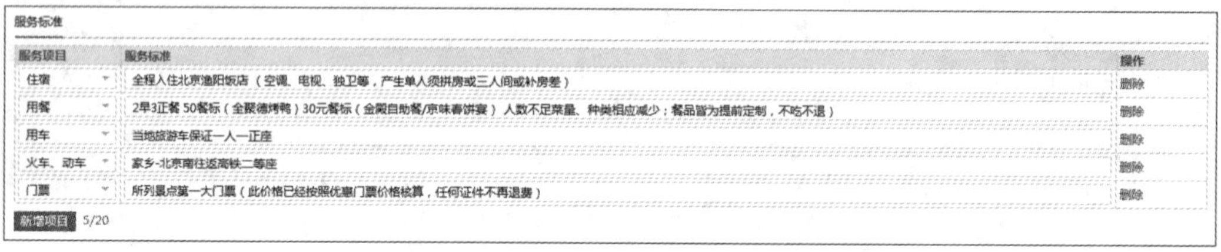

图3-7　填写服务标准页面

（七）其他

包括其他未尽事项。填写其他事项如图3-8所示。

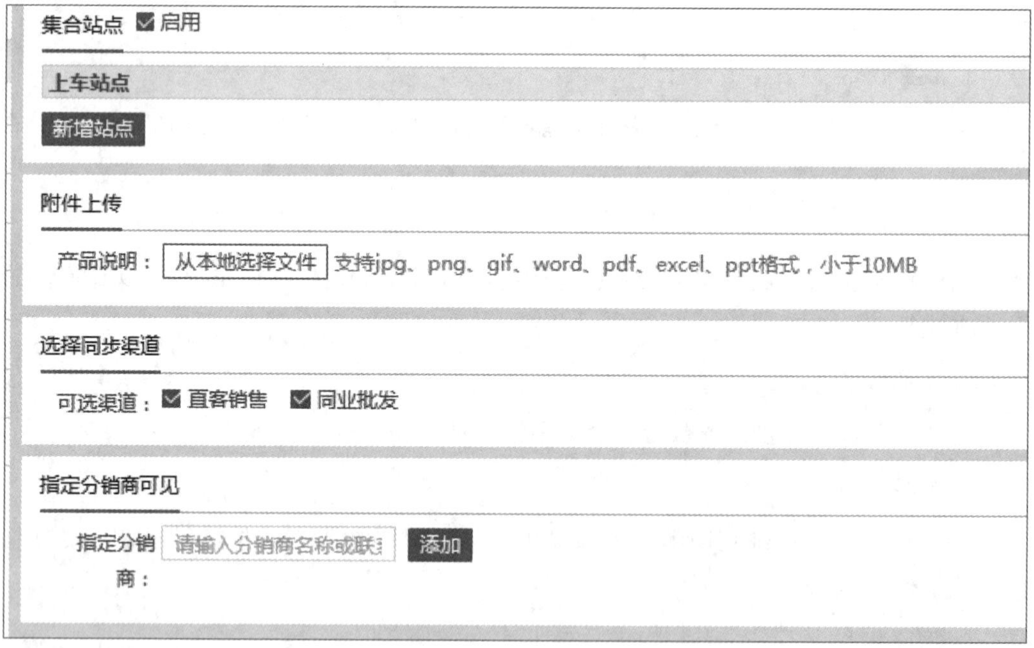

图3-8　填写其他事项

1. 集合站点

ERP系统支持在线路中添加该线路涉及的集合站点名称，以便消费者报名时选择集合点。

2. 附件上传

ERP系统支持上传原版本的行程文件及旅游产品海报,销售端可以直接下载。

3. 选择同步渠道

选择销售渠道方式,可选渠道包括直客销售与同行销售。

4. 指定分销商可见

只有选定的分销商才可以看到。

如果相关人员已经编辑好文案,也可以选择自定义行程。自定义行程编辑如图3-9所示。但是,自定义行程如果没有编辑好,文本就会比较乱。在向旅游行政主管部门报审时,有可能会因为不符合标准而报审失败。

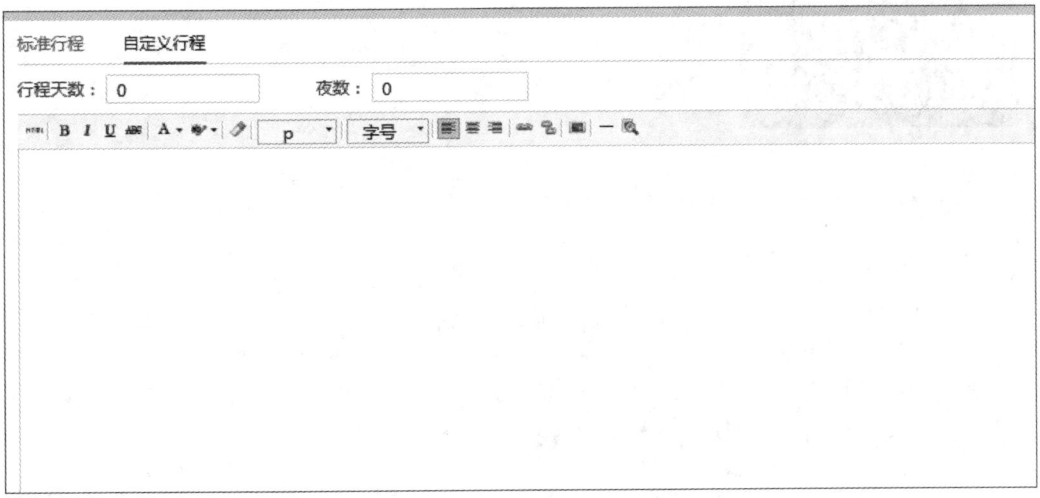

图 3-9　自定义行程编辑

行程编辑过程中和编辑结束后,点击"存为草稿",可将当前编辑的内容保存。编辑完成后,点击"完成并保存",系统会询问"是否要新增计划?"点击"确定"即可进入发布计划页面;点击"取消",则只会保存产品内容。

在添加完散客旅游产品后,旅行社可以对新添加的散客旅游产品进行其他操作。散客旅游产品的操作如图3-10所示。

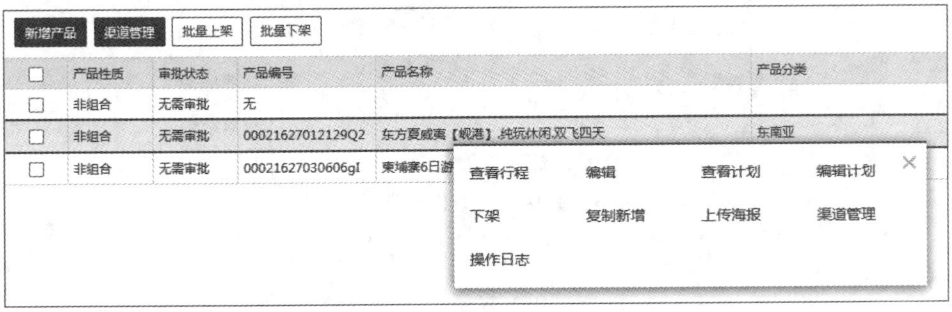

图 3-10　散客旅游产品的操作

5. 查看行程

点击"查看行程"可以查看新旅游产品的行程。在此页面,相关人员可以浏览已经编辑好的行程,如发现需要修订的内容,可点击"编辑"按钮,对该行程进行编辑。查看行程页面有四个按钮(见图3-11),可以下载旅游产品的说明,并通过分享行程二维码推广该旅游产品、导出产品行程、下载与行程有关的相关附件。

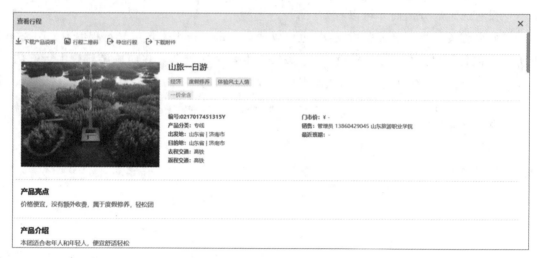

图3-11　查看行程的操作

点击"导出行程",可对需要导出的内容进行勾选,还可以选择导出的方式,如word文档、pdf文档等。导出行程如图3-12所示。

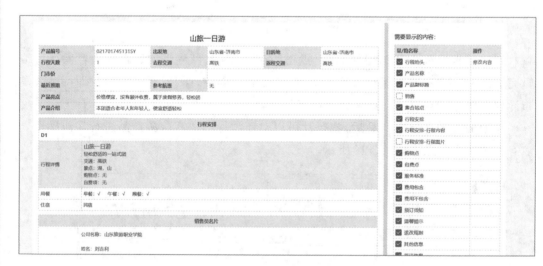

图3-12　导出行程

6. 编辑

对新旅游产品进行编辑修改,修改后的内容会同步到已有的计划和订单中。

7. 查看计划

查看本旅游产品的销售计划。

8. 编辑计划

编辑本旅游产品的销售计划。

9. 下架

将本旅游产品从销售平台上撤销。

10. 复制新增

对该旅游产品进行复制,在此基础上进行修改,新增一个新的旅游产品。

11. 上传海报

为旅游产品制定宣传海报并上传至 ERP 系统,可以缩放和挪动二维码放置的位置。宣传海报的编辑如图 3-13 所示。

图 3-13　宣传海报的编辑

12. 渠道管理

勾选本旅游产品的销售渠道,系统提供两种销售渠道,即直客销售与同行销售。

13. 操作日志

点击查看对本旅游产品进行的操作内容,以及操作人员和操作时间。

第二节　散客计划信息管理

新增散客旅游产品后,需要确认散客团的出团计划,以便进行销售上架。有三种方法进行散客收客计划的编辑:第一种方法是上文提到的新增旅游产品编辑,完成后点击"保存",系统会提示"是否要新增计划",点击"确定"进入发布信息页面,点击"取消"则只保存产品;第二种方法是在"散客产品管理"列表中点击要编辑的旅游产品,选择"编辑计划",进入散客编辑页面;第三种方法是在"散客计划"列表中点击"新增计划",在弹出的页面中选择需要编辑散客计划的旅游产品,系统进入散客计划编辑页面。新增行程计划页面如图3-14所示。

图 3-14　新增行程计划页面

一、日期选择

在日历表上选择收客日期。选择收客日期页面如图3-15所示。

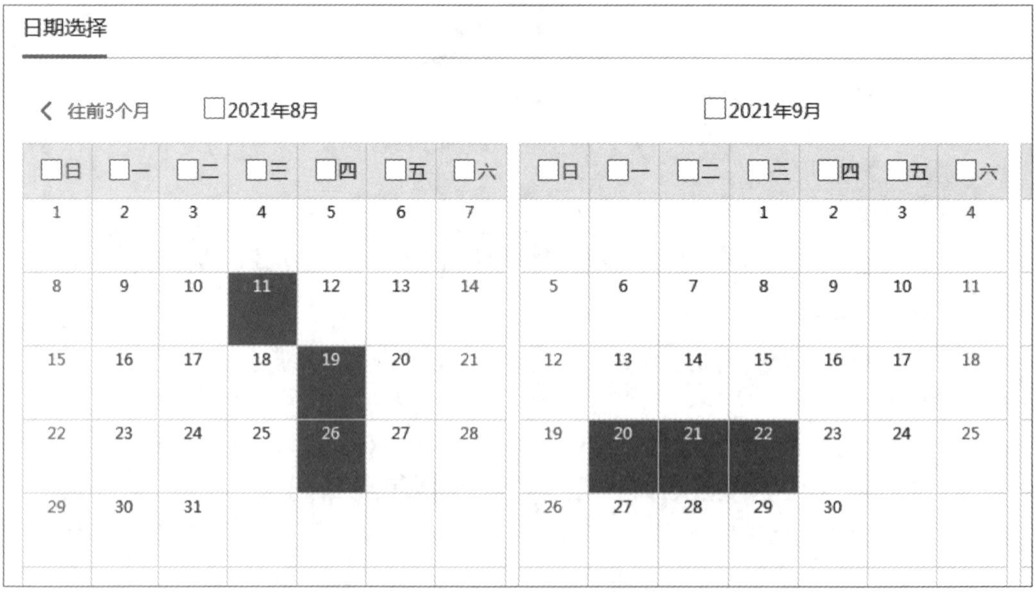

图 3-15　选择收客日期页面

二、基本信息

填写有关旅游产品销售的基本信息。填写销售基本信息页面如图3-16所示。

图3-16 填写销售基本信息页面

（一）铁发

铁发是指是否一定会发团，如果选择"是"，在日期的右上角会有一个"铁"字。散客团一般会选择"否"，因为收客情况无法预计。

（二）复制团期

选择一个已设置好的日期，复制该日期的计划。如果前期设置过散客计划，这次设置的散客计划与以前某个日期的计划相同或者差别不大时，可以选择复制以前某个日期的计划，这样可以提高散客计划编辑的效率。

（三）团控

设置该计划对应的团控负责人。

（四）库存数量

设置该计划的库存，选择"不限库存"，是指收客数量不受限制。选择"固定库存"，则需要填写固定库存的数量，表示收客数量不能超过固定库存数量。

（五）车辆选择

设置车辆选座的权限。选择"不启用"，是指无法进行选座；选择"启用"，是指可以选择车辆座位。启用车辆选座的操作如图3-17所示。

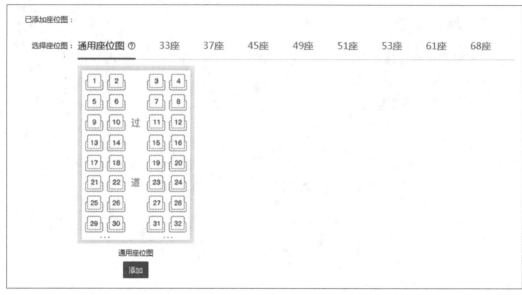

图 3-17　启用车辆选座的操作

三、下单规则设置

制定下单规则。制定下单规则页面如图 3-18 所示。

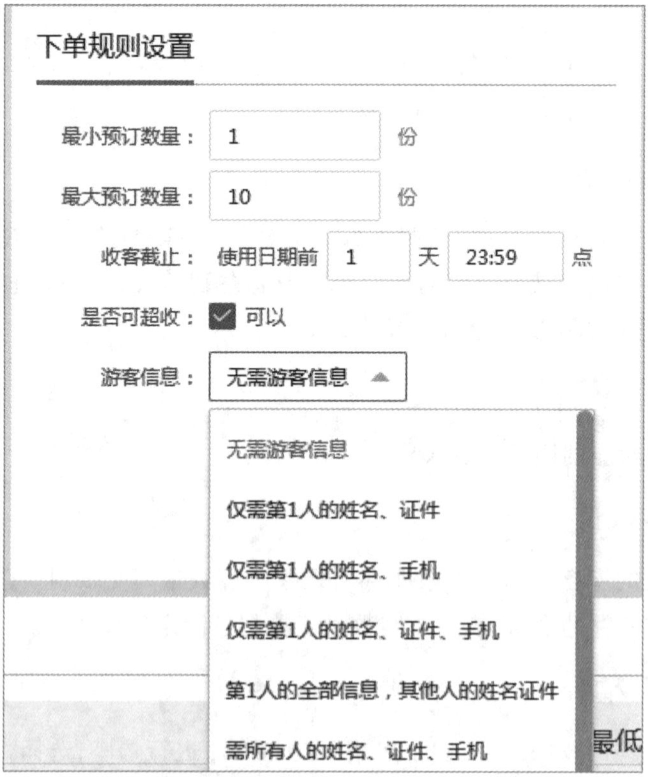

图 3-18　制定下单规则页面

（一）最小预订数量

设置最小预订数量,如最少10人成团,则最小预订数量就是10。

（二）最大预订数量

最大预订数量是指下一个订单,该订单的最多预订数量是多少。如果设为50,则这个订单最多可预订50个。

（三）收客截止

设置收客截止时间,超过这个时间,则无法收客。

（四）是否可超收

勾选"可以",则是指收客数量可以超出最大预订量。

（五）游客信息

设置报名下单时是否需要填写游客信息。选择"仅需第一人的姓名、证件"时,如果游客是一个家庭报名参团,只需要登记一个人的姓名和证件即可。

四、订单处理规则

订单处理规则包括库存确认的规则、自动清位的规则和定金金额缴纳的规则等。订单处理规则页面如图3-19所示。

图3-19 订单处理规则页面

（一）库存确认

库存确认是指订单下来后是否还需要员工确认库存数量是否足够且可以接单。库存确认有两个选项:若选择"即时确认",表示无须员工确认库存;若选择"二次确认",则要求员工在下单后的设定时间内再次确认,没有再次确认的订单会被自动清位。

（二）自动清位

如果在"库存确认"时，选择了"二次确认"选项，需要设置再次确认的最终期限。如果订单是占位订单，在最终期限内没有进行二次确认，则订单没有从占位状态转化为已售订单，便会被自动清位。

（三）是否自动分团

如果在"是否自动分团"中选择了"是"，那么计划生成的同时会自动产生一个空团。后续该计划中的所有订单都会自动归到这个团中；如果在"是否自动分团"中选择了"否"，那么该计划下所有订单都需要进行手工分团操作。

（四）定金金额

定金是指游客预订产品时交付的一定数额的货币。如果旅行社不能按照合同约定的时期提供服务，旅行社需要双倍返还定金；如果游客没有在约定时期完成约定事项，游客就不能要求旅行社返还定金。定金收取的金额有三种计算方式：固定金额，是指每订单固定收取约定的金额；按比例，是指按照首次下单时订单总额的百分比收取；按人头，是指向每个人收取固定的金额。

五、套餐类型

报价管理是旅行社市场运营的重要环节，报价高低直接决定了旅游产品的需求状况。前面已经对报价类型进行了设置，在这里系统提供对报价类型进行重新编辑的操作。进行"编辑报价类型"时，旅行社可根据需要选择报价类型。如果本旅游产品不适合老人，就不需要勾选"老人"。系统提供三种报价方式：固定价格报价是指价格是固定的，即一口价；按成本加价是指在旅游产品成本的基础上加上固定的金额作为报价；按成本乘系数报价是指按照成本多少乘以固定的系数作为报价。旅行社可以根据自身发展的需要选择一种报价方式。编辑报价类型页面如图3-20所示。

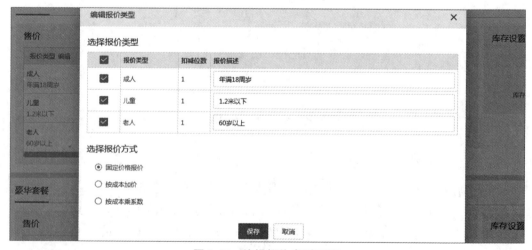

图3-20　编辑报价类型页面

为了满足消费者的个性化需求,旅行社可以设置不同的服务标准让消费者选择。例如,套餐A、套餐B或者标准套餐、豪华套餐等。旅行社对外报价时,可按照不同的套餐类型进行报价。系统提供了不同套餐类型的报价,旅行社可以对套餐的名字进行编辑修改,既可以新增套餐类型,也可以删除套餐类型。

（一）售价

设置套餐售价(见图3-21)。设置成功后,售价就会出现在计划日期上。计划日期上的售价和库存数量一目了然,方便销售员下单。

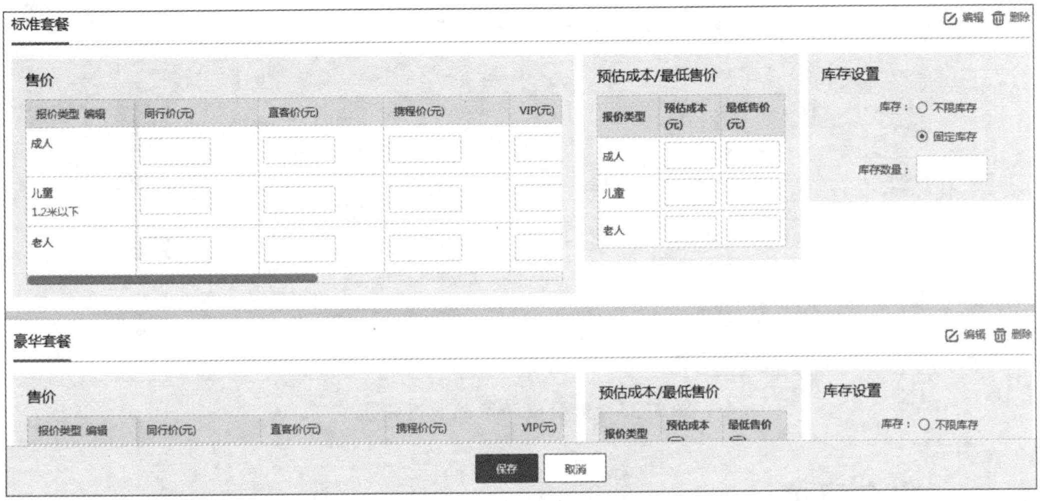

图3-21　套餐售价页面

（二）预估成本/最低售价

"预估成本/最低售价"处预估的成本只具有标识作用,不会产生真正的成本。

（三）库存设置

在"库存设置"中,可设置每种套餐的库存数量。

六、其他费用

如果计划中有团费以外的其他费用需要消费者下单,可以新增项目。新增其他费用页面如图3-22所示。

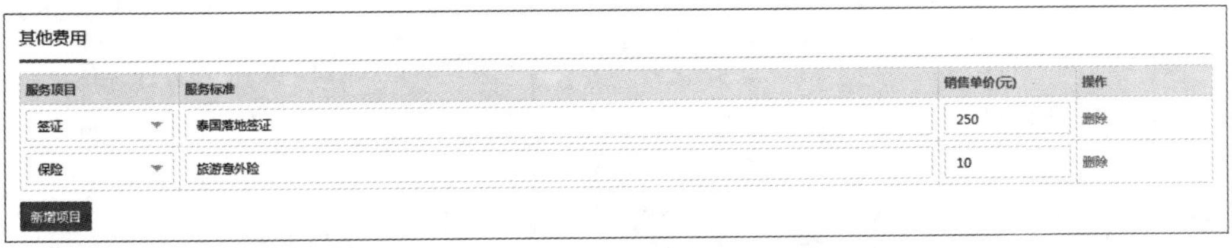

图3-22　新增其他费用页面

第三节　散客订单信息管理

完成旅游产品计划后,系统就可以进行收客、报名下单等操作了。点击"散客订单"选项,就可以查看某旅游产品的收客情况了。查看旅游产品收客情况如图3-23所示。

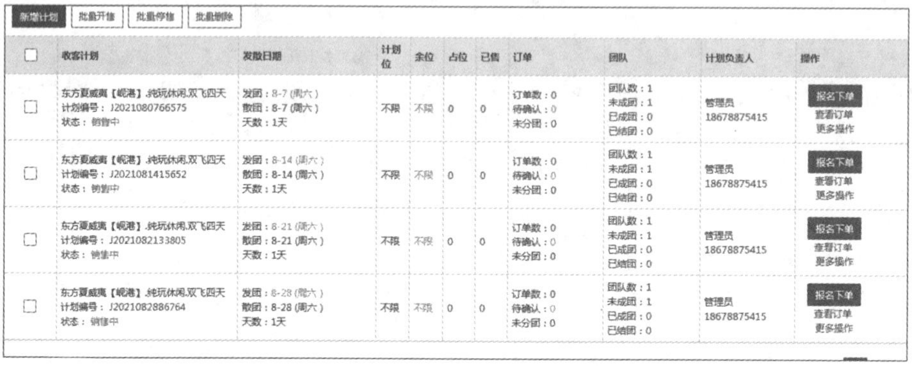

图3-23　查看旅游产品收客情况

一、报名下单

点击"报名下单",系统即会打开报名下单页面。选择游客报名下单的团期和套餐,点击"确定"。选择报名日期和套餐页面如图3-24所示。

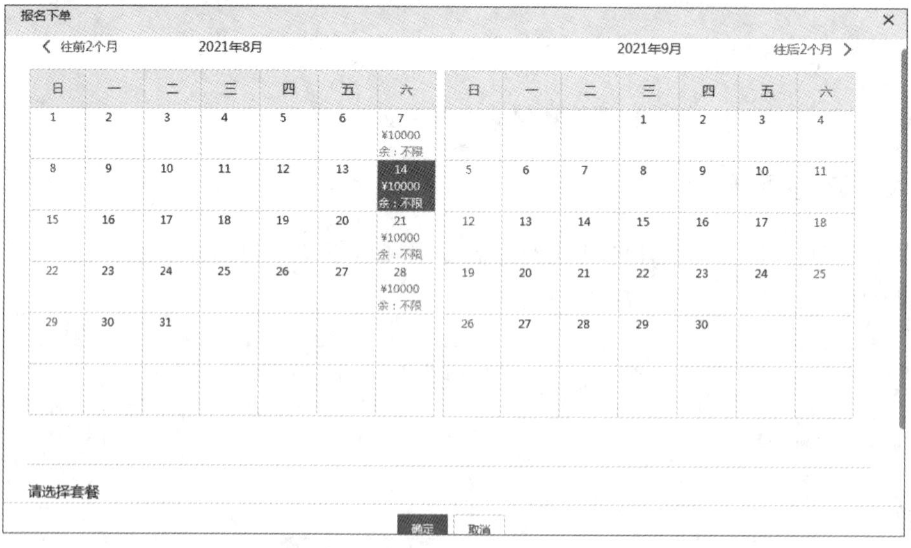

图3-24　选择报名日期和套餐页面

二、填写订单信息

(一)填写客户信息

客户分为两类:一类是同行客户;另一类是直客。同行客户是指通过客源地旅行社渠道收到的客户;直客是指旅行社通过销售旅游产品获得的客户。客户信息填写页面如图3-25所示。

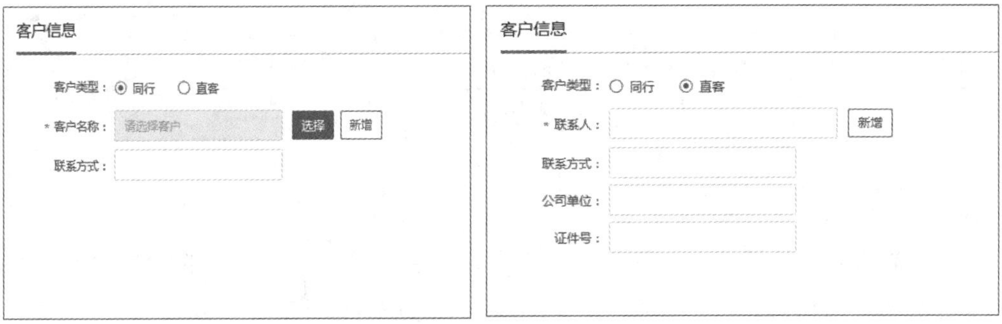

图3-25 客户信息填写页面

(二)填写销售信息

销售信息包括与本旅游产品销售有关的信息,如销售员、报名时间、收客渠道、客源地等,这些信息都会被汇总起来。销售信息填写页面如图3-26所示。

图3-26 销售信息填写页面

(三)填写预订信息

填写预订信息包括与客户预订有关的信息,包括订单详情、有无其他费用、选择集合站点等。另外,在订单详情里可以直接修改客单价。填写订单信息页面如图3-27所示。

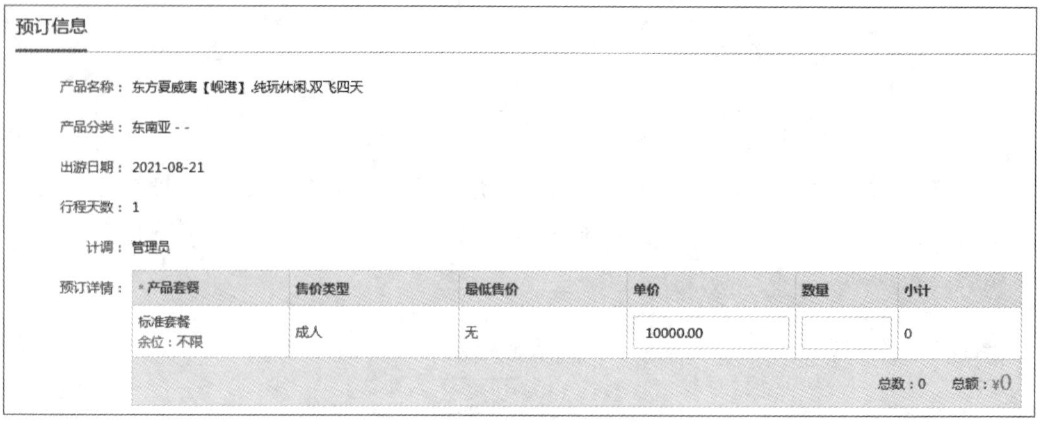

图 3-27　填写订单信息页面

（四）填写备注信息

填写备注信息是指填写与订单备注有关的信息（见图 3-28）。"内部备注"是指，仅供内部账号观看的信息，如这个客户是 VIP 客户，请务必仔细接待；"分销商备注"是指，分销商账号可以看到的备注信息，如此客户为优质客户，提成佣金增加 10%；"供应商备注"是指，供应商账号可以看到的备注信息，如此客户是回族，务必提供清真餐食等。

图 3-28　备注信息填写页面

（五）录入游客名单

录入有关游客的信息（见图 3-29）。按照计划要求，确定游客名单是否为必填项。游客名单支持模板导入，也可文本录入或手动输入。

如果选择模板导入，点击"导入名单"，系统会提供下载名单模板，填写者按照模板的要求填入游客信息，点击"保存"，然后返回到"导入名单"，点击"从本地选择文件"，把刚才保存的文件上传即可。游客名单模板的下载如图 3-30 所示。

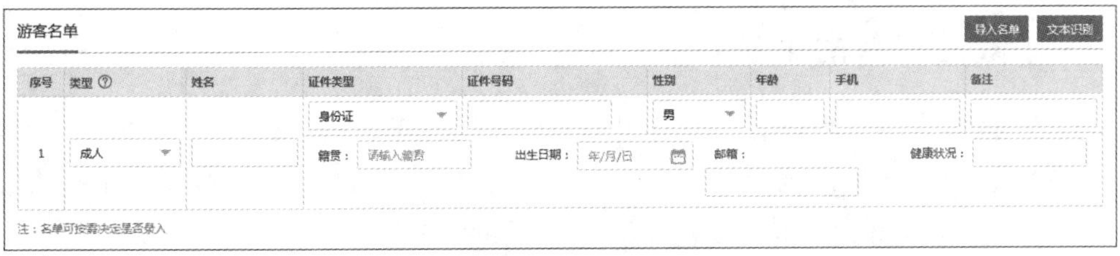

图 3-29 游客名单录入页面

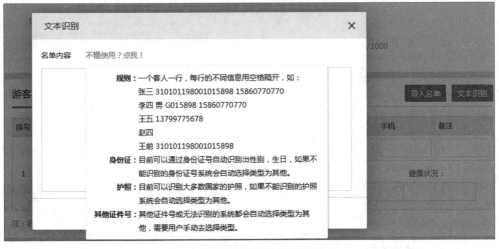

图 3-30 游客名单模板的下载

如果选择文本识别,点击"文本识别",输入名单内容即可。一个客人一行,每行的不同信息用空格隔开。大多数情况下,ERP 系统可以通过身份证号自动识别性别、生日,也可以识别大多数国家的护照。如果遇到 ERP 系统不能识别的身份证号或护照号码,系统会自动选择类型为其他,这时需要手动去选择类型。文本识别游客名单页面如图 3-31 所示。

图 3-31 文本识别游客名单页面

三、散客订单的维护

点击"散客订单",可以看到所有组团自营散客订单,也可以点击"查看订单"查看某一订单的详情,还可以批量锁定订单。订单被锁定意味着订单应收应付不能修改,但可以继续发起收付款申请。散客订单页面如图3-32所示。

订单状态	锁定状态	收款状态	订单金额	已收	收款中	未收	分摊收入	分成收入	订单总收入	订单成本	分摊成本	后返支出	订单总成本	订
已售	未锁定	未收款	100,000.00	0.00	0.00	100,000.00	0.00	0.00	100,000.00	0.00	0.00	0.00	0.00	100,
已售	未锁定	未收款	10,000.00	0.00	0.00	10,000.00	0.00	0.00	10,000.00	1,100.00	0.00	1,100.00	8,900
本页查询			110,000.00	0.00	10,000.00	110,000.00			110,000.00	1,100.00			108,
查询统计			110,000.00	0.00	10,000.00	110,000.00			0.00	1,100.00			108,

图3-32 散客订单页面

在"订单详情"页面,可对本订单进行其他操作。订单详情页面如图3-33所示。

图3-33 订单详情页面

(一)收款

可以对本订单发起收款。

(二)订单操作

可以对本订单进行操作,包括转地接、订单转团、取消订单、锁定订单,被锁定的订单应收应付不能修改,但可以继续发起收付款申请。

(三)修改订单信息

可以对本订单信息进行修改,包括修改对方单号、修改销售员、修改客户信息、修改客源地、修改收客渠道、修改集合站点、增加预订数量、修改订单备注等。

（四）新增成本

本订单新增的其他成本，包括批量新增成本等。

（五）新增合同

对本订单发起合同。

（六）投保

对本订单发起投保。

（七）订单档案

关于本订单的档案，包括发送给负责人的团队确认件、结算单，以及发给游客的出团通知书、收据等。

（八）申请开票

向财务发出开具发票的申请。

（九）附件管理

上传和删除相关附件。

（十）操作日志

记录每项操作。

第四节 散客组团团队管理

旅行社的散团管理是指对散客旅游团队的组织、安排和管理。

一、散客团队管理的流程

（一）人员配备和分工

确定散团的工作人员配备和分工，包括导游、司机、领队等，确保每位人员的职责和任务清晰明确。

（二）资源安排

与景点、酒店、交通等供应商进行预订和确认工作，确保行程所需的服务和资源能够得到保障。

（三）行前沟通与服务

与团队工作人员进行沟通，提醒他们注意特殊要求和注意事项。与旅游团进行沟通，提供详细的行程信息和旅游须知，解答游客疑问。对于有特殊要求的游客，如果可以，尽量满足其要求；如果不能，要向游客说明原因，确保游客的满意度。

（四）出团前准备

在出团前做好必要的准备工作，包括物资、行程文件、各种单据、导游培训等，确保出团前各项准备工作的完善。

（五）行程执行和监督

旅游团出发后，密切关注行程计划的进展和服务质量，确保旅游按计划开展，配合团队工作人员，及时处理行程中遇到的各种问题和困难，做好旅游团的后方保障。

（六）旅游安全管理

加强安全管理，提醒工作人员注意安全，关注游客动向，对一些危及游客人身和财产安全的情况多加提醒。同时，制定应急预案，以便在面对突发情况时能够从容应对。

（七）反馈和改进

通过旅游服务质量调查表等工具，收集游客的评价信息，了解和征询游客的意见和建议。根据游客的反馈和团队执行情况，改进和优化旅游计划，提高服务质量。

（八）结算和总结

旅游团完成行程后，需要进行费用结算和总结工作。核对费用明细，总结团队的运营情况，为下一次的散团管理提供经验和参考。

在散团管理过程中，旅行社需要注重行程设计和服务质量，确保游客的满意度。同时，旅行社要加强安全管理和应急预案的制定，保障游客的安全和利益。另外，旅行社要不断改进和优化散团管理工作，提高旅行社的市场竞争力和市场形象。

二、散团数字化管理

（一）成团管理

点击"散团调度"菜单，在完成的订单上点击"申报成团"。如果该团期订单量大，需要进行订单分团，可以手动选择把订单分成多个团。申报成团页面如图3-34所示。

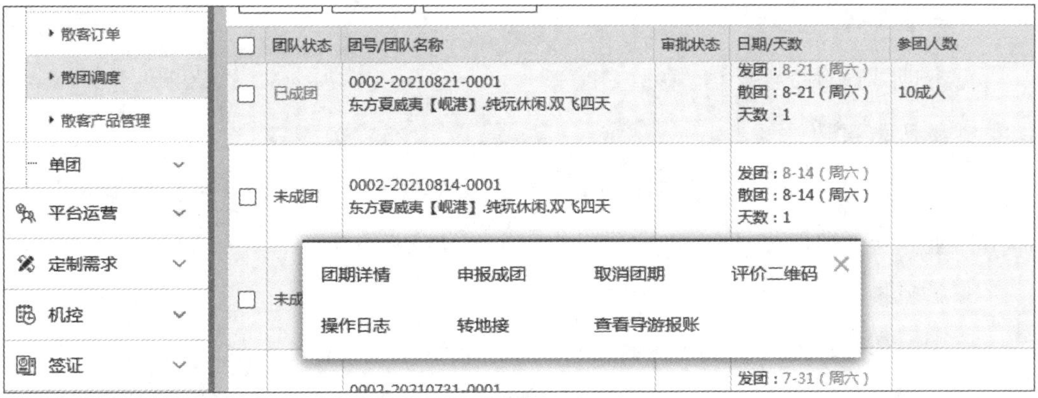

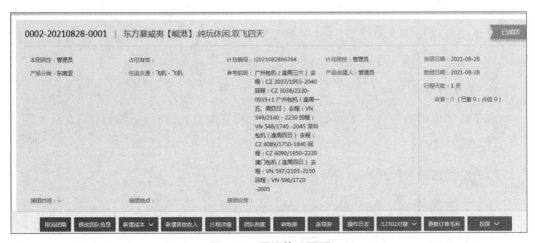

图3-34 申报成团页面

（二）团队维护操作

在已成团的订单中点击"团期详情"，对该团进行操作。团队管理页面如图3-35所示。

图3-35 团队管理页面

1. 修改团队信息

可以修改团号、团控、接团时间、送团时间、接团地点、送团地点、接团安排、送团安排、团队备注等。

2. 新增成本

添加新增加的成本。团队成本有两种增加方式，这里指的是第一种，包括不需要导游现付和签单的外采成本，操作步骤：新增支出—其他支出；还包括集团公司的各个子公司之间的内部采购价格，操作步骤：新增支出—采购订单。

3. 新增其他收入

添加新增加的收入。

4. 行程详情

点击即可查看行程详情。

5. 团队档案

团队档案包括：发给经销商团队的确认件和结算单；发送给游客的出团通知书；发送给导游的导游派团单；内部存档的团队账单和导游报账单。

6. 转地接

将该团信息转发给负责接待的旅行社。

7. 派导游

如果该团有全陪或领队，点击填写选派的导游或领队的信息。

8. 操作日志

查看操作痕迹。

9. 12301对接

对该团申请报审。点击"12301对接"进入报审页面，填写相关信息，然后点击"发起报审"。

10. 更新订单毛利

由于新增成本和新增收入的影响，点击"更新订单毛利"即可更新订单毛利。

11. 投保

给旅游团的游客投保旅游意外险。

（三）资源安排

安排旅游团旅游途中的食、住、行、游、购、娱六大旅游要素。结束资源安排后，本团的成本基本就可以确定了。资源安排页面如图3-36所示。

图3-36 资源安排页面

（四）成本收入管理

1. 账单总览

查看收入成本状况和本团的毛利润。账单总览页面如图3-37所示。

图3-37　收入/成本页面

2. 收入明细

查看收入明细，发起收款或退款，查看收款、退款信息。如还没有收款，可以取消订单。还可以发起调账并查看调账明细。收入明细页面如图3-38所示。

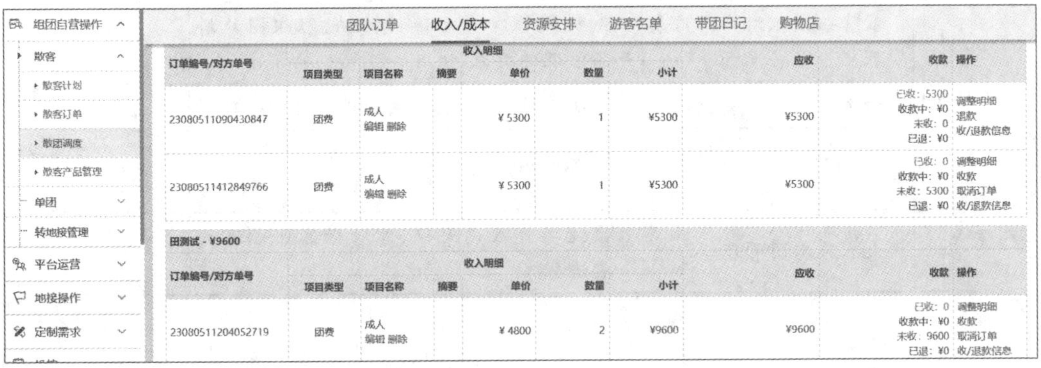

图3-38　收入明细页面

3. 团队成本

可以选择按账单类型或者按项目类型查看本团的成本情况。对成本进行分摊，查看付款、退款信息。团队成本页面如图3-39所示。

图 3-39　团队成本页面

教学互动
Jiaoxue Hudong

如果你来运营散客组团业务，你认为哪些方面是比较重要的？针对这些重要的业务你会采取什么策略？

评价标准
Pingjia Biaozhun

序号	评价项目	评价内容	分值/分
1	散客组团旅游产品信息管理	系统操作准确无误，满足散客组团旅游产品管理的要求	30
2	散客计划信息管理	系统操作准确无误，便于进行计划管理	20
3	散客组团旅游产品订单信息管理	系统操作准确无误	20
4	散客旅游团管理	系统操作准确无误，掌握散客团管理的一般流程	30

项目小结

本项目涵盖了旅行社散客组团业务的数字化运营，包括散客旅游产品管理、散客计划信息管理、散客订单信息管理以及散客组团团队管理等。通过本项目的学习，学生可以在ERP系统上操作整个散客组团业务流程，实现企业内部不同部门以及旅行社与合作单位之间的信息共享和业务协同。

项目训练

在线答题

"枕水西栅,乡艺乌村——浙江嘉兴乌镇文化休闲三日游"行程单

(一)行程安排

D1:周五,北京—杭州—乌镇。

上午,从北京首都国际机场搭乘国航CA1702航班前往杭州萧山机场(10:30—12:45)。中午,抵达杭州萧山机场后导游接机,乘车前往乌镇(距离约为80千米)。由导游带领,穿越时光——休闲西栅,入住位于西栅核心区的乌镇枕水度假酒店,然后自由活动。乌镇景区已实现免费无线网络的全覆盖,在酒店进行的人脸识别登记,将作为旅游者出入景区门禁的依据。

自由活动A:体验蓝印花布制作。

乌镇是蓝印花布的原产地之一,旅游者可以通过纹样设计、雕刻花样、涂花版、拷花、染色、退浆水、清洗、晒干八道工序体验蓝印花布的制作,重拾旧时光。草木本色染坊占地2500平方米,地面由青砖铺就,地上竖立着密密麻麻的高杆和阶梯式晒布架,规模相当庞大。这里有以蓝草为原料制作蓝印花布的工艺,还有独特的彩烤工艺流程。彩烤色彩丰富,成品非常美丽。大晒场上挂着的一排排印花布随风飘动,在这里旅游者可以拍摄美美的照片。

自由活动B:体验古帖临摹和陶艺制作。

古帖临摹活动在昭明书院的安静空间进行,让旅游者抄写古人诗句,有助于凝神静气,放松身心。画板拓印活动可以在白莲塔、西栅桥里桥、昭明书院、大剧院等地标建筑处进行,将乌镇的景观"印"在画板上,带来难忘的回忆。陶艺制作活动通过手捏法和模塑法制作各类生活陶器和工艺品,从炼泥、修坯到刻画、烧制,旅客们可以亲自动手,体验DIY的乐趣。

18:00,旅游者到达西栅通安中餐厅用晚餐。该餐厅融合了新派嘉兴菜与浙菜、粤菜等烹饪手法,特色菜品以嘉兴乍浦的小海鲜为主打,让旅游者品尝到真正的嘉兴风味。

用餐安排:早——无早餐;中——飞机上简餐;晚——通安中餐厅。

住宿安排:乌镇枕水度假酒店。

D2:周六,乌镇。

9:00,乡野农趣——乐在乌村。在酒店集合后,乘坐景区游览车前往乌村。先参观乌镇互联网国际会展中心。该中心不仅是世界互联网大会的主要场所和永久会址,也是乌镇举办会议和展览的主要场地,展示了江南水乡传统文化与现代文明的融合。建筑采用水乡特有的白墙黑瓦、临水连廊等古典元素,融合现代设计风格,内部设有智能会议和楼宇管理系统,传统与现代、文化与智慧相得益彰。在乡间小道漫步,闻着路边的野草花香,听着田间的鸟鸣蛙声,体验乌村的自然与田园风光。刷脸识别即可进出乌村和用餐,简单便捷。戴上村民手环,您便是这个村落的主人,在村中一价全包,畅享美食、畅玩娱乐,尽情体验乡村生活。此外,旅行社特别安排了乌村首席礼宾官(Chief Cultural Officer,CCO),即热忱的文化创意者,为您提供陪伴式、高质量的服务。他们解说乌村的特色,引导您参与体验活动。乌村CCO分为不同的任务小组:接待组、文体组、农学组和亲子组等,各自擅长不同领域,在紧密合作的同时,分工明确,致力于为旅客带来丰富的度假体验。

10:00开始乌村乡艺体验自由行。旅游者可以自由选择参与的活动,包括射箭、钓鱼、欢乐骑行、手工艺、烘焙、手磨豆花、采摘、耕作等。此外,乐高风格的童玩馆体验室内提供攀岩、国际纸艺和点心烘焙等活动,而稻田旁的泳池则让您尽情游泳,村头的茶室也恭候您品茗。

我们推荐以下三种自由行组合方案。

方案1:童趣游。亲子家庭可在文化中心童玩馆体验乐高积木、滑滑梯、海洋球、攀岩、趣味绘图本、电玩游戏等;也可以去小动物乐园喂兔子、山羊,逗趣小鸭,或在鱼塘欢乐捕鱼;在纸艺课堂上制作属于自己的纸艺作品;乘坐橡皮艇泛舟水面。

方案2:农趣游。旅游者可选择射箭、游泳等动感活动;参与耕作、采摘、钓鱼等农事体验;也可以在手工DIY室尝试编织藤条手工;在红砖窑坊DIY一瓶属于自己的永生花植物,或在磨坊商铺里亲手制作手磨豆花。

方案3:闲趣游。旅游者可以在村头茶室享用茶饮、茶点,在知青咖啡吧品尝软饮、小食或玩桌游;在麦田剧场参与乒乓球、桌球运动;在桃园甜品店品尝各式甜品等。所有项目免费开放,旅游者们可以根据自己的兴趣爱好自由组合搭配,尽情释放天性。

12:00到乌村知青餐厅用午餐。在主题景观餐厅享用一场中西结合的味觉盛宴,更有新鲜的1小时蔬菜,即从采摘、清洗、切配、烹饪到上桌在1小时内完成。

13:00旅游者可继续在乌村自由活动。经过上午的体验、CCO的陪伴推荐和午餐时光团友间的心得分享,下午旅游者们可以再自由选择心仪的项目继续体验。融入乡野农趣,享受漫游时光。

17:00乘坐景区游览车返回酒店。

18:00在西栅裕生餐馆用晚餐。该餐馆由西栅老街一幢大宅改建而成,大门口悬挂着"福盛堂"匾额,是乌镇百年老字号餐馆。裕生餐馆分上下两层,典型的乌镇明清时期骑楼风格,横跨老街,装修朴实,环境宽敞。推荐的美食包括乌镇传统煲、乌镇大碗菜、红烧羊肉等。

19:00在西栅自由活动。漫步西栅景区,欣赏乌镇的美丽夜景,观赏露天老电影,在水上集市欣赏花鼓戏,或体验巡更活动等。

用餐安排:早——酒店自助早餐;中——知青餐厅;晚——裕生餐馆。

住宿安排:乌镇枕水度假酒店。

D3：周日，乌镇—杭州—北京。

7:00在西栅享用早茶客。小镇的早晨，西栅水上集市早茶客开始，体验旧时江南市集的盛景。一杯早茶，一碟早点，在言笑晏晏之间勾勒出小镇具有烟火气的日常(酒店早餐券可用于集市早餐，体验一番早茶客的生活)。

9:00在酒店集合，办理退房手续，然后乘车前往杭州萧山机场(距离约80公里)。

12:00，在杭州萧山机场搭乘国航CA1596返回北京首都国际机场(12:00—14:20)，结束这段愉快的旅行。

用餐安排：早——西栅早茶客早餐；中——无；晚——无。

(二)温馨提示

1.携带证件

出行期间请旅客随身携带本人的有效身份证原件。若没有办理身份证，请在户口所在地开具相关身份证明，以免影响酒店入住。出行前请务必检查身份证的有效期。

2.交通提示

在乌镇西栅景区住宿的游客可免费乘坐景区的电瓶车。请妥善保管好您的房卡或其他入住凭证，以便工作人员核对使用。

3.购物须知

在旅游行程中，个别景区、餐厅等可能位于商场等购物场所内，这些场所不属于旅行社安排的指定购物地点。旅客需根据个人需求理性消费，并索要必要的票据。

4.游览须知

请在约定时间准时到达上车地点集合，切勿迟到，以免影响其他旅客的行程安排。若因迟到导致无法参与当次车辆游览，导游将承担责任，敬请谅解。

(三)旅途须知

(1)乌镇地区春秋季节一般气温约为20℃，夏季最高可达35℃，冬季气温通常在0—10℃，早晚温差较大。请旅游者提前一周查询天气预报，并带好合适的衣物。

(2)春季乌镇降水较多，请游客备好雨具，以备不时之需。雨天路面容易滑倒，请在游览中多加注意安全。夏季紫外线较强，请做好防晒和防暑措施。

(3)建议旅客携带个人常用药品，以备急用。

(4)旅途中请注意人身、财产和证件的安全。乌镇景区的许多路面都是石板，容易变得湿滑，请务必注意防滑。在上下船或靠近水边行走时，更要格外小心，以免发生意外。

(5)在旅游和摄影时，请确保安全，避免到有危险的地区拍摄。

(6)本行程提供多样化的活动项目,为了您的游玩体验,请务必听从导游的安排。

分析上述旅游产品,完成以下任务。

(1)将上述旅游产品上传到ERP系统中,并在ERP系统中补齐旅游产品缺少的内容。为上述旅游产品制作一张宣传海报。

(2)在系统里开好团期,设计两个套餐:一个是奢华套餐,另一个是标准套餐。

(3)设定下单规则,并完成10个旅游散客的订单。

(4)进行旅游团成团操作,为旅游团安排资源,汇总本旅游团的成本、收入以及毛利情况。

项目四
定制旅游业务数字化运营

 思维导图

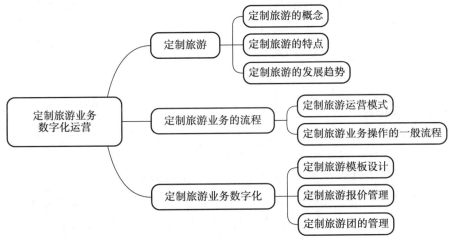

 项目描述

2014年前后，定制旅游就已在中国旅游市场落地发芽。然而，受当时大部分人旅游消费观念所限，再加上价格比跟团游高许多，定制旅游一直处于缓慢发展阶段。随着人们旅游消费观念的不断变化，自2016年起，定制旅游开始驶入快车道。新冠肺炎疫情结束后，旅游消费发生了巨大变化，个性化需求急剧增加且日益强调旅游产品的品质。做好定制旅游产品的关键是瞄准旅游定制者的需求，根据定制旅游者的需求整合旅游资源，形成定制旅游产品模板。在模板基础上，定制旅游者对模板进行修改或者提出建议，经双方确认无误后，签订旅游合同。在旅游过程中，定制旅游者也可能突发奇想，修改预订的旅游行程。相较于散客旅游产品，定制旅游产品的策划贯穿旅游全过程。

学习目标

知识目标

(1) 了解定制旅游的概念,掌握定制旅游的操作流程。
(2) 掌握定制旅游的报价技巧。

能力目标

(1) 能够根据要求设计定制旅游产品。
(2) 能够根据要求进行定制旅游管理。

素养目标

(1) 具有统筹规划的系统思考能力。
(2) 具有团队合作意识。

任务引入

山东某旅游职业学院为参加本年度导游资格考试的学生组织了线路考察团。此次考察有助于学生提升面试、考试技能,使学生能够顺利通过导游资格考试。考察团从学校出发,费用为每人1500元左右,时间为5天,要求至少经过3个考试要求的景区,出发时间为3月底至4月初。参团学生人数为200人左右。请为该考察团设计行程,帮助学生完成此次考察任务。

学习任务

任务1 设计定制旅游产品模板

任务描述:按照考察团的要求,初步设计一条考察线路,并征求学院的意见。

任务目标:通过学习本项目,学生能够掌握定制旅游线路的设计方法和设计流程,能够根据要求设计定制旅游产品模板。

任务2 定制旅游产品报价

任务描述:根据设计好的定制旅游线路,确定定制旅游价格,安排好旅游行程中的各种资源。

任务目标:通过学习本项目,学生能够掌握定制旅游报价技巧,能够准确报出单团价格。

任务3 定制旅游团管理

任务描述：确保上述考察团能够顺利成团，签订旅游合同，为考察团分配导游，保存团队档案。如发生以下情况，请及时处理。

（1）新增一个加餐，收入为1000元，成本为500元。

（2）有1位同学最后一天不能参团，需要退还该位学生100元的团费。

（3）新增2位同学，他们只参加后三天的旅游行程，增加团队收入800元，新增支出600元。

任务目标：通过学习本项目，学生能够掌握定制旅游的操作技能，能够进行定制旅游相关操作。

第一节 定制旅游

一、定制旅游的概念

定制旅游团在旅行社一般被称为单团，即单独成团的旅游团。与散客团不同，定制旅游团通常是针对旅游团的特定需求量身定制的旅游产品或旅游服务。散客团是旅行社经过市场调查和预测，事先设计好旅游线路并发布出来，供游客选择的团。由于散客团线路是提前设计好的，游客只能根据自己的需要选择，不能修改线路。但对于定制旅游团来说，旅行社只提供一些线路模板，游客选择之后是可以根据自身要求对线路进行修改的，比如增加一个会议日程或提高餐饮标准等。所以，从某种意义上来讲，定制旅游团的模板是一个半成品，只起到为游客提供出行建议的作用。一般情况下，在定制旅游团时，旅行社先设计一个模板，然后在模板上进行修改以更好地满足游客的需求，最后旅行社和游客共同协商确认最终的旅游产品。

二、定制旅游的特点

与散客旅游团相比，定制旅游团具有以下特点。

（一）个性化定制

在进行散客旅游产品设计前，旅行社需要进行市场调查，掌握目标消费群的消费特点和消费偏好。把整个目标消费群看作一个旅游团，满足特定目标消费群体的共性需求。在散客旅游产品中，每个旅游团都有同样的行程，旅行社的操作流程也完全一致。旅游是一项由多个环节组成的综合性体验活动，每个旅游团都有自身的个性化需求。相对于散客旅游团而言，定制旅游团更加注重满足单个旅游团的要求和偏好。旅行社会与定制旅游团进行深入沟通，了解定制旅游团的兴趣、爱好、时间和预算等，并根据这些信息为定制旅游团量身定制旅游产品和旅游服务。

（二）灵活性和自由度高

散客旅游团要依据线路设计在规定时间内依次完成规定的行程，包括住宿、餐饮和旅游活动等都不能随意更改。定制旅游团则更加灵活，其可以根据自身时间安排和兴趣选择旅游目的地、景点、旅游活动等，自由决定旅游行程的安排、住宿、交通方式等，更加自主和自由。

（三）独特的旅游体验感

散客旅游团满足了目标消费群体共同的消费特点和消费偏好，而定制旅游团是为了满足特定旅游团的消费特点和消费偏好。旅行社会根据某一定制旅游团的特定需求，设计独特的旅游线路和旅游活动，为定制旅游团提供独具特色的旅游体验感，使旅游者能够体验到与众不同的消费内容和旅游目的地文化。

（四）旅游者满意度高

旅行社为定制旅游团打造旅游产品和旅游服务，能够满足定制旅游团的特殊需求，所以定制旅游团的旅游者具有较高的旅游体验感和满意度。

（五）旅行社专业性高

为定制旅游团提供旅游产品和旅游服务，旅行社需要具有专业的规划能力和咨询能力。旅行社不仅要了解旅游目的地的特点和资源，为定制旅游团提供专业的建议，更需要了解旅游者的需求，帮助旅游者制订合理的旅游计划。

三、定制旅游的发展趋势

定制旅游通过个性化定制、灵活性和自由度高、独特的旅游体验感、旅游者满意度高以及旅行社专业性高的特点，满足旅游者对个性化、高品质旅游体验的需求。定制旅游能够为旅游者提供具有个性化、自由度和丰富性的旅游产品，逐渐成为旅游行业发展的新兴趋势。

（一）人们收入水平提高为定制旅游的发展提供了经济基础

随着中国经济的快速发展，人们收入水平不断提高，对旅游消费提出了转型、升级的要求。相比散客旅游团，定制旅游团更能满足中高收入群体对个性化、高品质旅游体验的需求。

（二）人们多元化的体验需求为定制旅游的发展提供了市场

随着社会的发展和人们旅游经验的积累，越来越多的旅游者提高了对旅游产品品质的要求。目前，旅游者的旅游需求从大规模统一化的、满足"到此一游"的旅游形式过渡到追求更加个性化和多元化的旅游体验感。定制旅游恰好可以满足人们对特色旅游体验感的追求。

（三）人们旅游意识的增强为定制旅游的发展提供了内在动机

随着旅游产品从奢侈品到常规品的转变，人们不再把旅游作为炫耀性消费，从而对旅游活动的认知和需求都发生了变化，即从关注外在到关注内心。人们开始注重旅游产品的品质和文化内涵，以及自身的旅游体验感，而不单单是将旅游理解为简单的观光和购物活动。

（四）数字化技术为定制旅游的发展提供了技术支持

旅行社可以利用互联网与旅游者建立联系，双方可以便捷地、低成本地进行沟通。首先，旅行社可以利用数字化技术搜索旅游者信息，通过不断地试错调整数据模型和算法，整理并分析潜在旅游者的信息，进而针对每一类潜在旅游者的购买习惯和购买需求，为其设计和推送符合其个性化需求的高质量的旅游产品，使潜在旅游者可以方便地搜索、比较和预订定制旅游产品和旅游服务。其次，旅游者可以通过互联网平台参与旅行社运营，在预订旅游产品时，可以将自己的要求实时传达给旅行社，指导旅行社开发旅游产品，同时旅游者还可以把自身的行为习惯、消费观念和消费偏好等数据发送给旅行社供旅行社参考。最后，通过数字化技术，旅行社可以建立高效、快速响应的供应链网络，节约定制旅游产品的成本，使定制旅游产品的成本接近大众旅游产品的成本，使定制旅游可以覆盖更多的旅游者。

（五）旅游目的地开发为定制旅游的发展提供了资源

中国拥有丰富的旅游资源，包括自然风光、历史文化遗址、民俗风情等，这为定制旅游提供了广阔的发展空间。在供给端，旅行社从过去的以旅游产品为导向转变为以旅游者需求为导向，在个性化和品质化的基础上形成新的供给，提供更具附加值的旅游产品。旅行社从新认知、新需求和新供给三个角度出发，不断开发新的旅游产品和旅游服务，以满足旅游者的个性化需求，为旅游者提供独特的旅游体验感。旅游者可以根据自己的兴趣和偏好选择不同的旅游目的地和旅游主题。

第二节　定制旅游业务的流程

一、定制旅游运营模式

（一）B2C 模式

B2C（企业向客户提供服务）模式是指旅行社自主招募旅行策划师为客户提供旅游产品及旅游服务的定制模式。B2C 模式有两种：一是旅行社直接向客户提供定制旅游服务，这样可以有效把控旅游产品质量，提升旅行社旅行策划师的能力，还有利于旅行社积累竞争优势,但此种模式人工成本较高,难以实现规模化经营;二是旅行社作为销售平台,其他旅行社或定制机构在旅行社的平台上以店铺形式向客户提供定制旅游方案,此种模式可以有效降低成本,实现规模化运营,但旅游产品质量风险较高。

(二) B2B模式

B2B(企业向企业提供服务)模式是指定制机构为线下旅行社提供旅游供应商定制服务或工具类产品,呈现形式是B2B2C(企业1向企业2提供服务,企业2向消费者提供服务)。当旅行社遇到客户需求超出了自身熟悉的领域时,便可以将此需求转向有能力的定制领域;或者当旅行社不能给出令客户满意的行程方案时,可以采购同行或定制机构的定制服务。

(三) C2C模式

C2C(消费者向消费者提供服务)是指个人旅行策划师或旅游达人通过旅行社平台向客户提供旅游知识咨询或定制旅游服务。然而,由于这些个人策划师和旅游达人缺乏统一的标准,其策划和定制能力难以规范和认证,这导致私人策划师和旅游达人的质量良莠不齐,品控和客户投诉成为难题。

二、定制旅游业务操作的一般流程

(一)精准把握旅游者需求

定制旅游是"按需定制"的,了解和把握旅游者需求是定制旅游业务的出发点和落脚点。可以从以下几个方面理解旅游消费需求。

1. 旅游动机和目的

旅行社可以通过了解旅游者的旅游动机和目的,例如休闲度假、文化体验、冒险探险、商务出行等,来调整旅行社提供的旅游产品和服务。不同的旅游动机和目的会影响旅游者对旅游体验感的期待和需求。

2. 旅游偏好和兴趣

旅行社可以了解旅游者的旅游偏好和兴趣,例如自然风光、历史文化、美食、购物等。通过了解旅游者的兴趣爱好,旅行社可以为旅游者量身定制更符合旅游者喜好的旅游产品和服务。

3. 旅游预算和消费能力

旅行社可以了解旅游者的旅游预算和消费能力,以便为旅游者量身定制合适的旅游产品和旅游服务。有些旅游者可能更注重高品质和奢华的旅游体验感,而有些旅游者则可能更注重经济实惠和性价比的旅游体验感。

4. 旅游时间和行程安排

旅行社可以了解旅游者的旅游时间和行程安排,包括旅游的季节、天数以及行程安排的灵活性等。根据旅游者的时间限制和行程安排,旅行社可以为旅游者量身定制旅游产品和服务。

5. 旅游服务需求

旅行社可以了解旅游者对旅游服务的需求，包括交通、住宿、餐饮、导游服务等。了解旅游者对服务质量、便利性和个性化等方面的要求，以提供符合旅游者需求的旅游产品和服务。

6. 旅游安全和健康需求

旅行社可以了解旅游者对旅游安全和健康的关注程度和需求，并在旅游产品和服务中加强安全管理和健康保障，为旅游者提供安全、可靠的旅游体验。

通过理解旅游者的需求和期望，旅行社可以提供更符合旅游者需求的旅游产品和服务，从而提高旅游者的满意度和体验感。同时，旅行社也可以根据市场需求的变化进行旅游产品的创新和调整，以抓住市场机遇。

（二）确定旅游主题

定制旅游是针对某一特定主题设计的旅游产品，比如文化名城旅游、饕餮美食之旅、探索人与自然研学之旅等。一款成功的定制旅游产品需要依据旅游者的需求和设定的主题设计各种不同的旅游项目和旅游方案。

1. 根据旅游目的确定主题

旅行社可以根据旅游者希望获得的旅游效果和功能确定旅游主题。例如，为某一抑郁症患者治疗团提供以"旅行治愈心灵"为主题的旅游线路；为家庭式旅游者旅游团提供亲子游，以"爱的礼物，陪伴与成长"为主题，打造亲子间的感情纽带，让家长和孩子共同体验旅游的乐趣。

2. 根据旅游活动内容确定主题

旅行社可以根据旅游者指定的活动项目和活动内容确定旅游主题。例如，以"古镇文化游"为主题选取优秀的古城镇，整合古代文化、民俗文化、自然风光等推出旅游产品。

3. 根据旅游团队的旅游者特征确定主题

旅行社可以挖掘旅游团队本身引以为傲的属性确定旅游主题，以彰显旅游者的身份地位或价值主张。

4. 根据旅游活动体验感确定主题

旅行社可以根据为旅游团提供的独特服务来确定旅游主题，例如定制私人游艇、私家飞机、豪华酒店、私人管家和高级导游等。这些服务可以提供更加个性化和奢华的旅游体验感，确保旅游者的旅游活动是独特的。

旅游主题的设计要确保与旅游团或旅游者的兴趣相符，并具有独特性和吸引力。

(三)行程规划与资源安排

1. 行程规划

旅行社需要依据确定的主题安排行程和活动内容,包括景点选择、活动安排、交通方式、住宿和餐饮等定制。在保证科学合理的基础上,突出旅游资源的特色和旅游者的需求,彰显旅游主题,确保旅游者可以获得独特的旅游体验感。

2. 安排服务项目

旅行社需要与供应商合作和协商,确保能够提供符合主题需求的旅游服务和旅游资源。另外,旅行社还需要与相关景点、酒店、餐厅等供应商建立合作关系,确保他们能够满足定制旅游主题的需求。

3. 提供专业讲解

旅行社要为定制旅游旅游者配备专业的导游和讲解员。导游和讲解员应具备相关领域的专业知识和经验,能够提供深入的解说和介绍,增加旅游者对旅游主题的理解。

(四)峰值体验设计

旅行社为定制旅游主题设计独特的活动,提供与主题相关的特色活动,增加旅游者的参与感和互动性。心理学中的"峰值定律"指出,人们对体验中的最好和最坏时刻,以及结束时刻印象深刻。因此,旅行社可以通过设计,创造出令人愉快和印象深刻的体验活动。

打造峰值体验的三个重要时机:转变事件,是指从一个身份转移到另一个身份,或者一个事件进入下一个阶段,如某位旅游者的生日、旅游活动的开始和结束等;里程碑事件,是指一个事件的重要节点,如某位旅游者成为本旅行社接待的第10000位旅游者;低谷事件,是指在遭受挫折或不幸时,例如计划好的某一个行程由于各种原因未能成行等。

打造峰值体验的四大要素:欣喜,是指制造惊喜,给旅游者超乎寻常的感受,如通过鲜花、音乐等提升旅游者的感官享受,制造旅游途中的一些小惊喜等;认知,是指让旅游者获得一个意识到自己潜能的机会,例如从旅游文化中获得新知,打破旅游者原有的认知;荣耀,是指获得认可与夸赞;连接,是指和他人联系在一起的感觉,共享美好或者痛苦的时刻。

(五)服务提供和监督

在旅游过程中,旅行社要提供优质的服务,包括导游的讲解、景点的安排、餐饮住宿的质量等。同时,旅行社还要密切关注服务质量,及时解决出现的问题,并加强安全管理,确保旅游者的人身安全和财产安全。另外,旅行社还要制定应急预案,应对突发事件和紧急情况。

（六）反馈和改进

旅行社要与旅游者沟通，了解旅游者的意见和建议，并根据旅游者的反馈和旅游产品执行情况，优化旅游产品，以提高服务质量。

（七）结算和总结

定制旅游团旅游结束后，旅行社要进行费用结算和业务总结等，例如核对费用明细，总结旅游产品的运营情况，为以后的定制旅游业务提供经验。

第三节 定制旅游业务数字化

一、定制旅游模板设计

（一）添加定制旅游模板

旅行社根据旅游团需求设计好线路，并将旅游路线上传到ERP系统。上传步骤：计调—组团自营操作—单团—单团模板—新增模板，进入添加模板页面。如果有类似的旅游产品，相关人员点击"复制模板"即可，并在此模板的基础上进行修改，这样可以提升旅游产品的设计效率。

根据旅游产品设置要求填写相应的信息，红色*为必填项。如果认为旅游产品信息设置不合理，可以返回旅游产品设置页面进行修改。在其他说明中，部分板块允许使用模板功能。用户可以在初次使用后保存当前设置的模板，或者事先在设置中创建并保存相应的模板。未完全编辑好时，ERP系统支持将旅游产品设计内容存为草稿，完成后点击"完成并保存"即可。新增模板页面如图4-1所示。

图4-1 新增模板页面

（二）定制模板的操作

添加完成的模板可以看作是旅游方案设计的初稿，用户可以在此基础上做修改。已经添加过的模板出现在单团旅游产品模板的页面中，可以点击添加好的模板，进行查看行程、编辑、删除、启用、复制新增等操作。模板的操作如图4-2所示。

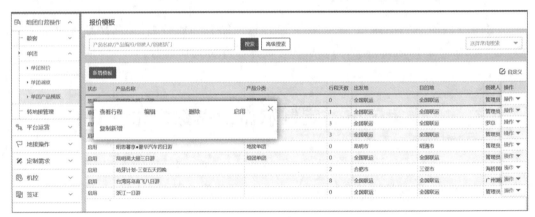

图4-2　模板的操作

二、定制旅游报价管理

由于模板只是一个半成品，用户可以对模板中的线路进行修改，旅游产品的价格根据修改内容的变动而变动。值得注意的是，用户要先在单团报价中添加预报价。操作步骤：计调—组团自营操作—单团—单团报价—添加预报价。添加预报价页面如图4-3所示。

图4-3　添加预报价页面

（一）订单信息

1. 填写团队信息和收客信息

客户信息和收客信息页面如图4-4所示。

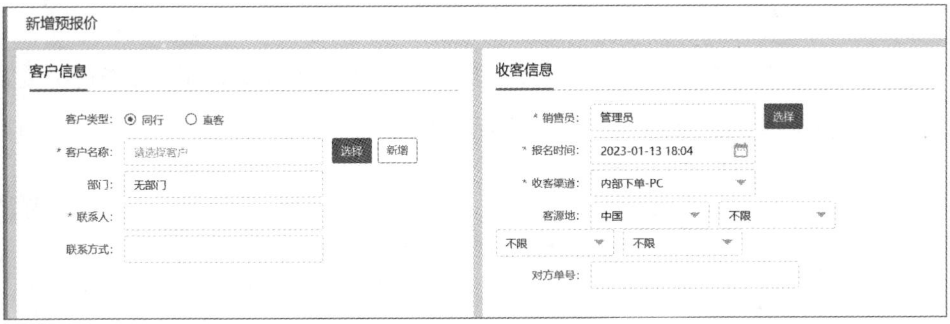

项目四 定制旅游业务数字化运营

图 4-4 客户信息和收客信息页面

2. 填写预订信息

预订信息页面如图 4-5 所示。

图 4-5 预订信息页面

3. 填写需求信息

填写旅游者的特殊需求，就会形成旅游团的档案文件，可以提醒导游、供应商等相关人员提供个性化服务，提高旅游者的旅游体验感。需求页面如图 4-6 所示。

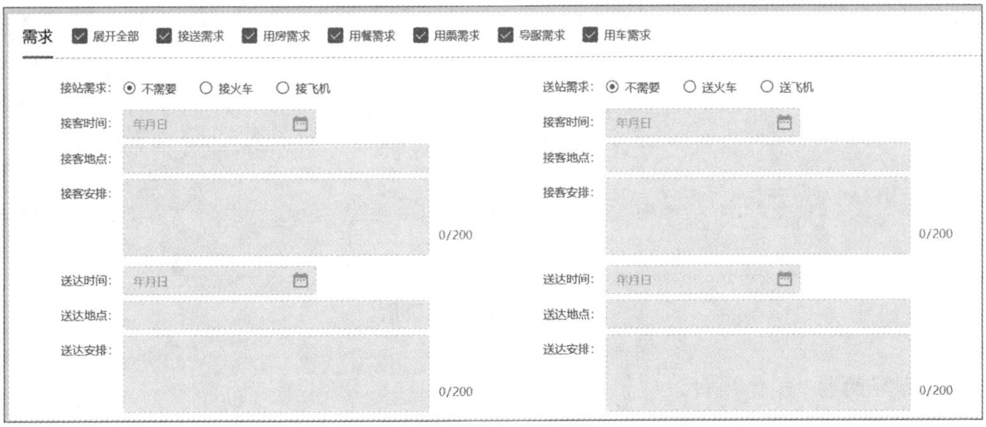

图 4-6 需求页面

4. 进行产品描述

填写产品描述信息时，系统支持已经发布地接产品管理中的模板，若选择复制模板，则行程内容无须再次填写。产品描述页面如图4-7所示。

图4-7 产品描述页面

5. 添加行程内容

如果有产品模板，可以导入模板，模板的内容会被复制到行程中，如果存在差别，可以在模板基础上进行修改。但若不使用模板则需要手动输入行程内容，可选择标准行程或自定义行程。标准行程页面如图4-8所示。

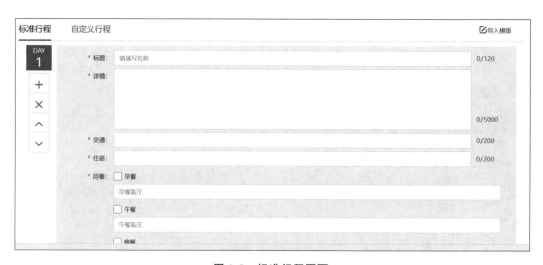

图4-8 标准行程页面

6. 填写购物、自费项目

购物、自费项页面如图4-9所示。

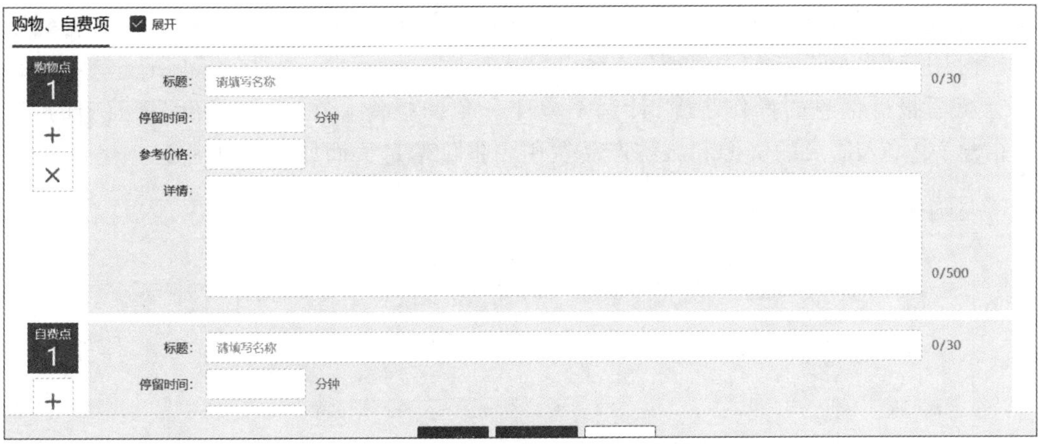

图 4-9 购物、自费项页面

7. 填写订单的其他说明

ERP系统支持使用模板，因此提前编制好模板，在模板的基础上进行修改可以大大提高工作效率。其他说明页面如图 4-10 所示。

图 4-10 其他说明页面

（二）定制旅游团费用

定制旅游团在对旅游产品进行咨询的时候，一般有两种情况：一种情况要求比较明晰，即已确定旅游目的地、旅游活动、住宿、餐饮、交通、景区等的规格，需要旅行社确定整个定制旅游团的费用；另一种情况是，定制旅游团给出了费用预算，需要旅行社进行旅游资源分配。

无论哪种情况，定制旅游团都希望旅行社快速给出旅游产品的价格。由于各种原因，定制旅游团可能需要调整旅游活动和接待规格，这就要求旅行社能够更快速地响应。ERP系统具有快速确定旅游产品价格的功能，同时还有预算功能，用以填写报价信息和旅游计划中的各项旅游资源，从而得出销售总价和成本总价。旅行策划师可以迅速向定制旅游团提供本次旅游的费用预估。如果定制旅游团对费用和旅游要素规格等有异议,可以在报价信息上进行调整,推演不同旅游计划安排的费用情况,直到定制旅游团满意为止。

填写报价信息的操作步骤:计调—单团—单团报价。在"单团报价"页面中的"报价信息"中填入需要的资源和旅游产品费用。报价信息页面如图4-11所示。

图4-11 报价信息页面

(三)报价信息

在确定定制旅游团费用后,一般会按照人头报价的形式向定制旅游团中的旅游者提供旅游产品的价格信息,即为成人、儿童、老人和婴儿等分别提供价格信息。此外,旅行社还可以采用分项目报价或整团报价的方式,根据具体情况提供费用信息。按人头报价页面如图4-12所示。

图4-12 按人头报价页面

(四)定制旅游团和导游信息

1. 添加其他信息

如果定制旅游团有特殊情况或特殊要求,用户可添加其他信息。其他信息页面如

图 4-13 所示。

图 4-13　其他信息页面

2. 添加全陪名单

全陪名单页面如图 4-14 所示。

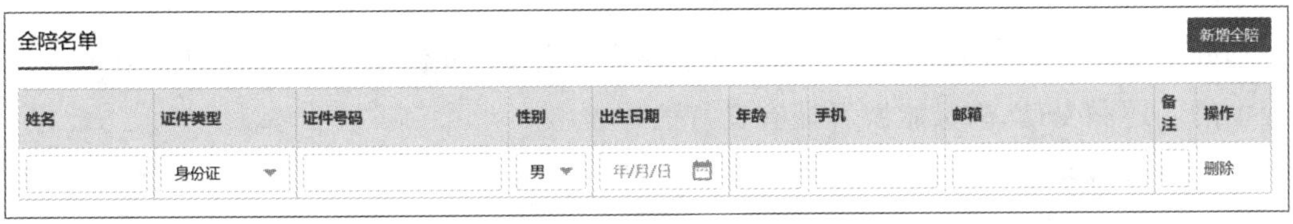

图 4-14　全陪名单页面

3. 编辑旅游者名单

导入旅游者名单的方式有两种,即导入名单和文本识别。游客名单页面如图 4-15 所示。

图 4-15　游客名单页面

上述信息填写完成后,有三种结果:如果还不能确定最终方案,点击"存为草稿";如果确认完成,点击"完成并保存";如果要取消该订单,点击"取消"。

(五) 报价信息的操作

报价后,可在单团报价列表中进行查看、修改、取消、确认成团、删除、渠道管理和复制报价操作(见图 4-16)。

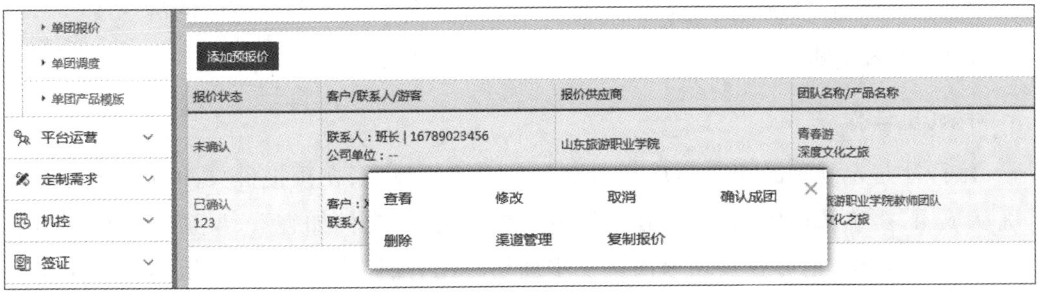

图 4-16　报价信息的操作

三、定制旅游团的管理

（一）管理的内容

定制旅游团的管理是指，在游前、游中和游后对旅游团队进行管理和服务，以确保旅游活动的顺利进行和定制旅游团的满意度，以下是定制旅游团管理的几个方面。

1. 导游服务

提供专业的导游服务，包括行程解说、景点介绍和文化传播。导游应具备良好的沟通能力和服务意识，能为旅游者提供准确、有趣和有价值的信息。

2. 行程安排和协调

确保旅游行程的顺利进行，包括景点参观、交通和餐饮安排。及时调整和协调行程中的问题和变动，确保旅游者拥有良好的体验感。

3. 服务质量管理

加强对旅游服务质量的管理和监督，确保供应商（如酒店、餐厅等）的服务质量符合要求。及时解决投诉和问题，为旅游者提供高质量的服务。

4. 人员管理

组织和管理旅游团队的人员，包括导游、司机和其他工作人员等，确保人员的配备和调度合理，能够满足定制旅游团的需求。

5. 财务管理

对定制旅游团的财务进行管理和监督，包括预算控制、费用核算和收支管理，确保财务的合规性和透明度。

6. 人文关怀

关注旅游者的需求和体验感，提供个性化的关怀和服务，包括旅游者的特殊需求、健康状况和饮食偏好等。

7. 反馈和改进

与定制旅游团进行沟通，了解旅游者对旅游服务的评价和建议。根据定制旅游团的反馈和团队执行情况，进行改进和优化，提高服务质量和定制旅游团的满意度。

（二）定制旅游团的操作

1. 成团操作

旅行社与定制旅游团在达成报价和旅行方案一致后，在预报价页面点击该行程的"确认成团"。确认成团后，可以在单团调度中进行操作，例如查看、渠道管理和复制报价。若无须报价，也可直接在单团调度中新增单团，操作步骤：计调—组团自营操作—单团—单团调度。单团报价页面如图4-17所示。

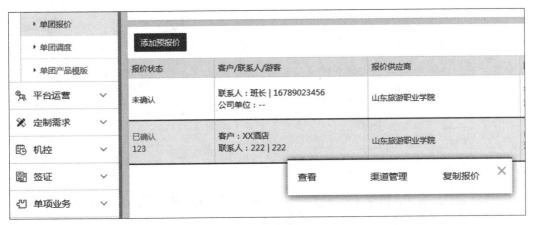

图 4-17　单团报价页面

在单团调度页面,可以进行新增单团、一键录单、批量结团、开发票申请操作。点击选择已成团的定制旅游团,可以进行查看详情、取消团队、转地接、查看导游报账等操作,已经结束的定制旅游团还提供"结团"选项。单团调度页面如图 4-18 所示。

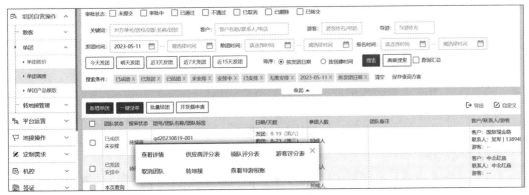

图 4-18　单团调度页面

2.定制旅游团的维护

选择要维护的定制旅游团,点击"查看详情",可以对本团信息进行补充和修改。定制旅游团维护页面如图 4-19 所示。

(1)团队操作。

在定制旅游团出发前,可以通过点击"取消团队"的方式取消该订单。出发后,则不可取消。

(2)修改团队信息。

如果原来的信息有误或不完整,可以通过点击"修改团队信息"的方式来修改对方单号、销售员、客户信息、客源地、收客渠道、团队信息、出游日期、需求、客户要求、行程、代收团款。

(3)修改人数。

增加人数和减少人数。

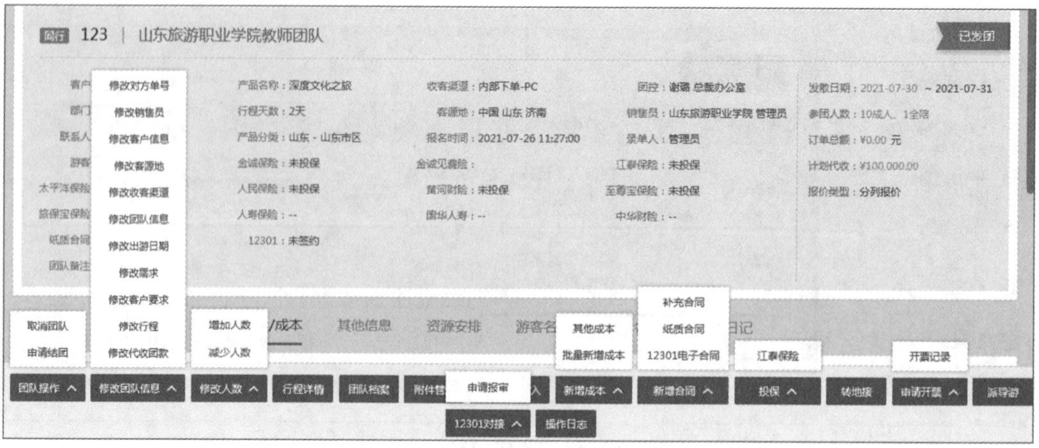

图 4-19　定制旅游团维护页面

（4）行程详情。

查看定制旅游团的行程。

（5）团队档案。

团队档案包括团队确认件、结算单、出团通知书、导游派团单。

（6）附件管理。

支持上传和查看单团相关文件。

（7）新增其他收入。

其他收入为有关非团款的收入，例如佣金收入等。

（8）新增成本。

新增成本包括"其他成本"和"批量新增成本"。

（9）新增合同。

与定制旅游团签订合同点击"新增合同"，可以是纸质合同，也可以是电子合同。

（10）转地接。

转地接是指将团队转交给负责接待的地接社。

（11）派导游。

当定制旅游团需要全陪时，旅行社需要安排导游。

（12）申请开票。

如需开具发票，可点击"申请开票"，填写开票信息，向财务发出开票申请。

（13）12301对接。

旅游者报名后，点击"12301电子合同"即可进入合同内容生成页面。系统会自动抓取订单中的内容。如有需要，旅游者可以在合同生成页面进行修改。确认合同内容后，点击"提交"，系统会自动将电子合同提交到全国旅游监管服务平台。

（14）操作日志。

在操作日志中可以查看单团的相关操作记录。

3. 调整收支信息

（1）查看定制旅游团盈利情况。

在团队详情页,点击"收入/成本"即可查看本团的收入、成本和毛利情况。单团盈利页面如图4-20所示。

图4-20 单团盈利页面

(2)调整收入。

当定制旅游团的收入有变动时,可以在团队详情页查看团队收入。需要对收入项目进行修改时,点击"编辑";如果不需要修改该服务项目,则点击"取消"。新增收入页面如图4-21所示。

图4-21 新增收入页面

如果需要新增服务项目并添加收入信息,可以点击"新增明细",然后编辑新增收入的信息。新增明细页面如图4-22所示。

图4-22 新增服务项目

如果需要进行收款操作,点击"收款"来发起收款申请。对于已经财务核销但需要退款的多余收款项,点击"退款"即可发起退款申请。现金收款页面如图4-23所示。

图4-23 现金收款页面

当需要多次调整收入时,可以在团队详情页的"收/退款信息"中查看,确认是否存在问题。

(3)调整成本。

可以对已经设立的成本项目进行编辑或删除操作。编辑其他支出页面如图4-24所示。

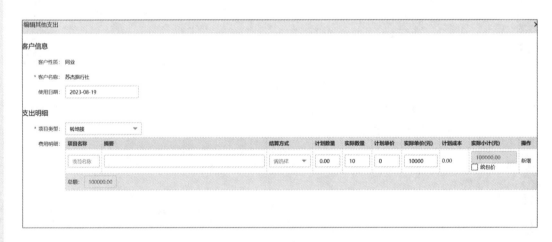

图4-24 编辑其他支出页面

点击"付款"来发起付款申请。经过付款审核后,财务将会支付相应款项给供应商。付款申请页面如图4-25所示。

项目四 定制旅游业务数字化运营

图 4-25 付款申请页面

4. 导游报账管理

(1)派导游。

在团队详情页,点击"资源安排",在导游安排中,点击"新增导游安排"。资源安排页面如图4-26所示。

图 4-26 资源安排页面

在导游安排页面的导游计划表中选择要指派的导游。如果所选导游不在导游计划表中,则需要进行"添加导游"操作。操作步骤:资源—资源管理—导游管理—添加导游。导游安排页面如图4-27所示。

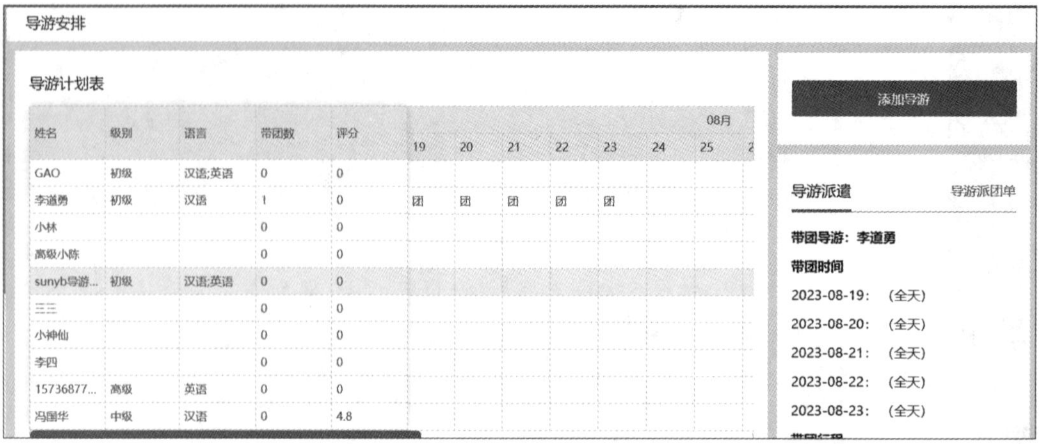

图 4-27　导游安排页面

在打开的导游信息中,选择需要导游带团的行程。导游薪酬结算方式、金额和结算方式可以选择按天计算或按团计算。同时,需要提前设计好导游的集合时间、地点,以及餐标和注意事项等。信息填写完毕后,点击"确定",导游安排操作就完成了。导游信息页面如图 4-28 所示。

图 4-28　导游信息页面

(2)导游管理。

派导游操作完成后,在团期详情的资源安排里就出现了导游安排的信息。导游安排信息如图 4-29 所示。

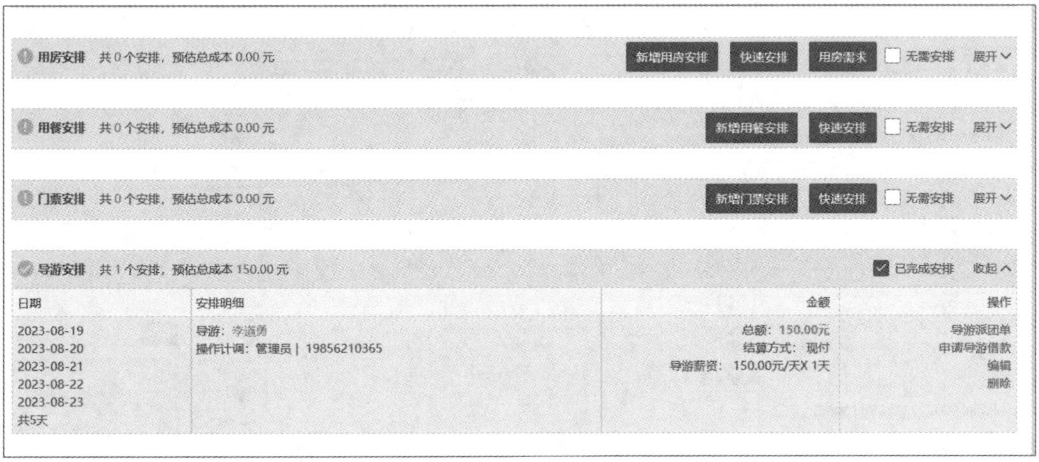

图 4-29　导游安排信息

点击"导游派团单",可以查看和修改导游排团单的内容。有两种显示方式,即标准版展示和简版展示。在标准版展示中,根据需要勾选条目,如定制旅游团的收入信息。如果需要向导游展示团队收入信息,则勾选相应选项;否则不用勾选。导游派团单可以导出、打印或转发为二维码。导游派团单如图4-30所示。

图 4-30　导游派团单

更改选派的导游信息时,可以通过删除该导游并重新添加,也可以通过修改带团信息的方式进行。修改导游信息如图4-31所示。

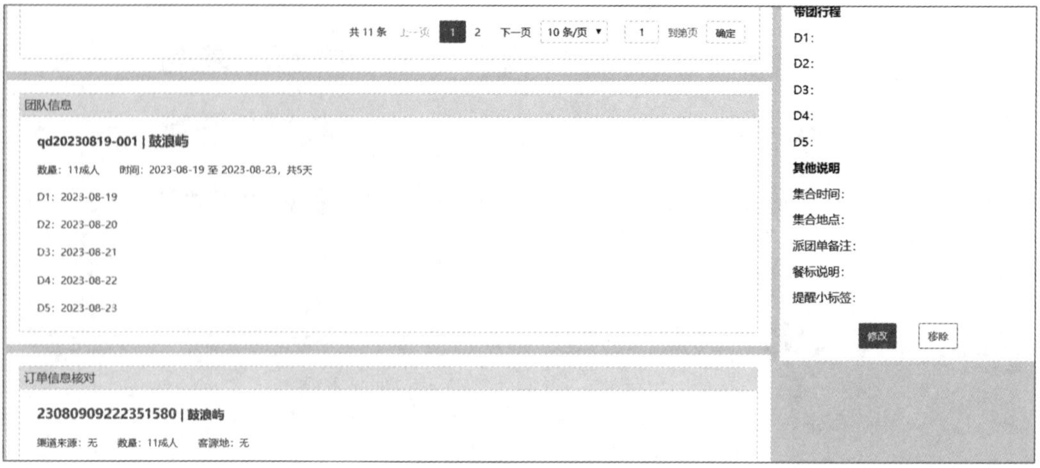

图 4-31　修改导游信息

如果定制旅游团需要导游现付款项，导游需先行借款支付。在定制旅游团行程结束后，导游可以拿相应的票据进行报销。当导游需要借款时，点击"申请导游借款"，帮助导游向财务发出借款申请，并填写借款金额、付款渠道以及收款账户（非现金情况下）。上传相关附件后，等待财务核销通过，导游即可领取借款。导游借款页面如图 4-32 所示。

图 4-32　导游借款页面

导游借款的信息可以在"导游借款"中查询，具体操作步骤：计调—导游—导游借款。在导游借款管理中，可以查看导游借款的审核状态（待审核、审核中、审核通过和审核不通过）和账单状态（未结清和已结清），以便协助、提醒和管理导游。点击"借款单"，可以查看借款详情并撤销借款审核。导游账单如图 4-33 所示。

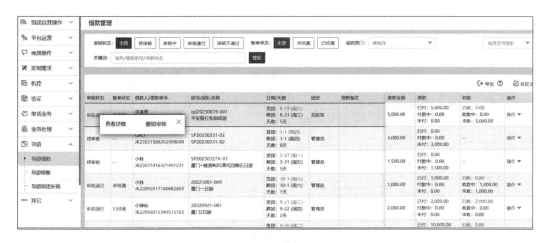

图 4-33　导游账单

定制旅游团结束后,导游前来报销费用,旅行社可以查看并审核报销。具体操作步骤:计调—导游—导游报账—计调代报账,即可进入"计调代导游报账"页面。导游报账的操作如图 4-34 所示。

图 4-34　导游报账的操作

在"计调代导游报账"页面,旅行社可以审核导游报账的信息和相关单据,审查支出与收入的合理性和真实性。如果有需要修改的内容,可在该页面上进行修改,确定无误后,点击"提交申请"。报账人即为审核人,则可以点击"提交并审核通过"。计调代导游报账页面 4-35 所示。

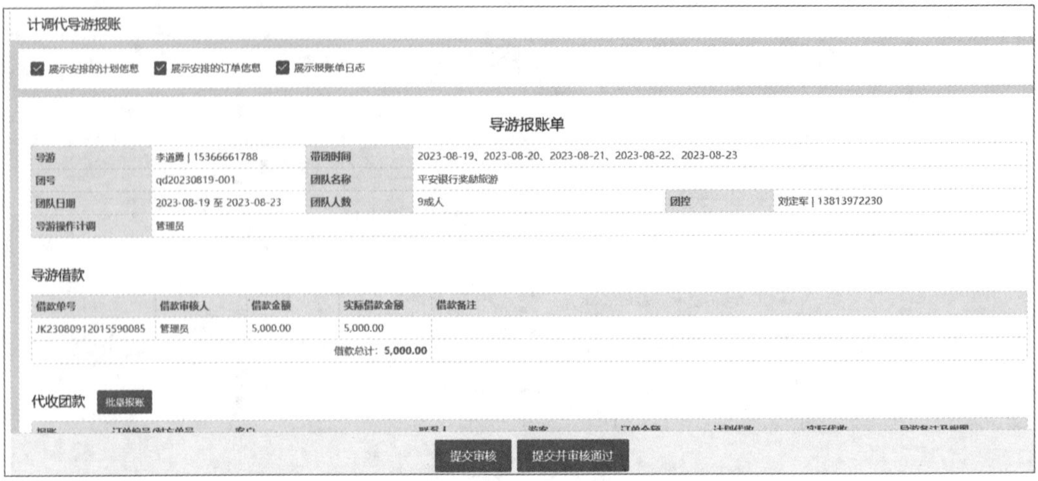

图 4-35　计调代导游报账

对于审核通过的借款,导游可以查看详细信息。确认无误后,可以生成"导游报账单"。导游报账单如图 4-36 所示。

图 4-36　导游报账单

对于已生成的账单,旅行社相关部门可以查看导游应缴款项、导游报销金额以及两者抵消后旅行社应收回的余额。如果发现错误,可以修改账单。

旅行社应尽快收回导游抵消后的余额,或者及时退还导游多付的款项。无论哪种情况,都需要点击"添加收款"。在"添加收款"页面,核对导游报销信息,确认无误后,点击"保存"。此时账单将进入财务收款管理流程。财务核销完成后,导游的报账流程完成,账单状态将显示为"已结清"。添加收款页面如图 4-37 所示。

图 4-37 添加收款页面

教学互动
Jiaoxue Hudong

如果你要招聘一位运营旅行社平台的员工,你认为他应具备什么能力?

评价标准
Pingjia Biaozhun

序号	评价项目	评价内容	分值/分
1	定制旅游产品策划	精准把握定制旅游团的需求、明确旅游主题,旅游行程和资源安排合理、有峰值体验活动设计;ERP系统操作无误	50
2	定制旅游产品报价	报价及时、准确,能够使用两种报价方式;ERP系统操作无误	20
3	定制旅游产品管理	能够满足定制旅游团的个性化要求;ERP系统操作准确	30

项目小结

本项目涵盖了旅行社定制旅游业务的概念、特点、发展趋势以及定制旅游业务的运营模式、一般流程等。定制旅游业务数字化管理包括定制旅游模板设计、定制旅游报价管理以及定制旅游团的管理等。通过学习本项目,学生可以实现定制旅游业务流程的数字化,进而提升业务管理效率和协作效能。

项目训练

有一个由10名退休高知群体组成的旅游团,希望参加为期5天的养生旅游行程,注重休闲、养生、文化交流和自然体验感。以下是一家旅行社提出的设计方案。

作为专业的旅行策划师,我为您设计了一个以"康养"为主题的国内5日旅游行程计划,专门为退休高知群体量身定制,注重休闲、养生、文化交流和自然体验。

- 具有特色。
- 精选环境优美、空气质量好的旅游目的地。
- 安排专业的养生讲座和体验活动。
- 融入当地文化,与当地艺术家和手工艺人交流。
- 住宿选择以舒适、安静、服务周到的酒店或康养中心。
- 具体行程。

D1:抵达杭州。

上午:抵达杭州萧山机场,乘坐专车前往酒店。

下午:入住西湖边的康养酒店,休息调整。

晚上:欢迎晚宴,介绍行程和注意事项。

D2:西湖一日游。

上午:游览西湖,乘坐游船欣赏湖光山色。

中午:在湖边餐厅品尝杭州特色菜肴。

下午:参观中国茶叶博物馆,深入了解中国茶文化。

晚上:参加养生讲座,学习简单的太极拳或气功。

D3:乌镇水乡体验。

上午:前往乌镇,游览古镇,感受江南水乡的宁静与美丽。

中午:在古镇品尝当地特色小吃。

下午:参观乌镇木心美术馆,与当地艺术家交流。

晚上:返回杭州,自由活动或参加酒店的养生活动。

D4:杭州文化探索。

上午:参观杭州植物园,享受自然环境,呼吸新鲜空气。

中午:在植物园附近的健康餐厅用餐。

下午:参观浙江省博物馆,深入了解浙江的历史文化。

晚上:自由活动,可选择在酒店享受足浴服务等。

D5:离开杭州。

根据返程航班时间,安排专车将旅游者送至机场。

提供简单的健康小礼包,包括茶叶、精油等当地特产。

· 旅行小贴士。

(1)根据个人健康状况,适量参加户外活动。

(2)注意饮食健康,尽量选择清淡、营养均衡的食物。

(3)保持充足的睡眠,维持良好的心情和精神状态。

(4)随身携带常用药物,以备不时之需。

(5)此行程计划充分考虑了退休高知群体的特殊需求,力求在旅行中达到身心放松和健康养生的目的。希望这个行程能为您的团队带来一次愉快的康养之旅。

请完成以下工作任务。

(1)根据ERP系统,更新上述方案并将方案完整上传至ERP系统。

(2)为该方案设计宣传海报,并上传至ERP系统。

(3)定制旅游团希望增加在杭州游玩的时间,将返程时间推迟到下午。因此,需要改签航班,并增加改签费用200元/人,在ERP系统上进行相关操作。

项目五
旅行社平台业务数字化运营

 思维导图

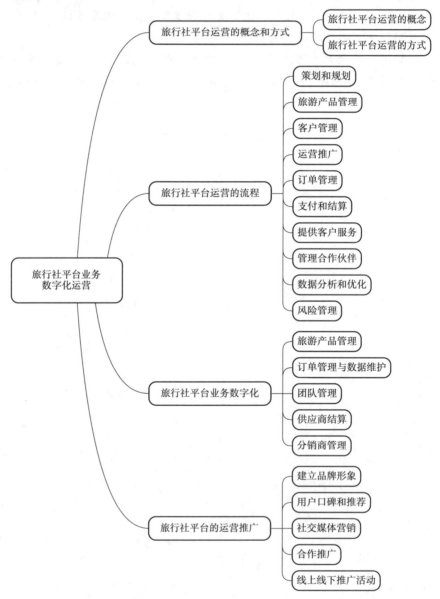

项目五　旅行社平台业务数字化运营

　　无论是散客组团旅游产品还是定制旅游产品,都由旅行社自行设计、开发和运营。然而,受限于自身资源,一家旅行社开发的旅游产品数量有限,难以满足游客多样化和个性化的需求。因此,如果市场上存在特别优秀的旅游产品能够弥补这一不足或更好地满足市场需求,旅行社就会选择代销这些产品,通过获取佣金来增加收入。旅行社通过代销旅游产品的行为被称为平台运营。平台运营需要遵守一系列流程,其中选择优秀且适合的旅游产品是第一步,也是至关重要的一步。对于促销和代销的旅游产品而言,扩大销售量、有效管理订单,并将销售数据转化为大数据,为平台业务决策提供重要参考,具有极其重要的意义。此外,旅行社还需妥善处理与供应商的结算事务,维护好双方的合作关系,督促分销商及时支付款项,确保及时回收应收账款。

知识目标

(1) 了解旅行社平台运营的概念。
(2) 掌握平台运营的流程和内容。

能力目标

(1) 能够完成旅行社平台运营的系统操作。
(2) 能够管理和维护旅行社平台的客户。

素养目标

(1) 具有统筹规划能力。
(2) 具备风险管理意识。
(3) 具有数据分析能力。

　　山东某国际旅行社旗下拥有21家子公司。此外,在山东设有40多家旅游销售门市,业务范围涵盖出境旅游、国内旅游、入境接待、商务考察、会议会展、文化交流、旅游运输、航空票务、包机、专列旅游,以及组织主题冬令营和夏令营等活动。该旅行社代理全国各地的出境和国内旅游产品。

学习任务

任务1　平台运营规划

任务描述：小组讨论,该旅行社如何进行平台运营,包括制定选品内容与规则、促销方式等。整理小组讨论结果,并撰写建议书。

任务目标：通过此任务,学生可以更好地理解旅行社平台运营的概念和流程。

任务2　平台运营产品管理

任务描述：旅行社决定代销以下旅游产品,请将这些旅游产品上传至ERP系统,并制定团期计划。

"寻味文化伴夕阳——北京文化休闲三日游"行程单

(一)行程安排

D1:早上乘坐高铁前往北京,接待员将在高铁站恭候贵宾,并安排专车接站。

11:30在江南尚食享用午餐,约1小时。

12:30前往颐和园,参观游览颐和园(预计时间约为2.5小时)。

颐和园始建于1750年,是东方养生文化与福寿文化的杰作,传承着"颐式养生"之道,融合了中国传统的养生方式与人文哲学。

15:00在知春亭学习茶道。

茶道是一种烹茶、品茗的生活艺术,是以茶为媒的生活礼仪,也是一种修身养性的生活方式。茶道通过泡茶、品茗、聆听茶香、饮用茶水,有助于增进友谊、培养心灵、学习礼仪,体验传统美德,是一种有益的仪式和美学。饮茶可以静心、净心,有助于陶冶情操,净化思绪。

17:30乘车前往香山饭店。

18:30在香山饭店享用晚餐(约1小时)。

晚餐后,贵宾可自由活动,例如去酒店的按摩店、游泳馆、保龄球馆、健身房等地放松身心。

用餐安排:早餐——无;午餐——江南尚食;晚餐——香山饭店。

住宿安排:香山饭店。

D2:早上在酒店享用早餐。早餐后,8:30在大厅集合,前往香山游览赏景(约3小时)。

香山公园位于北京西郊,地势险峻,苍翠连绵,是一座具有山林特色的皇家园林。香山公园树木繁多。香山是北京负氧离子较高的地区,被称为避暑胜地、天然氧吧。其中,香山的红叶驰名中外。

12:00在香山饭店用午餐,品尝北京美食(约1小时)。

午餐结束后,休息1小时。

14:00乘车前往碧云寺,聆听高僧诵经念佛,学习禅修吐纳之法。

禅学的作用在于使人达到"泰然"的状态,意味着放下自我,摒弃贪婪与执着。

18:00在香山饭店享用晚餐(约1小时)。

晚餐后,贵宾们可以继续在香山夜晚的天然氧吧中漫步,聆听诵经声,享受宁静的夜晚。

D3:在香山饭店享用早餐后,8:00在饭店大厅集合,打包行李并退房。

8:30乘车前往什刹海(距离约25千米)。

在什刹海(游览时间约1.5小时),可以欣赏到银锭观山、柳岸风荷等历史悠久的自然景观。在这些老街胡同中,在银锭桥边,品尝一杯盖碗茶,欣赏京剧,尝试京味点心,享受这份宁静与惬意。

12:00在德流光京城菜馆品尝老北京家常菜(约1小时)。

午餐后,专车将贵宾们送往高铁站,行程结束。

用餐安排:早——香山饭店;中——德流光京城菜馆;晚——无。

任务目标:通过该任务,学生将学会如何进行产品的更新。

任务3 平台订单管理

任务描述:以三种方式为三组游客下订单,游客使用现金付款。将三个订单进行拼团。结团后,与供应商结算,并向财务提交付款申请。

任务目标:通过此任务,学生将学会如何处理客户订单以及如何与供应商进行结算付款。

第一节 旅行社平台运营的概念和方式

一、旅行社平台运营的概念

旅行社平台运营是指,旅行社通过互联网和相关技术手段,以旅行社为主体,在线上提供旅游产品和旅游服务,进行市场推广、订单管理、客户服务等一系列运营活动。

二、旅行社平台运营的方式

由于具体情况和业务模式的不同,旅行社平台的运营方式存在差异。以下是一些常见的旅行社平台运营方式。

(一)中介模式

旅行社平台作为一个中介平台,连接着旅游供应商和分销商、旅游消费者,提供旅游产品的展示、预订和支付等。平台主要负责旅游产品的展示、交易撮合和支付结算等。

（二）众包模式

旅行社平台通过众包的方式，吸引旅游消费者或专业导游等，为他们提供旅游产品和旅游服务。平台负责旅游产品的审核、发布、订单管理和支付结算等。

（三）合作模式

旅行社平台与其他旅游相关企业进行合作，共同提供旅游产品和旅游服务。合作伙伴可以是酒店、航空公司、景点等。平台负责旅游产品的整合、销售等。

（四）社区模式

旅行社平台通过建立旅游社区，吸引旅游消费者分享旅游经验、提供旅游攻略和建议等。平台负责社区的运营、内容管理等。

（五）分销模式

旅行社平台与其他旅游平台或代理商进行合作，分销旅游产品。平台负责旅游产品的展示、分销渠道的管理等。

以上是一些常见的旅行社平台运营方式。在实际运营中，旅行社可以根据自己的定位、资源和市场需求等选择合适的运营方式，或者采用多种方式相结合的运营方式。不同的运营方式有不同的特点和优势，旅行社需要根据具体情况进行选择和调整。

第二节　旅行社平台运营的流程

旅行社平台是将旅游资源聚集起来，并实现与旅游产品交易相关的多方的联结。旅行社平台运营的一般流程如下。

一、策划和规划

确定旅行社平台的目标和定位，制定运营策略和规划，包括确定目标市场、旅游产品定位、市场推广策略等。

二、旅游产品管理

旅行社平台通过线上渠道提供各类旅游产品和旅游服务，包括旅游线路、酒店、机票、景点门票、旅游保险等。消费者可以通过平台浏览、选择和预订旅游产品。

（一）选品管理

旅行社平台运营的旅游产品应该是精挑细选的,不应"多多益善",更不应"唯利是图",即只选择利润高的旅游产品。选择什么样的旅游产品至少要从以下三个维度进行考察。

其一,市场的维度。紧跟市场变化,选择能够满足市场需求的旅游产品。

其二,旅行社自身的维度。旅行社要打造自己的品牌形象,选择有利于自己品牌形象塑造的旅游产品。例如,一家致力于打造"研学旅游专家"品牌形象的旅行社,就要选择与研学旅游有关的旅游产品。另外,旅行社还要考虑旅行社目标消费人群的定位,选择与旅行社目标消费市场相一致的旅游产品。例如,一家旅行社的目标消费人群以商务旅行者为主,那么这个旅行社就不要选择低价位的大众旅游产品。

其三,供应商的维度。旅行社需要考察供应商的经营状况和信誉。如果供应商实力太弱,没有能力进行市场推广,市场推广的工作只能由旅行社完成,这样旅行社的成本就会增加;否则就会产生销量不佳的情况。如果供应商信誉不佳,旅游产品的质量无法保证,退团和投诉的可能性也会增加。

（二）旅游产品运营

旅行社平台需要具备旅游产品运营的能力,包括旅游产品的管理和发布、旅游产品的定价和组合、旅游产品的创新和差异化等。优质的旅游产品可以吸引更多的旅游者,提升旅游者的满意度和留存率。

三、客户管理

旅行社平台需要具备良好的客户管理能力,包括客户注册、登录、个人信息管理、客户服务和支持等。旅行社通过有效的客户管理能力,可以提供个性化的客户体验感和服务,增加客户黏性和忠诚度。

四、运营推广

通过运营推广,旅行社可以制定和执行旅行社平台的运营推广策略,包括市场营销、社交媒体推广、搜索引擎优化等。旅行社可以通过各种渠道获取客户,以提升旅行社平台的知名度和客户基数。

五、订单管理

旅行社平台通过订单管理系统接收、处理、确认和跟踪客户的旅游订单,确保订单的准确性和及时性。

六、支付和结算

通过支付和结算,旅行社可以管理旅行社平台上的支付和结算流程,包括在线支付、退款处理、财务结算等,确保支付安全和结算准确。

七、提供客户服务

旅行社通过平台可以提供客户支持和服务,包括在线咨询、投诉处理、售后服务等。旅行社通过在线渠道解答客户问题,可以确保客户问题的有效解决和客户需求的有效满足。

八、管理合作伙伴

旅行社需要与供应商、广告商等加强合作与协商。良好的合作伙伴管理能力可以拓展旅行社平台的资源和服务能力,为消费者提供更多元化的旅游产品和旅游服务。

九、数据分析和优化

通过数据分析和优化,旅行社可以了解旅行社平台的运营情况、客户行为和市场趋势。根据数据分析,旅行社可以进行旅游产品和旅游服务的优化和改进,提升客户体验感和运营效果。

十、风险管理

通过风险管理,旅行社可以识别和管理旅行社平台运营过程中遇到的风险和挑战,包括安全风险、法律风险等,从而采取相应的措施,降低风险对旅行社平台的影响。

第三节　旅行社平台业务数字化

一、旅游产品管理

经过策划和规划,旅行社接下来要选择优秀的供应商和旅游产品。供应商或旅行社上传的旅游产品必须经过审核,才能在平台上销售。

(一)新增旅游产品

新增旅游产品的方式有两种:一是供应商上传旅游产品,旅行社平台进行审核;二是旅行社平台直接上传旅游产品,无须进一步审核。操作步骤为:计调—平台运营—产品管理—线路管理—新增产品。新增产品页面如图5-1所示。

在新增产品页面,填写旅游产品的基本信息。如果存在类似的旅游产品,可以选择复制该产品,并在此基础上进行修改。新增产品基本信息页面如图5-2所示。

填写行程信息时,可以选择标准行程或自定义行程,包括购物、自费项目、其他说明、备注信息、服务标准、集合站点以及附件上传等操作。标准行程页面如图5-3所示。

项目五 旅行社平台业务数字化运营

图 5-1 新增产品页面

图 5-2 新增产品基本信息页面

图 5-3 标准行程页面

合作客户信息页面如图5-4所示。

图5-4　合作客户信息页面

（1）选择供应商。

新增代售旅游产品时，必须选择供应商。新增供应商可以在"客户"—"供应商"处进行添加。

（2）选择同步渠道。

系统提供两种可选渠道：直客销售和同业批发。

（3）接待社。

填写接待社名称，接待社一般由供应商提供。

（4）指定分销商可见。

如果要指定分销商可见，就需要填写旅行社指定的分销商。这意味着该旅游产品只能在指定的销售渠道中进行销售。例如，如果旅行社与某些分销商共同进行促销活动，则可以指定特定的分销商可见。如果不进行选择，则表示旅行社所有的分销商都可以销售该旅游产品。

旅游产品新增内容完成后，如果需要进行修改，则点击"存为草稿"。如果新增旅游产品内容已确定，则点击"完成并保存"。此时，系统会提示"是否新增计划"，点击"是"即可进入发布计划页面；点击"取消"则仅保存旅游产品。

上传并审核通过的旅游产品将出现在线路管理页面的列表中。在列表中，相关人员可以自定义查看每个旅游产品的名称、分类、行程天数、发布部门、供应商等，还可以进行批量处理，如批量进行渠道管理操作和批量下架操作。在列表上方，可以依据供应商和旅游产品审核状态等快速查询旅游产品。点击特定的旅游产品，可以进行查看行程、查看计划、编辑计划、下架、复制新增、上传海报等操作。线路管理操作页面如图5-5所示。

图5-5 线路管理操作页面

（二）新增收客计划

与新增产品一样，新增收客计划也有两种方式：一是供应商在平台上上传计划；二是旅行社在平台上开售计划。操作步骤有两种：计调—平台运营—产品管理—收客计划—新增计划；在线路管理的产品列表中选择要开计划的产品，然后点击"编辑计划"。新增收客计划页面如图5-6所示。

图5-6 新增收客计划页面

在收客计划页面，选择发团日期并填写订单相关信息。填写订单相关信息页面如图5-7所示。

选择套餐标准，按照预设的报价类型，为不同分销渠道设定报价，同时根据供应商的费用、预估成本和设定最低售价填写不同套餐标准的库存数量。产品报价页面如图5-8所示。

如果游客需要增加行程计划中未提供的额外服务，可以在新增计划中列出。例如，有些游客可能要求单独的房间，或需要增加从车站、码头到酒店的接送服务等。为了满足游客的个性化需求，可以在其他费用中新增其他服务项目供游客选择。新增其他费用和项目页面如图5-9所示。

图 5-7 填写订单相关信息页面

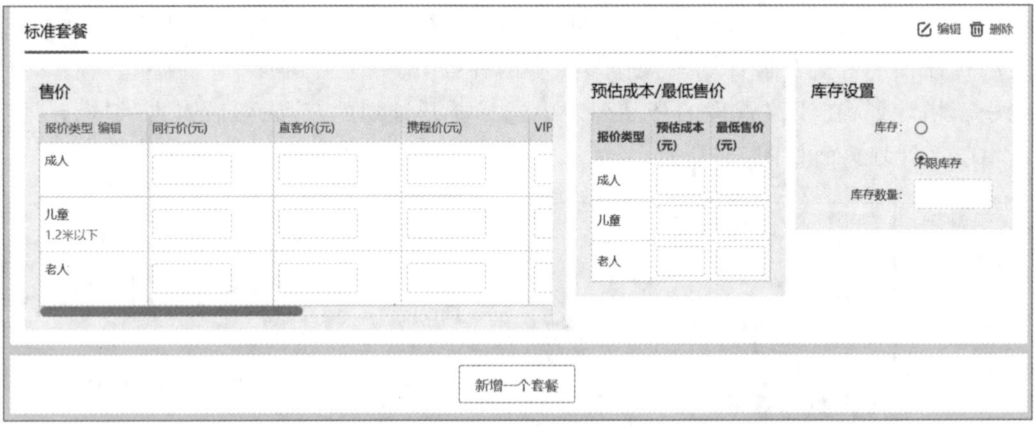

图 5-8 产品报价页面

图 5-9 新增其他费用和项目页面

所有已创建的计划都将出现在收客计划列表中,此时游客可以进行报名和下单。在列表中,旅行社可以查看旅游产品名称、计划编号、出发日期、计划数、余位订单数等信息。根据这些信息,旅行社可以执行进一步操作,如批量删除等。旅行社可以选择某一收客计划,进行查看计划、编辑计划、停售、删除、开启补录订单等操作。在收客计划的上方,旅行社可以根据收客计划的状态、旅游产品名称、出发日期等进行快速搜索和定位,方便查找和操作。收客计划页面如图5-10所示。

图 5-10　收客计划页面

二、订单管理与数据维护

(一)订单管理的内容

旅行社订单管理是旅行社运营中非常重要的一环,涵盖了订单接收、订单确认、支付管理等。通过有效的订单管理,旅行社可以提供高效、准确且令人满意的旅游服务,从而提升游客体验感和品牌口碑。

1. 订单接收

旅行社通过在线平台、电话、邮件等接收游客提交的旅游订单。订单接收包括游客的个人信息、出行日期、旅游产品选择、人数等。

2. 订单确认

旅行社在接收订单后,需要对订单进行确认。这包括核对订单信息的准确性以及旅游产品的可用性、价格的正确性等。确认后,旅行社会向游客发送订单确认通知。

3. 支付管理

旅行社负责管理订单的支付流程,包括向游客提供支付方式和支付链接,跟踪游客的支付情况,确保支付的安全性和准确性。

4. 订单变更和取消

旅行社需要处理订单变更和取消请求,包括行程日期、人数、旅游产品选择等方面的变更或取消。旅行社会根据规则和合同规定处理这些请求。

5. 行程安排和确认

旅行社负责对订单进行行程安排和确认,包括酒店预订、机票预订、景点门票预订等。旅行社还需要与供应商沟通和协调,以确保行程的顺利进行。

6. 出行准备

旅行社向游客提供出行准备的相关信息,包括行程安排、行李要求、签证办理、健康和安全提示等。旅行社可以提供旅游手册、导游服务等,帮助游客做好出行准备。

7. 售后服务

旅行社负责处理游客的售后服务需求,这可能包括游客的投诉、退款申请以及行程中的问题解决等。旅行社需要及时响应客户的需求,提供满意的售后服务。

8. 数据统计和分析

旅行社对订单数据进行统计和分析,以了解订单的情况和趋势。这有助于旅行社进行业务决策,优化旅游产品和服务,提升游客满意度和旅行社平台的运营效果。

(二)订单管理的操作

当游客对旅行社代销的旅游产品感兴趣并决定报名下单时,操作步骤有以下两种:计调—平台运营—收客计划—报名下单;销售—散客—散客报名—报名下单。报名下单页面如图5-11所示。在打开的报名下单页面中,选择拟参团日期和要选购的套餐类型。根据设置要求,填写客户信息、收客信息和预订信息,其中带红色星号的是必填项,即必须填写的项目。预订信息中的其他费用可以直接修改单价。例如,某游客想升级住宿标准,可直接增加200元。在游客报名下单后,系统会自动生成应付供应商的成本,并可在订单详情中发起收付款申请、修改订单信息、发起合同、申请开票、上传与订单相关的文档、导出订单确认件、结算件和出团通知书等。随后,旅行社需上传附件并填写备注信息。备注信息分为内部备注、分销商备注和供应商备注,分别对应内部账号、分销商账号和供应商账号。

图5-11　报名下单页面

下单成功的订单可以通过"计调"—"平台运营"—"订单管理"—"线路订单"进行查看订单、取消订单、锁单、发起收款等操作。如果属于同一分销商代销的多个订单,可以发起批量收款。对于具有相同操作的多个订单,可以采用批量锁定或批量解锁。订单管理页面如图5-12所示。

图 5-12　订单管理页面

如果需要对订单进行更多操作,可点击"查看订单"进入订单详情页面。在订单详情页面,可以查看订单的基本信息,并进行收款、付款、订单操作、修改订单信息、新增成本、新增合同、投保、订单档案、申请开票、12301对接、附件管理等操作。订单修改页面如图5-13所示。

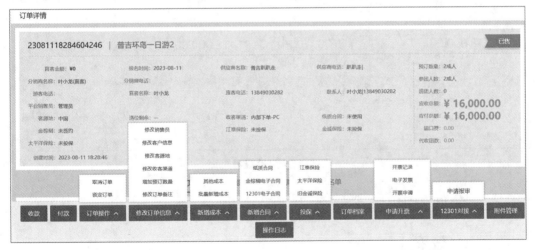

图 5-13　订单修改页面

如果在已经生效的订单中,某些游客不能按计划跟团旅行,需要取消,请在"退款调账"—"退团信息"—"发起退团"中进行操作(见图5-14)。在退团申请中,填写退团信息和退团原因,并输入应返还给游客的团费、应向分销商退还的金额和应向供应商支付的金额。在退账调账页面,可以查看退团信息,并点击"查看"或"取消"。点击"处理"后,在退团处理页面选择"通过"或"不通过",并填写原因。

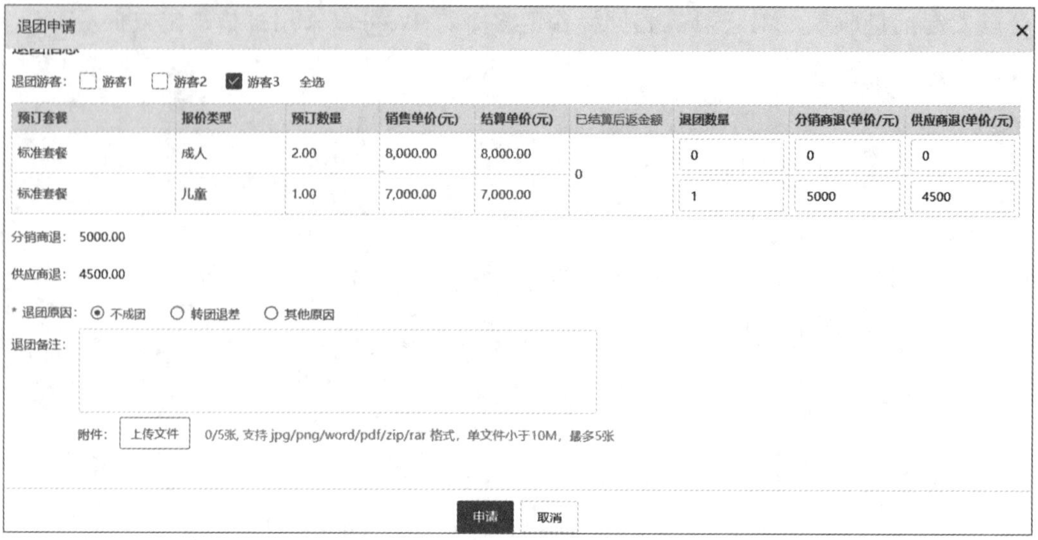

图 5-14　退团申请页面

关于订单的款项变动情况,可在订单详情中的金额明细中查看收款、付款和退款等信息(见图 5-15)。在其他费用汇总中,还可以根据游客需求新增其他服务项目或某些服务项目的订单。

图 5-15　订单查看页面

三、团队管理

(一)订单拼团

旅行社在与供应商及分销商结算时,可能不会逐单结算,而是约定某个周期进行结算,如月结或季结等。因此,旅行社需要将一些零散的订单合并到一个订单上统一结账。拼团的方式可以是将某一时期的某个供应商的所有订单合并,或将该时期的某个分销商的所有订单合并。具体采用哪种方式取决于旅行社的业务需求。订单可以合并成一个新团,也可以加入已有的团队中。操作步骤:计调—平台运营—团队管理—订单拼团。选择需要拼团的订单,点击"拼团",进入拼团页面。在拼团方式中选择"拼到新团队"或"拼到已有团队中"。如果选择"拼到新团队",需要为团队命名并指定团控等信息;如果选择"拼到已有团队中",需要找到要拼团的团号,选择后会显示该团的团队名称、产品分类、团控等信息(见图5-16)。

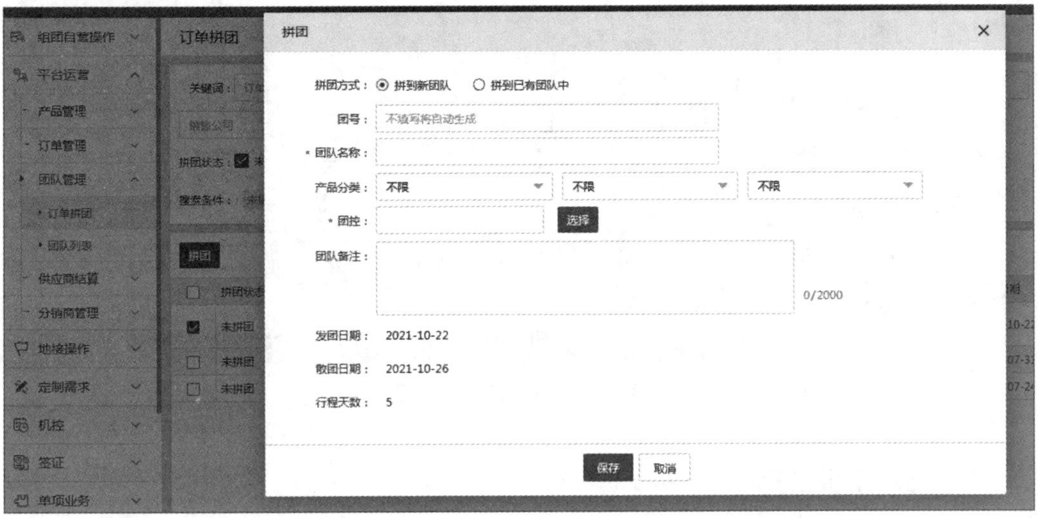

图 5-16　拼团页面

(二)团队操作

拼好的团将出现在团队列表中。点击"账单"进入团期详情页面,然后点击"团队账单"按钮,就可以查看旅游团的整个账单信息了(见图5-17)。

图 5-17　团队账单

在团队详情中,旅行社相关人员可以查看团队信息并进行修改(见图5-18),例如取消拼团、修改团队信息、新增成本(如单房差等团费外费用)、新增其他收入、批量付款、

12301对接、投保（为团队游客投保）等。在团期详情页,旅行社相关人员还可以查看收入、成本与毛利情况,以及退款和付款信息。

图5-18　旅游团管理页面

四、供应商结算

与供应商的账务往来可以通过"代售产品对账单"进行查看,操作步骤:计调—平台运营—供应商结算—代售产品对账单。供应商结算页面如图5-19所示。查看代售的各供应商订单,选择要为供应商付款的订单。如果旅行社定期与供应商结算,可以发起批量付款,但请注意,批量付款的供应商必须是同一家。供应商端也可以主动发起付款申请,旅行社需进行审核。操作步骤:计调—平台运营—供应商结算—供应商结算申请。当供应商发起付款申请时,通常需要经过审批流程。负责审批的第一责任人一般是计调或引入供应商的负责人,他们通常掌握与供应商之间的账务往来情况。审批流程完成后,财务部门才会进行核销和付款。

图5-19　供应商结算页面

在付款登记页面，旅行社相关人员可以查看应付供应商的金额、端口费金额、冲抵后金额，并填写本次付款金额、付款渠道及上传给供应商的有关结算文件。在代售产品对账单的列表中，旅行社相关人员可以查看与每个供应商的结算情况，包括是否有付款、已付款金额、未支付金额及是否已核算等，方便旅行社进行管理或查账。供应商对账页面如图5-20所示。

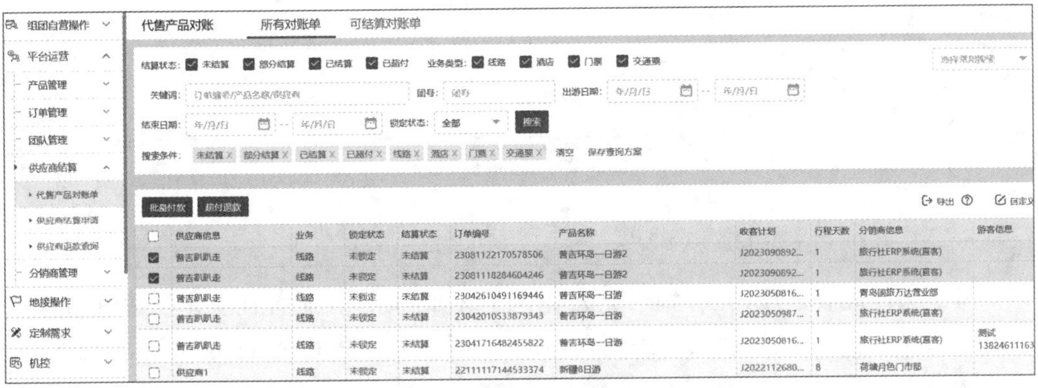

图5-20　供应商对账页面

五、分销商管理

需要对分销商建立有效的销售监控机制，以跟踪其销售情况和业绩，并评估其销售能力和贡献度。旅行社可以通过销售报表和销售数据分析等方式进行分销商管理，及时发现问题并采取相应措施。在佣金结算和费用管理方面，需确保佣金结算的准确性和及时性，建立明确的结算流程和标准，避免因佣金问题引发纠纷。同时，旅行社还应合理管理与分销商相关的费用，如市场推广费用和培训费用，确保资源的有效利用。此外，旅行社可以根据分销商的销售业绩和贡献度，设立相应的奖励和激励机制，以激发分销商的积极性和动力，增强合作的稳定性和长期性。

（一）查看分销商账户余额

旅行社可以通过分销商余额来对分销商进行控制和管理。账户余额的查看步骤：计调—平台运营—分销商管理—账户余额。分销商账户如图5-21所示。账户余额的计算公式如下。

$$可下单金额＝授信（额度）＋账务余额－冻结金额$$

其中，可下单金额是旅行社可以用来下单的金额，即分销商的销售额不能超过这个金额。例如，如果可下单金额是10000元，而某一旅游产品的定价为6000元，这意味着分销商最多只能预订一个订单。授信（额度）是指分销商拥有的一定透支额度的信用卡，在余额为零的情况下，仍然可以继续下订单，直到用完授信额度。冻结金额是指分销商已应付但尚未支付的款项。

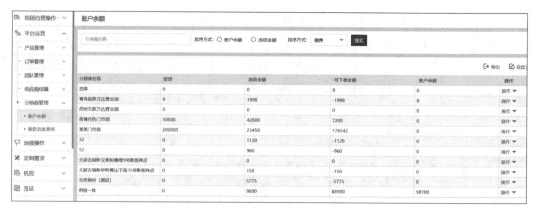

图 5-21 分销商账户

(二) 查询分销商缴款进度

为了保证应收款项的及时收回,避免产生坏账和呆账,旅行社应定期跟进与分销商的往来账户。可以通过"缴款进度查询"来查看与分销商的账目。操作步骤如下:进入计调—平台运营—分销商管理—缴款进度查询,查看回款情况,并可以打印缴款单进行核对。分销商缴款进度查询页面如图 5-22 所示。

图 5-22 分销商缴款进度查询页面

第四节 旅行社平台的运营推广

旅行社平台的运营推广是指通过各种手段和策略,提高旅行社平台的知名度、用户数量和活跃度,以促进旅行社平台的发展和增长。

一、建立品牌形象

打造独特的品牌形象和价值主张,旅行社可以通过品牌传播和营销活动来提升旅行社平台的知名度和认可度。

二、用户口碑和推荐

旅行社可以通过提供优质的旅游产品和服务,积极回应游客评价和反馈,处理游客投诉,鼓励游客分享和推荐旅行社平台,以口碑传播的方式吸引更多游客,提升游客满意度,并增加旅行社平台的口碑和信任度。

三、社交媒体营销

旅行社可以利用社交媒体平台,如微博、微信、抖音等,发布有趣且有价值的内容,与游客互动和沟通,从而提高旅行社的曝光度。

(一)共建生活圈提升业务量

旅游产品消费是一种低频消费行为,游客一年出游次数有限。旅行社可以将业务融入高频的日常消费场景,以提升游客对低频消费的关注度。在吸引商家入驻时,旅行社可以与提供本地生活服务的商家合作,共建同城生活圈。例如,运营日、韩专线的旅行社可以引入日、韩进口旅游产品入驻平台。此外,旅行社还可以利用小程序、公众号等开辟"商家入驻"模式,拉动周边各行各业门店的进驻,将营销阵地扩大到周边生活圈。旅行社需要将"卖产品"的思想转变为"提供异地化生活",将低频的旅游产品与高频的日常消费品捆绑销售,起到互相带动发展的作用。

(二)促进社交互动保持旅游产品热度

旅行社可通过优化平台的网站结构、关键词和内容,来提高其在搜索引擎中的排名,从而增加有效流量和用户访问量。此外,旅行社还可以提供丰富的增值服务,如在旅游前提供热门景点推荐、自助游推荐、跟团游推荐、门票预订、酒店预订、餐厅预订等服务;在旅游过程中,提供线上找地陪、租车、线上讲解等服务;在旅游后,鼓励游客分享旅行感悟,包括上传照片游记、文字游记、视频游记等。旅行社可以通过对优秀分享者赠送优惠券的方式,激励游客分享自己的旅游经历,从而提升旅行社的营销效果。

(三)增加广告曝光

旅行社可以选择合适的广告渠道,如搜索引擎广告、社交媒体广告、电视广告等,进行有针对性的广告投放,从而提高旅行社的曝光度。旅行社的ERP系统支持单店和连锁多种运营模式,可以帮助旅行社展示项目配套和推广促销服务。微信内的旅游平台可以对全国范围内的连锁门店进行统一的线上管理,满足旅游项目展示、优惠活动发布、直播带货、线上预订和移动收银等。这些功能有利于提高旅行社的旅游产品推广和运营效率,并推动游客预订旅游产品。

四、合作推广

旅行社平台可以与相关行业的合作伙伴进行联合推广,例如与旅行社合作推广旅游平台,或与在线旅游经营商合作推广预订平台,共同分享用户资源和市场渠道。

五、线上线下推广活动

通过数据分析,旅行社可以了解用户需求和行为,为用户提供个性化的推荐和营销活动,定期举办促销、打折和优惠活动,吸引用户参与和购买,从而增加用户黏性和忠诚度。此外,旅行社还可以通过参加行业展会、举办线下活动,与用户面对面交流和推广,进一步增加旅行社平台的曝光度。在进行平台运营推广时,需要根据目标用户群体和市场特点,选择合适的推广方法和渠道,并不断进行数据分析和优化,以提高推广效果和用户参与度。

教学互动
Jiaoxue Hudong

旅行社平台运营的一个重要方面是保持用户的活跃度。请思考一下,对于旅游线路这种消费低频的旅游产品,如何增加用户的活跃度?

评价标准
Pingjia Biaozhun

序号	评价项目	评价内容	分值/分
1	旅行社平台运营规划	内容相关、思路清晰、逻辑性强	20
2	旅行社平台的运营和产品管理	系统操作无误,产品管理符合规范	40
3	旅行社平台订单管理	系统操作无误,订单管理符合规范	40

项目小结

本项目讲述了旅行社平台业务数字化运营的概念、方式以及流程。旅行社平台业务数字化包括旅游产品管理、订单管理与数据维护、团队管理、供应商结算、分销商管理等。通过本项目,学生能够进行旅行社平台业务数字化运营的系统操作,并借助ERP系统管理和维护旅行社与供应商、分销商之间的关系。

项目训练

在线答题

阅读以下材料,完成以下任务。

某知名在线旅游平台——游游旅行网,通过整合旅游资源、提供便捷的预订服务和优化用户体验感,成功地在竞争激烈的在线旅游市场中占有一席之地。

（一）资源整合

游游旅行网通过与各大航空公司、酒店集团、旅游景点和地方旅游局建立合作关系,形成了一个庞大的旅游资源库。用户可以在平台上一站式预订机票、酒店、景点门票、旅游套餐等,满足了不同用户的多样化需求。

（二）技术创新

该平台利用先进的搜索引擎技术,为用户提供智能推荐服务。根据用户的历史搜索记录和购买偏好,平台能够推荐符合用户兴趣的旅游产品,提高了用户的购买转化率。同时,通过大数据分析,平台能够预测旅游市场趋势,及时调整营销策略。

（三）用户体验感优化

游游旅行网注重用户体验感的优化,其网站和移动应用程序设计简洁直观,操作流程简便。同时,平台还提供了多语言服务,满足了不同国家和地区用户的需求。此外,平台还设置了24小时工作的客服热线,以期及时解决用户在预订和旅行过程中遇到的问题。

（四）营销策略

平台通过社交媒体营销、内容营销、合作伙伴推广等多种方式进行品牌宣传和用户引流。例如,平台可以通过在社交媒体上发布旅游攻略、旅行故事等,吸引用户关注并将用户转化为平台用户。同时,平台与信用卡公司合作推出联名信用卡,提供旅游消费优惠,增加了用户黏性。

（五）社区建设

游游旅行网建立了旅游社区,鼓励用户分享旅行体验感和攻略。社区中的高质量内容不仅为用户提供了实用的信息,也增加了平台的活跃度和用户黏性。此外,平台还会定期举办线上线下活动,如摄影比赛、旅行分享会等,进一步增强用户的参与感和用户对品牌的忠诚度。

（六）持续创新

为了保持市场竞争力,平台不断探索新的业务模式和收入来源。例如,推出了个性化定制旅行服务,满足用户对于个性化和差异化旅游产品的需求。同时,平台也在探索虚拟现实技术在旅游中的应用,为用户提供更加丰富的游前体验感。

通过上述运营策略,游游旅行网成功地构建了一个高效、便捷、用户友好的在线旅游预订平台，不仅为用户提供了优质的旅游服务，也为平台带来了持续的增长和良好的市场口碑。

请完成以下任务。
（1）思考应从哪些方面运营平台型旅行社？
（2）在ERP系统上，上传一条新线路，对该线路进行以下操作。
一是新增收客计划。
二是分别为三名游客报名下单。
三是其中一名游客要求退团，为其退团调账。
四是为两个有效订单进行拼团。
五是结团后，和供应商结算，发出付款申请。

项目六
旅行社销售数字化运营

 思维导图

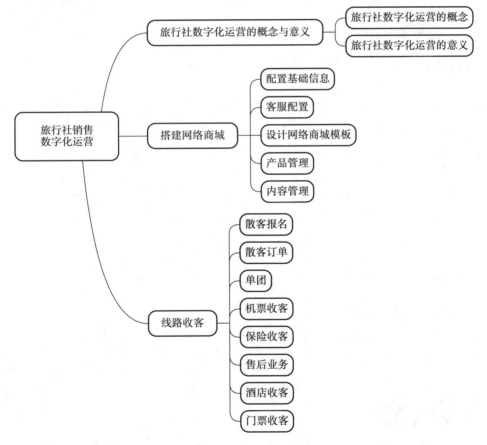

 项目描述

旅游销售是指通过对旅游市场的调查、分析和预测,设计、包装旅游产品,推广和销售旅游产品,以及提供旅游服务。卖方通过增加附加值来挖掘和扩大旅游产品或服务,以满足旅游消费者的需求。这种商业活动被称为旅游销售,是旅行社的基本职能之一。旅行社依据掌握的旅游供应商信息和专业旅行技能,帮助旅游消费者挑选旅游产品或服务,极大地节省了旅游消费者的精力和时间,提高了他们的旅游体验感。作为重要的销售渠道,旅行社介入旅游供应商的销售活动中,供应商只需与少数旅行社合作即可完成销售任务,显著提高了销售效率。销售管理是旅行社经营过程中的重要内容。旅行社要想实现经营目标就必须完成旅游产品的销售任务。

旅行社产品销售的工作内容包括:寻找新的旅游中间商或旅游消费者;开拓更多与旅游中间商合作的领域;向旅游中间商传递旅行社的相关信息;根据旅游消费者需求向旅游中间商报价;与旅游消费者或旅游中间商进行谈判;与旅游中间商或旅游消费者签订协议或旅游合同等。旅行社销售数字运营包括搭建网络商城、寻找产品、下订单、帮助旅游消费者购买保险、签订合同、修改订单内容等。

学习目标

知识目标

(1) 了解旅行社销售数字化运营的概念与意义。
(2) 了解旅行社旅游产品订单的管理与操作。

能力目标

(1) 能够搭建网络商城的基本框架。
(2) 能够分别完成两种类型的旅游产品的ERP系统录入。
(3) 能够通过ERP系统完成旅游产品订单录入和管理等相关操作。

素养目标

(1) 具备系统化的统筹规划能力。
(2) 具备精益求精的工作态度。
(3) 具备敬业精神。

任务引入

旅行社的旅游产品开发完成后,需要进行销售。具体工作包括:寻找新的旅游中间商或旅游消费者;开拓更多可以与旅游中间商合作的领域;向旅游中间商传递公司相关信息;根据旅游消费者的需求向旅游中间商报价;与旅游消费者或旅游中间商进行谈判;与旅游中间商或旅游消费者签订协议或旅游合同等。操作(计划)在完成收客后,销售人员需要根据不同的收客类型将订单录入相应的计划中。因此,学生需要完成以下工作任务。

项目六　旅行社销售数字化运营

任务1
　　任务描述：了解旅行社销售数字化运营的概念和意义。
　　任务目标：掌握搭建网络商城的步骤和方法。

任务2
　　任务描述：进行两种不同类型的收客操作。
　　任务目标：了解不同的收客类型，并通过本项目学习如何使用ERP系统进行收客录入操作。

任务3
　　任务描述：进行订单管理与操作。
　　任务目标：了解旅行社不同类型的订单，掌握订单管理的方法和操作步骤。通过本项目的学习，学生能够在ERP系统上进行具体订单的管理和操作。

第一节　旅行社数字化运营的概念与意义

一、旅行社数字化运营的概念

旅行社数字化运营是指，利用数字技术和互联网来优化旅游产品的销售过程，提高销售效率和效果。

具体来讲，旅行社数字化运营包括以下几方面内容。

（一）数据驱动的销售决策

旅行社可以通过互联网工具收集旅游者的行为数据和市场发展趋势，然后对这些数据进行清洗和分析。通过数据模型和营销模型，旅行社可以更准确地了解市场需求、旅游者的消费习惯和购买偏好，从而制定有针对性的销售策略。

（二）个性化的销售推介

旅行社可以根据旅游者的出发地、旅游时间、预算以及兴趣爱好，推荐适合的旅游目的地。需要注意的是，旅行社应尽量避免给旅游者推送与其无关的信息，以免打扰旅游者。在这种情况下，旅行社的数字化运营不仅能够及时推送对旅游者有用的信息，满足旅游者的旅游需求，还能利用数字化手段实现精准营销，有效降低营销成本，提高营销效率。

(三)便捷的购买体验感

旅行社可以通过电子商务平台或移动应用程序实现在线预订和支付服务,为旅游者提供全天候的购买便利。这样,旅游者可以在任何时间、任何地点进行预订,无须亲自前往门店。

(四)客户关系管理

旅行社可以利用ERP、CRM(客户关系管理)系统等维护与旅游者之间的关系,提高旅游者的留存率和复购率。

(五)智能推荐

旅行社可以利用数据分析和机器学习技术,分析和挖掘旅游者的购买行为和偏好。智能推荐系统会根据旅游者的历史行为和喜好,通过算法和模型进行个性化推荐,从而使推荐结果更精准。

(六)数字化销售管理

旅行社可以通过数字化工具和ERP系统等对销售流程进行管理和优化,进而提升旅行社的工作效率和协同能力。

二、旅行社数字化运营的意义

数字化运营对旅行社和消费者都具有重要意义,旅行社的数字化运营能够推动行业的发展和创新。

(一)提高决策水平

通过数据的实时共享和分析,旅行社可以快速捕捉市场变化,了解市场趋势,按照市场需求改进旅游产品创新方向,优化销售策略,以满足消费者不断变化的需求,提升销售效果并提高市场竞争力。

(二)降本增效

传统的销售模式往往需要大量的人力成本和物力成本,而且由于个人销售能力和营销不精准等的影响,易出现人为失误和资源浪费等情况。销售的数字化并未完全取代人员销售,而是利用数字化工具简化销售流程、减少人力成本。同时,自动化和智能化的销售方式,能够提高销售人员的销售效率和工作效率,降低旅行社的运营成本。

(三)拓展销售渠道

通过互联网平台和移动应用工具,旅行社可以将旅游产品和旅游服务推广给潜在消费者。传统的销售模式通常受到地域和时间的限制,而销售数字化可以突破这些限制,实现全球范围的推广和全天候的销售,既为旅行社提供了更广阔的市场空间,也为消费者提供了更多的选择。

(四) 提升消费者体验感

旅行社利用互联网平台通过文字、图片、视频等,向消费者展示旅游产品的细节和亮点,这种直观的信息表达方式有助于消费者挑选心仪的旅游产品;网络销售简化了预订流程,消费者可以随时随地通过互联网进行搜索、比较和预订旅游产品,有效提高了消费者购买的便利性和效率;多家旅行社的同类旅游产品的价格信息和服务信息并列展示,有助于消费者进行比较和筛选,做出更明智的消费决策;数字智能推荐系统能够考虑消费者的不同兴趣爱好和需求,为消费者提供多样的、丰富的旅游推荐内容和多种可选方案,包括不同类型的旅游目的地、活动、餐饮、住宿等,以满足消费者的多样化需求。

(五) 提升消费者满意度

通过数据分析和消费者反馈,旅行社能够更准确地了解消费者的期望,为消费者提供更精准、更具个性化的旅游推荐和定制化的行程线路,从而提高消费者的满意度和忠诚度。

第二节　搭建网络商城

网络商城也被称为在线商城、虚拟商店或电子商城,是利用互联网技术搭建起来的一种新兴零售"商城"。旅行社在网络商城上进行旅游产品展示(包括对旅游产品的文字描述、图片、价格等)。消费者可以在网络商城直接选购旅游产品,并通过网络支付的方式完成预订。网络商城也是旅行社与消费者沟通的重要渠道,消费者可以随时咨询旅游产品的价格信息并对旅游产品进行评价、反馈等。旅行社提供的在线客户服务,能够解答消费者的疑问,为消费者提供预订支持。

一、配置基础信息

在网站的基础配置上搭建网络商城的基本框架,包括PC(电脑端)官网Logo、移动官网Logo、微信公众号等。其中,Logo之类的信息最好显示在网络商城的上端,微信公众号方便销售员向消费者推荐旅游产品。网站备案信息、旅行社经营许可证等相关内容均显示在网站下端,内容信息必须是经过相关部门备案或审核通过的。网站基础配置信息页面如图6-1所示。

图6-2显示了一些网站基础配置信息页面的内容,旅行社可根据运营需要进行配置。

图6-1 网站基础配置信息页面

图6-2 网络基础配置信息按钮页面

（一）直客销售

"直客销售"按钮决定是否允许进行直客销售。勾选"直客销售"后，在网上商城的右上角有一个"注册登录"的按钮，消费者可以在线免费注册账号和登录，下单或预订旅游产品。在注册页面可以看到两个选项，即"个人用户"和"企业代理"。如果旅行社只是从事旅游批发业务（BTOB业务模式），只针对企业用户，为了不引起单个用户的误解，可以关闭直客功能。

（二）登录/注册方式

用户可以在PC端和M（移动客户）端登录商城，选择使用手机号或邮箱作为登录账号。如果选择使用手机号作为登录账号，旅行社需要购买短信包。

（三）直客分销

一般，旅行社会开启"直客分销"模式。开启后，旅行社员工和分销商可以通过分享二维码的方式让消费者下单，下单后销售业绩就会被记录下来，销售人员或分销商可以根据销售业绩获得奖金或返佣。

（四）同业转发小插件

同业转发小插件只能在移动客户端查看。勾选"同业转发小插件"后，会生成一个转发的按钮，可以把旅游产品转发给消费者，但不能下单。

（五）导游带团实拍

勾选"导游带团实拍"后，消费者可以在旅游产品详情页看到导游带团的照片。

（六）PC全部产品导航

勾选"PC全部产品导航"后，在PC端网络商城的首页、列表和详情页均可快速切换和查找所有旅游产品。如果关闭"PC全部产品导航"，则只能在列表和详情页查看相关信息。

（七）启用M官网收银台

除了微信支付、支付宝支付，旅行社还可以选择其他支付方式，如关联银行卡进行支付等。

（八）代理加盟注册

"代理加盟注册"按钮决定旅行社是否允许代理商加盟注册申请。

（九）微信小程序直播

可选择是否开启微信小程序直播。开启后，可以通过官网/M版用户登录与注册的账号方式启动微信小程序直播，一般默认状态为关闭。

二、客服配置

消费者在浏览旅游产品信息时，可能会遇到各种问题，包括旅游产品咨询、订单查询、开具发票等。一个高效的第三方客服系统可以让消费者方便地与客服人员进行实时沟通，获得及时帮助，从而更好地满足消费者需求，提升消费者满意度，进而促进销售量的增长。

第三方客户配置是指，旅行社将部分或全部客服服务外包给第三方客服提供商，通过远程技术提供服务。这种配置方式可以将旅行社的资源集中于核心业务上，同时提升服务效率，降低成本。第三方客服配置工具包括云呼叫中心、智能语音识别、在线聊天和视频通话等，能够帮助客服人员与消费者对接，为消费者提供旅游咨询服务和其他服务。

旅行社在选择第三方客户服务提供商时，应考虑客服提供商在远程客服领域的专业水平和经验，判断客服提供商是否能够提供良好的技术支持和可靠的服务承诺，保证客户服务的稳定性和安全性。在选择了合适的客服提供商后，旅行社需要在客服提供商的官方网站上注册或创建账号，随后按照注册指引，将客服提供商的程序接入旅行社的微信小程序、网络商店、微博、微信公众号等。通常情况下，旅行社需要在后台获得相关的在线客服代码，并将在线客服代码填入网站第三方客服工具的设置中。进行客服配置时，旅行社需要与第三方客服提供商共同制定明确的服务目标和指标，如移动版在线客服有五个选项，即消费者未登录时启用、消费者登录后启用、同业登录后启用、员工微店启用、分销商微店启用。

旅行社可以根据具体的服务需求来设定服务目标，以确保客服的服务质量和效率。客服配置应采用多样化的服务渠道，以满足不同消费者的需求。除了传统的电话咨询，客服还可以提供在线聊天、微信公众号沟通等，让消费者选择较合适、较便捷的方式与旅行社互动。第三方客服系统具有数据采集、数据统计、数据分析和数据管理等功能。在输入在线统计代码后，旅行社可以获得消费者的来源、搜索关键词、着陆页、浏览轨迹等数据信息，让旅游产品和旅游服务更契合消费者需求。

在搭建第三方客服系统的过程中，优化消费者体验感至关重要，可以从以下几个方面来提升消费者体验感。

（一）快速响应

确保客服能够及时解答消费者问题，避免消费者长时间等待。

（二）个性化回复

根据消费者的问题，提供个性化回复，增加与消费者的亲近感。

（三）建立常见问题库

建立常见问题库，让消费者可以自动搜索答案，减轻客服压力。

（四）提供消费者评价功能

提供消费者评价功能，了解消费者对客服的满意度，持续提升服务质量。

（五）定期维护

及时检查系统是否正常运行，解决可能出现的问题。同时，根据消费者的反馈和需求，不断优化客服系统，提升消费者体验感。

第三方客服配置页面如图6-3所示。

图6-3 第三方客服配置页面

三、设计网络商城模板

网络商城模板设计犹如线下门店的装修一样,合适的网络商城模板是打造一个吸引消费者的、功能完善的网站的关键。

(一)网络商城模板设计步骤

1. 明确网络商城的定位和目标

在设计网络商城模板之前,旅行社需要明确网络商城的定位和目标。不同的网络商城类型和目标会有不同的设计要求。针对登山、户外探险主题的网络商城,应突出与山岳有关的元素,如登山装备、户外服装、登山用具等。提供高质量的旅游产品图片和详细的描述,能够提高消费者的直观体验感,帮助消费者做出购买决策。

2. 用户体验感和布局

页面友好的网络商城能为消费者提供良好的体验感。

(1)布局设计。

一个好的网络商城布局设计,能够使消费者在浏览旅游产品时更加方便,同时也能提升消费者的购买欲望。旅行社的网络商城可以采用F形或Z形的布局设计,将热门的旅游产品放在页面显眼位置,引导消费者购买。

(2)导航栏。

一个清晰、明确的导航栏非常重要,它能够帮助消费者快速浏览网站并找到消费者需要的旅游产品。

(3)交互设计。

好的交互设计能够提升消费者的使用效率和满意度。旅行社的网络商城可以通过提供悬浮导航、一键购买和在线客服等提升消费者的购买体验感。

(4)搜索功能。

消费者可以通过输入关键词快速找到想要的旅游产品。旅行社的网络商城可以提供高效的搜索功能,添加自动补全和搜索建议,提升消费者体验感。

(5)性能良好。

旅行社要确保网络商城模板在不同设备上的流畅运行,即不会出现卡顿或者加载过慢的情况,可以自动适应多种尺寸的屏幕,保证消费者在不同设备上获得一致的使用体验感。

3. 响应速度和加载时间

旅行社在选择网络商城模板时,要注意模板的响应速度和加载时间。图片、文档、视频等容量不宜过大,加载时间过长会让消费者失去耐心。选择一个简洁、轻量级、代码规范的网络商城模板能够有效减少加载时间,确保消费者在点击旅游产品链接后,能够在较短时间浏览到旅游产品。

4. 定制化能力和可扩展性

模板作为网络商城的基础,在设计和选择时还要考虑旅行社发展的需求和搭建不同场景的需要。好的网络商城模板应提供一定的自定义选项,使旅行社能够根据业务和经营活动进行适当调整。

5. 设计风格和美观度

网络商城模板设计要考虑旅行社目标受众的审美特点和品牌形象,一个视觉上吸引消费者且与品牌定位一致的网络商城能够给消费者留下深刻的印象,让消费者的购买体验感更好,增加用户留存率。旅行社可以通过使用鲜明的色彩、清晰的图片和简洁的布局来提升视觉效果。一般来说,暖色系给人温暖、舒适的感觉,适合亲子类旅游产品;冷色系给人清新、宁静的感觉,适合度假疗养类旅游产品。

(二)网络商城模板设计原则

1. 简洁性

网络商城模板设计要简洁明了,不要过分复杂化,只显示必要的内容并具有必备的功能即可。

2. 直观性

使用常见的图标和符号,使页面操作和导航简洁、直观。

3. 一致性

网络商城模板的整体设计风格和元素应保持一致,即使用一致的颜色、一致的字体和一致的按钮样式,确保页面布局和导航在不同页面之间具有一致性。这样有助于旅行社树立品牌标识,并确保消费者使用时的舒适感。

4. 对比性

在网络商城模板设计过程中,尽量使用对比,这样可以突出重要元素,避免元素过于相似,这样能够提升消费者的关注度。

5. 清晰性

在网络商城模板设计过程中,尽量使用清晰的页面布局和内容组织,提供明确的标签和按钮,以保证信息层次的分明,避免内容的混淆。

(三)网络商城模板设计操作

1. 导航设计

导航设计的操作步骤:网站—网站模板—产品导航—添加导航,填写导航的名称、类型(包括旅游产品分类、网站文章、外部链接、活动专题),以及旅游产品类别(或网站文章的类别等)、权重(权重越高的名称类型越靠前)等,填写完毕后,点击"保存"按钮。

导航设计要注意以下几方面内容。

(1)易用性。

导航应设计成让消费者能够用较少地点击访问所需内容,并且容易找到进入和退出的功能入口,如个人信息等。

(2)能够准确传递信息。

导航设计应避免让消费者猜测,清晰指示消费者当前位置和如何到达目标页面。选择合适的文字和图标形式,保持视觉效果的协调性,避免使用非文本元素作为导航链接。

(3)整体规划。

导航设计应在了解整个网络商城功能和信息层次结构的基础上进行。全局导航和局部导航应按信息的上下级关系有序排列,确保逻辑清晰。

(4)明确主导航。

主导航应该在整个网络商城中突出并保持一致,通常位于页面顶部中心或左右对齐位置,这样能够吸引消费者的视线。

(5)设置返回主页的链接。

将网络商城标识或旅行社Logo链接设置为返回主页的快捷方式,通常放置在页面的左上角或顶部。

添加导航页面如图6-4所示。

图 6-4　添加导航页面

2. 首页设计

网络商城的首页设计是用户体验的关键。首页设计通常是用户的第一个接触点。在进行首页设计时,设计者要理解目标用户,包括目标用户的需求、喜好和行为模式等,明确设计要表达的核心价值和信息。在设计之前,设计者要创建一个布局框架或线框图,规划内容和功能模块的位置。保持页面的简洁、清晰,不要为了设计而设计,确保每个模块都有其功能和目的,利用空白区域来创建视觉层次和焦点,避免过度设计。优化用户体验,利用高分辨率的图像和视频来吸引用户的注意力并提升视觉冲击力,同时保证页面的加载速度。另外,合理使用关键词、标题标签和描述,优化搜索引擎。首页上要包含明确的呼吁行动按钮,用于引导下一步操作。展示用户评价、社交媒体互动和企业的认证徽章等,以提升用户对旅行社的信任感。可针对首页设计进行AB测试(对比测试),收集反馈信息并进行网站的迭代与升级。定期更新首页内容,保持网络商城的新鲜感,展示较新的旅游资讯和旅游产品。

PC端首页设计操作步骤:网站—网站模板—电脑端首页。选择楼层样式,包括广告轮播图、广告列表形式、产品列表形式、首页SEO(搜索引擎优化)、浮窗位置等。可以在样式预览中预览选择的楼层样式,并对某些模块进行编辑、删除或上下移动等操作。PC首页布局设置如图6-5所示。

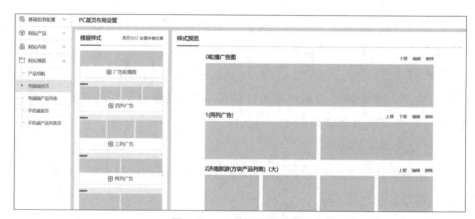

图 6-5　PC首页布局设置

手机站首页配置与 PC 端稍有不同，但同样需要手动选择设计。手机站首页配置如图 6-6 所示。

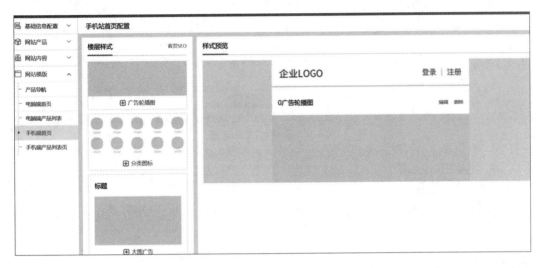

图 6-6　手机站首页配置

3. 产品列表

产品列表是点击"更多"后，显示的产品内容。

电脑端产品列表有两种显示模式：方块模式和列表模式。

电脑站列表配置如图 6-7 所示。

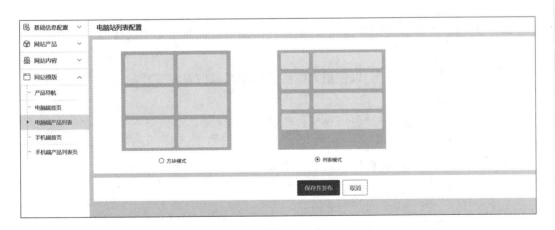

图 6-7　电脑站列表配置

手机站列表配置列表有三种显示模式：两列模式、大图模式、紧凑模式。旅行社要根据目标用户浏览习惯和业务需要做出适合的选择。手机站列表配置如图 6-8 所示。

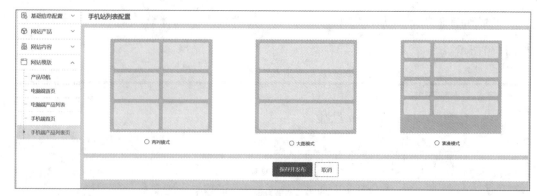

图 6-8　手机站列表配置

四、产品管理

产品管理涉及对网络商城上展示和销售的产品进行添加、更新等操作。

1. 产品添加

（1）详细的产品信息。

详细描述产品，包括对旅游目的地、产品特色、旅游天数、价格和用户评价等的描述。对产品信息的介绍不是面面俱到、越多越好的，内容太多会影响用户的浏览体验感，使用户失去耐心，从而降低产品转化率。产品信息的重点是表达产品的价值和品牌文化，提升用户信任感，增强用户的购买欲望。

（2）高质量的图片和视频。

大段文字描述会降低产品的展示效果，增加阅读难度。高质量的图片和视频能够以图文并茂的形式展示产品，增加用户点击率。

（3）搜索引擎优化。

在产品描述中合理使用关键词，以提高网络商城在搜索引擎中的排名。

（4）分类清晰。

对产品进行明确的分类，以便用户能够轻松浏览和搜索相关产品。

（5）库存管理。

实时更新库存信息，以避免出现超卖或缺货等问题。

（6）价格和促销信息。

确保所有的价格、折扣和促销信息都是最新的，并且在页面上清晰可见。

2. 产品监控和分析

（1）销售数据分析。

利用数据分析工具来追踪和分析产品的销售情况，以便了解哪些产品表现良好，哪些产品需要改进。

（2）用户反馈收集。

通过评论、评分和问卷等收集用户反馈，这对改进产品和服务至关重要。

(3)退订处理。

设立清晰的退订规则,并确保退订流程的顺畅进行,这样可以提升用户的满意度。

(4)竞争分析。

定期分析竞争对手的产品和市场策略,以调整本旅行社的产品定位。

线路产品管控直客销售页面如图6-9所示。

图6-9 线路产品管控直客销售页面

五、内容管理

内容管理是指对网络商城上的内容进行规划、创建、编辑、发布和维护。有效的内容管理对于吸引和保持用户、提高搜索引擎排名,以及实现网络商城目标至关重要。

1. 原则

(1)内容具有原创性。

确保内容是原创的,且提供的价值和信息丰富、准确。

(2)风格具有一致性。

保持一致的品牌声音和写作风格。

(3)注重搜索引擎优化。

合理使用关键词,并优化元数据(如标题、描述和标签等),以提高搜索引擎的可见性。

(4)注重多媒体融合。

结合图片、视频和图表等多媒体元素,增强文字内容的吸引力和可读性。

(5)添加交互性元素。

包括调查问卷、评论区域或社交媒体分享按钮等互动元素,促进用户参与和内容分享。

2. 专题管理

专题管理页面如图6-10所示。

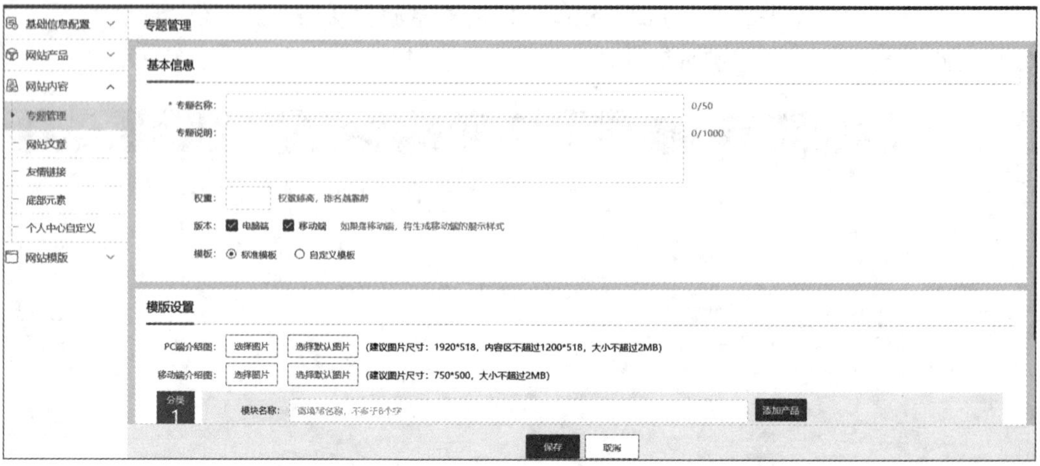

图 6-10 专题管理页面

3. 网站文章

网站文章页面如图6-11所示。

图 6-11 网站文章页面

4. 添加友情链接

添加友情链接页面如图6-12所示。

项目六　旅行社销售数字化运营　175

图 6-12　添加友情链接页面

5. 新增元素

新增元素页面如图 6-13 所示。

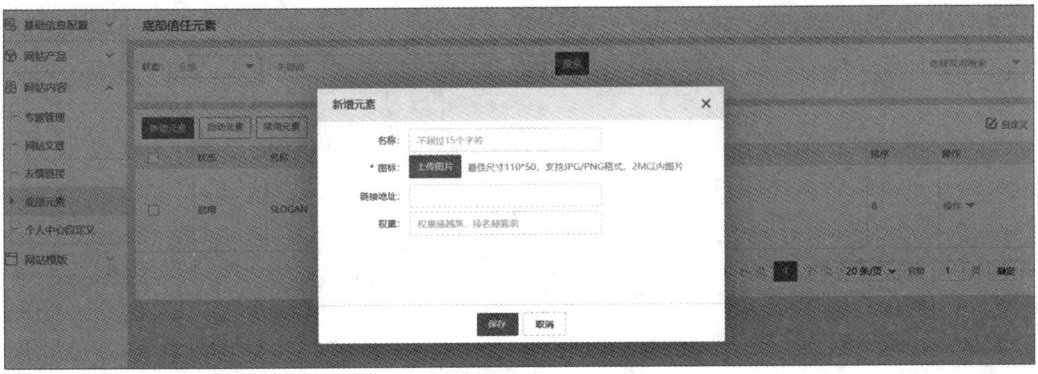

图 6-13　新增元素页面

　　旅游收客是指旅游公司或机构通过各种方式吸引潜在消费者参加旅游活动，并提供相应服务的行为。这一概念涵盖了线上推广、广告宣传，以及团队组织、行程安排和住宿等。旅游收客是整个旅游行业的核心，因为旅游公司的盈利和发展均以此基础。根据旅游产品的种类和服务内容的不同，可以将收客类型分为线路收客、机票收客、保险收客、酒店收客、门票收客等。

第三节　线　路　收　客

一、散客报名

　　OP（计调）在上完线路和收客计划的散客订单后，销售人员可以在"散客报名"（销售—散客—散客报名）处将收到的散客订单录入对应的计划中。销售人员在系统中能

他山之石
▼

够及时掌握各个旅游产品的销售情况，这样可有效减少销售人员与供应商、分销商之间的不必要的、繁杂的业务沟通，有效提升销售人员的工作效率。散客报名页面如图6-14所示。

点击"散客报名"，找到对应的线路，点击"报名下单"，然后找到相应的出发日期便可以看到不同旅游产品的价格，点击"确定"后，即可看到新增销售订单页面（见图6-15）。

选择客户名称后，已经有过合作的联系人及其联系方式会自动弹出来。填写完毕后，操作者会看到默认的收客信息以及相应的预订信息，如产品名称、产品分类、出行日期、行程天数、计调，以及具体的预订详情。需要注意以下三点内容：一是在预订详情中需要输入数量以及是否有单房差；二是订单备注为选填项；三是可以在客户下单后导入游客名单。这些步骤都完成以后会出现如图6-16所示页面。

图6-14　散客报名页面

图6-15　新增销售订单页面

图 6-16　待确认页面

订单显示为"待确认"状态时,可以点击页面底部的"订单操作",选择"确认库存",然后点击"正常销售",订单将变为"占位"状态。"占位"表示这个行程尚未最终确定。如果所有款项已结清,操作者可以点击"收款",或者通过"订单操作"选择"确认交易"。此后,订单状态将更新为"已售",表示该行程已确认。订单确认后页面如图 6-17 所示。

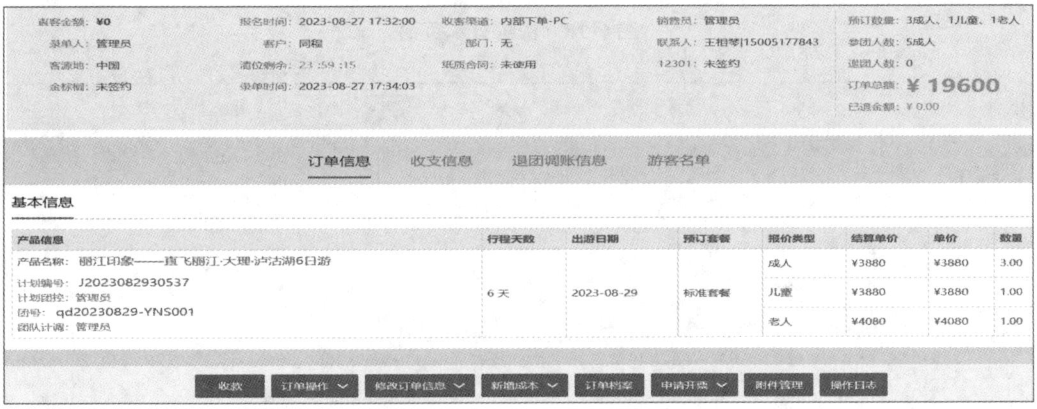

图 6-17　订单确认后页面

订单确认为"已售"状态后,操作者可以在当前页面修改订单信息、新增成本,并查看订单档案、申请开票等。操作日志记录了操作过程的详细信息。

如果操作者觉得线路模式的页面不方便查看信息,可以点击页面右上角的"计划模式",来更换观看模式。

二、散客订单

散客订单录入后,可以通过"散客"下的"散客订单"进行查看。散客订单页面如图 6-18 所示。

通过散客订单页面,操作者可以单独或批量进行预付款、锁定、解锁以及开票申请等操作。当订单数量较多时,操作者也可以通过关键词搜索来查询订单。

如果搜索结果仍然较多,操作者可以点击"高级搜索",以精确条件进行查询。在该页面,操作者可以直接查看待确认订单、占位订单、已确认订单、已取消或无效订单等的数量,从而全面了解旅游产品的销售情况。高级搜索页面如图 6-19 所示。

图 6-18 散客订单页面

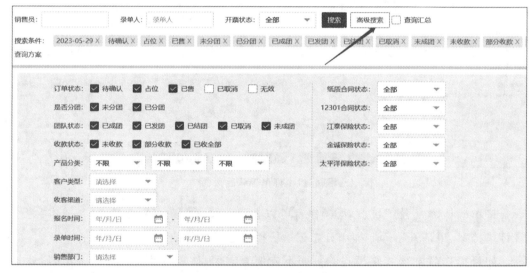

图 6-19 高级搜索页面

　　线路收客系统的录入具有重要意义,因为它使销售人员能够随时掌握线路产品的销售情况。销售录入系统的意义重大:一方面,可以了解不同线路产品的销售数量,及时更新线路产品,并且能够快速响应消费者的需求;另一方面,销售人员能够随时了解线路产品的销售情况,有利于经营管理,避免供需不平衡带来的问题,从而避免给旅行社带来不必要的麻烦。

三、单团

　　单团可以分为组团单团和地接单团。组团单团通常由高端游客组成,更加注重旅游过程中的独特体验感,通常分销商与游客在同一地点。地接单团也由高端游客组成,更加注重旅游过程中的独特体验感,但分销商通常在旅游产品所在地。

组团单团和地接单团在ERP系统中的销售模块和计调模块的录入方式几乎是一样的。以组团单团为例,预订信息页面如图6-20所示。

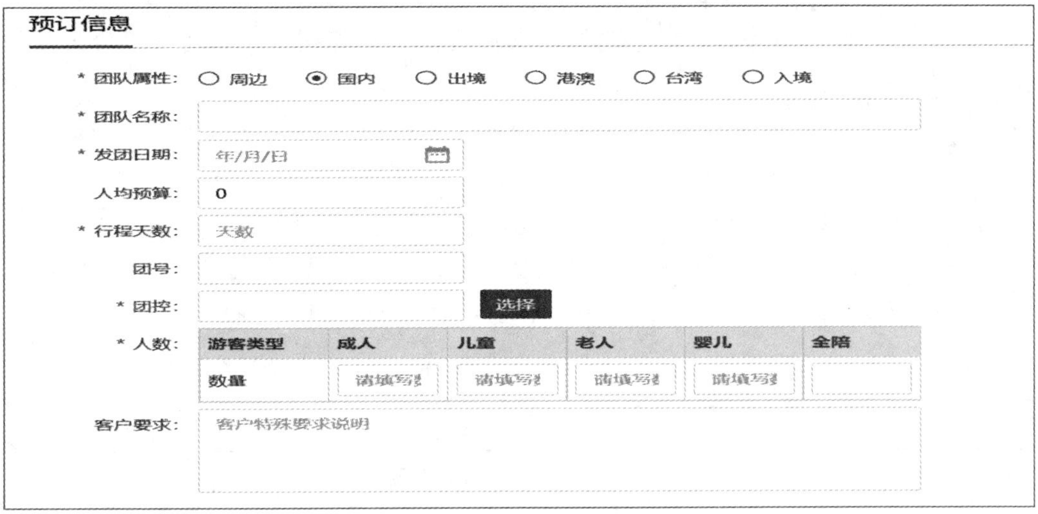

图6-20 预订信息页面

新增单团页面如图6-21所示。

图6-21 新增单团页面

单团中的信息录入与散客的信息录入有相似之处,但两者也存在区别。主要区别在于散客的预订信息与单团的预订信息有所不同。填写完预订信息后,游客可以选择车辆、餐饮、住宿等。在产品描述方面,旅行社可以选择已录入的模板信息进行套用;如果没有模板,则需要手动输入。完成后,旅行社可以填写相关的报价信息,报价通常分为按分项报价和按人头报价。按分项报价详细列出住宿、餐饮、交通、导游等费用;按人头报价则根据年龄段划分,如青年、儿童、老年、婴儿,各年龄段的价格不同。报价完成后,点击"完成"即可进入"计调"模块的"单团报价"。

若要搜索单团,可以从"计调"模块的"单团报价"找到相应的团号,并进行"复制"操作。然后到"销售"模块的"组团单团"进行团号搜索,就可以精确找到相应的团。

单团中的"需求管理"是指,销售根据游客提出的定制线路需求进行单独报价。报价依据包括行程中的人数、景点安排,以及游客的预算等信息。新增预报价页面如图 6-22 所示。

图 6-22　新增预报价页面

随后,相关人员可根据页面进行相关信息的填写。预订信息填报页面如图 6-23 所示。

图 6-23　预订信息填报页面

四、机票收客

飞机是世界上远程旅游中较重要的交通工具,它使消费者的空间移动变得既快捷又方便。快捷的航空交通创造了旅游界的一句名言,即"旅游,让世界变得更小"。一个国家的航空运力和机场的吞吐量已成为该国国际旅游发展水平的重要标志。飞机具有速度快、舒适、安全、节省时间、灵活性强和适合中远程旅行等优点,深受消费者喜爱。

目前,各大航空公司为了吸引顾客与旅行社展开合作,机票的优惠力度非常大,有时日常乘坐高铁的费用也可以买到飞机票,这在一定程度上促进了机票业务的增长。飞机在国内长途或出入境业务中客流量较大,机票业务在旅行社中也占据重要位置,大多数旅行社与航空公司展开了机票业务合作,航空公司会为旅行社提供团体优惠票。

机票收客操作步骤:销售—机票—机票报名。机票录入有两种方式:第一种是手工录入,点击"手工录入",页面将跳转到"计调"模块的"机控",然后选择"机票订单";第二种是导入订单,可以根据要求下载模板进行订单导入。机票收客页面如图6-24所示。

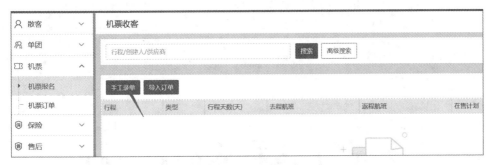

图6-24　机票收客页面

对于已有的订单,可以按照线路收客的步骤进行报名和下单。导入订单、报名下单页面如图6-25所示。

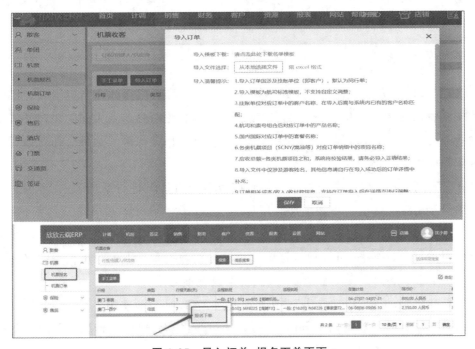

图6-25　导入订单、报名下单页面

报名下单后的流程与线路收客的报名下单步骤是一致的。录入信息后,根据订单是否已售,可选择存为"占位订单"或"已售订单"。

若需查看订单详情,可点击"机票订单",输入订单编号进行搜索。找到对应订单后,点击进入订单详情页。在详情页中,操作者可以查看航班班次、时间、往返地点、行程天数,以及收支信息、退团调账信息、游客名单等。订单信息页面如图6-26所示。

图6-26 订单信息页面

锁定订单是指订单已经出售,所有成本和收款已确认,此时可在系统中锁定订单。这意味着订单的应收、应付金额不能再修改,但可以继续通过系统录入收付款信息。金额已经固定,不可更改。

五、保险收客

《中华人民共和国旅游法》(2018版)第六十一条规定:旅行社应当提示参加团队旅游的旅游者按照规定投保人身意外伤害保险。因此,旅行社与各大保险公司开展了深度的业务合作,在旅游过程中为旅游者购买人身意外伤害保险。这种合作对旅行社和旅游者都提供了一定的保障。

在ERP系统中,保险业务通过销售线路收客或者计调进行系统录入,可以查看已录入的保险信息。保险订单如图6-27所示。

如图6-27所示,通过左侧的菜单栏,可以找到对应保险公司的保险订单。如果某保险公司的订单过多,也可以通过订单编号进行精确搜索。左侧菜单栏中的"保险"项目主要用于汇总各个订单的保险业务,供备案或查询之用。

如果有需要,可以点击"导出"按钮将名单导出,以便日后使用。

如果当前页面信息查询不方便,也可以通过"自定义排序"选择信息的顺序和是否显示。自定义排序如图6-28所示。

图 6-27 保险订单

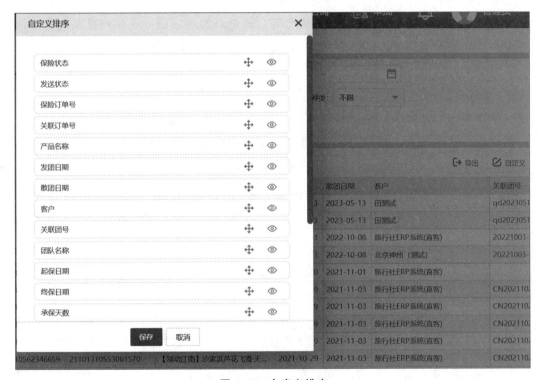

图 6-28 自定义排序

六、售后业务

(一)评价管理

旅行社的售后业务主要涉及旅游者对线路产品、交通、餐饮、导游等的评价。作为服务行业,评价对旅行社来说至关重要。线路产品的好坏将决定旅行社产品和服务在众多同类产品中的竞争力。因此,各大旅行社在旅游者结束行程后通常会进行调研,让旅游者对线路产品、服务等进行评价,以便旅行社改进产品和服务,吸引更多的旅游者。展示的评论页面如图6-29所示。

图6-29　展示的评论页面

在ERP系统中，操作者可以看到"评论管理"功能。对于已经完成的产品或服务，旅游者可以对总体评价、交通、导游、餐食等方面进行客观评分。系统通常默认将评价设置为隐藏状态，如果需要查看日常评价，可以点击"隐藏的评论"进行查看。

（二）认款管理

销售部门和计调部门中的认款管理流程是一致的。在这两个部门中，财务部门首先需要导入订单信息，这样在认款管理页面就能看到相关的订单信息了。销售部门的工作内容包括确认订单是否属于自己的客户订单，确认后可以点击"认领认款"进行"收款"。通过订单号、销售员、产品/团号等信息进行精确查找。"认款"完成后，订单将进入"待核销"状态，需要财务部门进行核销操作，这样一笔认款就算完成了。认领认款单页面如图6-30所示。

图6-30　认领认款单页面

七、酒店收客

酒店，又称旅游饭店，是指以具有法定独立性的经济实体，在旅游消费服务领域从事生产和营销活动，依赖于有形的空间、设备、产品和无形的服务。

酒店是旅游供给的基本要素之一，为旅游者提供日常生活必需品和活动基地。酒店包括客房、餐饮、前厅、商店、康乐设施、销售部门、共管服务等直接面向客户的部门，以及工程维修、人事培训、财务、采购、安全、行政等间接面向客户的部门。

酒店根据规模可分为小型酒店、中型酒店和大型酒店。按功能分类可分为观光型酒店、商务型酒店、度假型酒店、会议型酒店、长住型酒店、汽车酒店等。酒店的星级评定按照《旅游饭店星级的划分与评定》，五星为最高等级。

酒店或旅游饭店通常作为旅游线路产品的一部分。在ERP系统中，计调录入酒店订单和计划后，可以通过点击"酒店订单"进行报名。酒店报名页面如图6-31所示。

图6-31　酒店报名页面

在进行报名收客后，可以点击"酒店订单"进行查询，具体操作内容和步骤与散客订单相同。酒店订单页面如图6-32所示。

图6-32　酒店订单页面

八、门票收客

以前，景区门票是旅游景区的主要收入来源之一。随后，旅游景区和旅行社纷纷转变营销模式。2023年以来，一些旅游景区纷纷推出门票降价甚至免费的政策，这促使旅游景区和旅行社创新旅游产品，提供更优质的服务。

门票收客在旅游业务中也是非常重要的一环。通过ERP系统，门票收客与酒店收客、线路收客等步骤基本一致。如果旅游产品过多，可以通过搜索框输入关键词、供应商或游玩日期等，查找相应的门票产品，并进行报名收客。报名收客页面如图6-33所示。

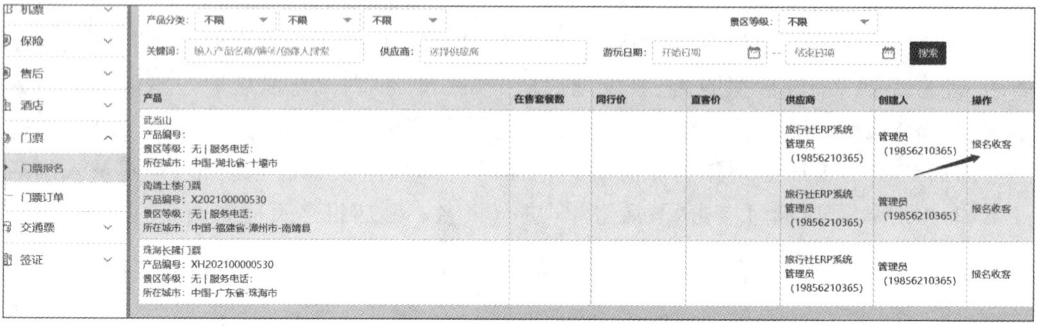

图 6-33　报名收客页面

收客完成后，可以点击"门票订单"查看相应的订单。还可以通过"手工录单""新增预收款""新增预付款""批量结算""纸质票申请""电子票申请""批量锁定""批量解锁"进行相应操作。门票订单操作页面如图6-34所示。

图 6-34　门票订单操作页面

教学互动
Jiaoxue Hudong

假如你是旅行社的一名计调人员，负责网络商城的运营和维护，旅行社即将上线一条"济南三日游"线路产品，请你通过ERP系统进行网站产品管理。

评价标准
Pingjia Biaozhun

序号	评价项目	评价内容	分值/分
1	详细的产品信息	体现产品价值和品牌文化	30
2	图片和视频	图文并茂	30
3	搜索引擎优化	找准关键词	10
4	产品分类	分类准确	10
5	库存管理	实时管理	10
6	价格和促销信息	实时更新	10

项目小结

旅行社ERP系统是旅行社销售数字化运营的核心。ERP系统通过集成销售、财务、库存和客户关系管理等，实现了业务流程的自动化和数据的实时更新。这不仅提高了旅行社的运营效率，还使销售团队能够更快速地响应市场变化，为客户提供个性化的旅游产品。数字化运营还允许旅行社通过数据分析洞察消费者行为，优化营销策略，从而提高销售转化率。此外，通过在线预订和移动支付等，旅行社能够提供更好的客户体验感，提升客户忠诚度。

项目训练

思考一下：如果你是旅行社销售人员，请你完成一条完整的线路产品订单管理。

在线答题

项目七
客户管理数字化运营

 思维导图

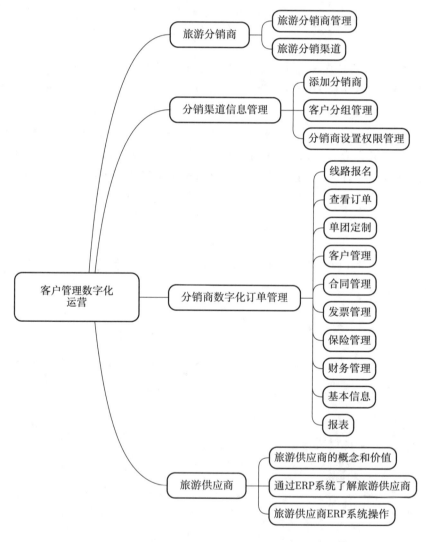

项目描述

在激烈的市场竞争中,建立以客户为中心的经营理念,及时发现销售机会,快速响应客户需求,加强对销售过程的管控以及售后服务管理,已经成为旅行社立足市场并获得发展的重要事项。旅行社产品具有生产和消费同步、销售过程漫长、协作部门众多以及生产服务过程难以掌控的特点。传统粗放式的销售管理模式存在信息难以共享、数字资源利用困难和业务过程难以协同的问题,导致产品售前、售中及售后等业务无法有效衔接。业务信息往往不连贯地分散在各个业务系统中,只有本部门的人员能够方便地获取与本部门相关的信息和数字资源。部门之间的信息依赖人员传递,导致销售人员和其他部门的业务人员无法全面了解客户情况。整合各业务系统中的数据,并加强以客户为中心的信息归集,已成为销售和售后服务部门的迫切要求。

 学习目标

知识目标

(1) 了解旅游分销商管理、旅游分销渠道管理,以及旅游供应商的概念和价值。
(2) 了解不同分销渠道的优缺点。
(3) 了解分销商端口订单操作。

能力目标

(1) 能够掌握旅游分销渠道信息管理相关内容。
(2) 能够进行分销商端口的预订报名。
(3) 能够进行退团调账。
(4) 能够进行单团定制。
(5) 能够操作旅游供应商的ERP系统。

素养目标

(1) 具备统筹规划的系统性思维。
(2) 具备敬岗爱业的精神。

 任务引入

作为一家旅行社加盟门店,在游客报名后,需要将线路产品等信息录入系统,并向总部报价。为此,学生需要完成以下工作任务。

任务 1

任务描述:分销商渠道信息管理。

任务目标:通过 ERP 系统掌握添加分销商、客户分组管理以及分销商设置权限管理。

任务 2

任务描述:进行线路报名。

任务目标:了解分销商数字化运营的意义,并能够在 ERP 系统上完成线路报名。

任务 3

任务描述:进行退团调账。

任务目标:了解退团调账的功能,能够从 ERP 系统上操作线路产品调账。

任务 4

任务描述:设置单团需求。

任务目标:了解单团定制的内容,掌握单团定制的方法,能够从 ERP 系统中提交需求申请。

任务 5

任务描述:了解旅游供应商。

任务目标:通过 ERP 系统,掌握旅游供应商端口的产品添加等操作。

旅行社运营以客户为中心,销售驱动产品生产和服务传递,并推动产品研发与管理,实现销售、生产、服务传递、旅游项目采购与财务管理的有效结合,构建完善的研发链、供应链和市场链。作为 ERP 系统,其主要客户群体包括旅游供应商和旅游分销商。旅游供应商通过 ERP 系统拓展客户群体,而 ERP 系统则通过佣金盈利。旅游分销商作为营销中介,通过 ERP 系统与制造商、消费者、中间商、代理商等进行沟通。

第一节 旅游分销商

一、旅游分销商管理

通过旅游分销商销售是旅行社的重要销售渠道,包括旅行社同行、电商平台和在线旅游经营商等。通过分销商,旅行社的产品可以覆盖更广泛的市场,从而提升旅游产品的销售量。因此,旅游分销商是旅行社的重要合作伙伴。然而,旅游分销商也有自己的利益考量,其利益与旅行社并不完全一致,因此旅行社需要实时监控各个旅游分销商的经营状况。例如,旅游分销商在旅游产品销售、订单等信息反馈上不及时,以及往来单据和经营数据采集滞后或准确性差,都会不利于旅行社统计、分析和处理游客需求。如果旅游分销商的市场信息反馈不及时,将会使旅行社在制订产品计划和经营决策时具有盲目性。

在分销管理中,分销系统是一个重要的概念,包括六大要素:成本(Cost)、资本(Capital)、控制(Control)、市场覆盖(Coverage)、特性(Character)和连续性(Continuity),简称渠道的"六个C"。对"六个C"的分析是研究分销系统的基础。

（一）成本

选择分销渠道和制定分销策略时,要考虑渠道成本。分销系统的成本由两部分组成:一是开发成本,即旅行社为开发销售渠道而支付的费用,包括调研费、谈判费、平台入驻费等;二是维护费用,即旅行社为维护销售渠道而支付的费用,包括销售人员工资、渠道佣金等。有些渠道的开发成本较低,如美团、携程等,一般免费入驻,但维护费用较高,这些平台会收取较高的佣金。旅行社在选择分销系统时,需要从长远角度权衡渠道成本与渠道收益之间的关系。

（二）资本

选择分销系统时,需要考虑不同方式的资金要求和现金流转方式。旅行社一般有两种销售渠道组建方式:一是自建销售渠道;二是利用现成的销售渠道。

自建销售渠道在初期需要大量的资金投入,例如在目标市场所在区域建立旅行社时,需要支付建设费、运营费等。在数字化时代,消费者的消费习惯发生了变化,旅行社的经营模式也需进行相应调整。为了维持自身的发展,旅行社需要不断挖掘新客户或增强老客户的价值。在流量红利逐渐消失的背景下,挖掘老客户的价值成为旅行社的共识,开发私域流量成为一种新选择。在数字经济时代,旅行社的核心目标是提升为每位客户创造更丰富价值的能力。

现成的渠道,即通过分销商将旅游产品分销到市场上,这种形式通常不需要旅行社进行大量资金投入。在旅游产品未被销售之前,分销商一般不会要求旅行社进行现金流转。

（三）控制

控制能力强是指旅行社能有效管理分销渠道,包括销售人员和市场需求变化,从而以更有效的方式销售自己的旅游产品和服务。自建销售渠道或建设私域流量时,旅行社主要关注的是将控制权掌握在自己手中。对于体量远大于旅行社的旅游电子商务平台,旅行社的影响力有限,游客的影响也相对较小。尽管旅行社付出了辛勤努力,但大部分利润仍流向旅游电子商务平台。

（四）市场覆盖

市场覆盖是指通过销售渠道能够辐射的市场范围。市场覆盖有三个衡量指标,即目标销售、目标市场份额和市场渗透率。这三个指标往往难以兼顾,因此旅行社需要确定它们的优先级,明确哪个指标是发展中的核心。例如,若旅行社目前缺乏资金,则销量应是首要考虑的指标。

(五)特性

在选择分销渠道时,旅行社需考虑旅游产品的性质、旅行社的状况和目标市场的特征。如果旅行社经营的是标准化程度高的大众旅游产品,则可以选择长渠道销售;而对于小众化的非标准产品,则更适合短渠道销售。旅行社的状况包括规模、声誉和财务状况,而目标市场的特征则包括潜在消费者的特征、分销商的特征和竞争者的特征。大众旅游产品适合采用广泛的销售渠道,而小众旅游产品适合采用专营的销售渠道。

(六)连续性

连续性是指考虑分销渠道的寿命,即旅行社需要选择那些能确保销售渠道畅通和具有稳定性的分销方式。

二、旅游分销渠道

旅游分销系统中的分销商是介于旅游生产企业与旅游消费者之间的角色,通常是从事转售旅游产品的、具有法人资格的经济组织或个人。旅游供应商、分销商和旅行社之间的主要联系纽带是旅游产品。旅游供应商将旅游景点、酒店、交通、购物等旅游要素整合、打包并研发成旅游产品,然后发放给分销商。分销商通过多种途径将这些产品分销出去。其中,旅行社既可以作为供应商研发旅游产品,也可以作为分销商销售旅游产品。

根据旅游产品的类型,可以将分销渠道分为以下三种类型。

(一)直接分销渠道

直接分销渠道是指旅行社在市场营销活动中不通过任何旅游分销商,而是将旅游产品直接销售给消费者的渠道。这种渠道从旅行社直接到旅游者,其优缺点都很明显。例如,旅行社可以利用其官网或线下活动,如分发旅游小册子和宣传单,来吸引消费者。对于供应商而言,直接分销渠道的优点包括:能够创造额外的销售机会;能够迅速响应市场;能够增加利润等。对于消费者而言,直接分销渠道的优势在于节省时间并提高旅游产品信息的准确性。直接分销渠道的缺点是推广面有限、人力资源不足,可能导致旅游产品的宣传范围较小。

(二)间接分销渠道

间接分销渠道是指旅行社通过一个或多个分销商向消费者推销旅游产品的营销渠道。间接分销渠道包括两种:一种是多级分销渠道,结构为旅游企业—旅游批发商—旅游代理商—旅游零售商—旅游者;另一种是一级分销渠道,结构为旅游企业—旅游零售商—旅游者。间接分销渠道对供应商的有利之处包括:能够拓宽销售网点,扩展不需管理费用的推销队伍以及扩大旅游产品的宣传范围。对于消费者来说,通过分销渠道能够享受到更加便利和贴心的服务。间接分销渠道的缺点包括:价格相对较高、旅行社对渠道的控制力较弱以及反应速度较慢等。

旅行社通常也是旅游代理商,代理包括景区门票、交通、酒店、保险等相关业务。世界上第一个旅游代理商是托马斯·库克,他于19世纪创立了世界上第一家旅行社。最初,旅行社主要提供铁路旅行服务,后来扩展到包括酒店预订、游船和观光旅游等。旅游代理商的出现大大扩展了旅游产品的销售范围,使更多人了解并购买旅游产品。随后,旅行社在各地出现,显著提升了旅游人数,促进了旅游业的稳步发展。

旅游批发经营商是指主要经营批发业务的旅行社或旅游公司。批发业务指的是旅行社根据对市场需求的了解和预测,大批量地订购交通、酒店和旅游目的地接待等服务,将这些产品组合成不同的包价旅游线路或度假产品,然后通过销售渠道向消费者出售。

旅游零售商是指主要从事零售业务的旅行社。旅游零售商以旅游代理商为典型代表,也包括其他代理机构。通常,旅游代理商的角色是代表消费者向旅游批发商及其他有关食、住、行、游、购、娱方面的旅游企业购买旅游产品。可以说,旅游代理商的业务是代理这些旅游企业,向消费者销售各种旅游产品。

慎思笃行

旅业漫谈 | 扫盲:旅行社从游客身上到底能赚多少钱?

有人说"做旅游的人赚的就是'渣渣钱'。"那么,每个跟团游客,旅行社到底能从中赚多少钱呢?

近年来,负面新闻如"导游打人""强制购物""低价团"等让游客对"旅行社"有了更多的了解。通过这些现象,我们可以看出类似事件的发生与利益驱动有关。

一、旅游产品如何被定价

一条旅游线路的成本通常包括机票费、旅游目的地的交通费、景点门票、酒店住宿费、餐饮费、税费及其他杂费。这些是旅游线路批发商(供应商)的产品成本,不包括办公和人员开支以及产品宣传等其他成本。

我们经常报团的门市是零售商,他们的产品都来自线路批发商。批发商会给门市一个同行结算价,然后门市在此基础上加上自己的利润再销售给游客。因此,对于门市来说,他们的成本主要包括旅行社加盟费、保证金、门面租金、水电费、门店人员工资以及其他杂费等。线路批发商打包旅游产品,旅游门店负责销售旅游产品,通常批发商的成本和资金压力是较大的。

在组合线路产品之前,旅行社还需要负责"踩线",即规划行程、识别卖点、评估安全隐患、了解当地特殊情况等。各种风险和成本都需预估,最后才能决定是否开辟这条旅游线路。

几年前,旅游供应商的利润通常能达到5%左右,而现在,这一利润水平基本降到了3%甚至更低。门店零售商的收入主要来自赚取差价。例如,如果批发商提供的价格是500元,门店可以加100元的利润,将价格卖到600元。

随着网络的发展,淘宝、去哪儿等平台上出现了大量旅游产品。现在比价变得非常容易。

二、旅行社也不做亏本买卖

旅行社通常是走量的生意,宁愿从100个人身上每人赚10块,也不愿从10个人身上每人赚100块。消费者往往比较聪明,他们可能在线下比价后,最终在线上下单。然而,消费者可能不知道的是,线上的旅游产品实际上还是来自线下旅行社。OTA(在线旅行社)实际上是一个旅游二手商。

了解了业内整个业务和费用后,可以看出,所有的零团费和负团费在正常旅行社中是不可能实现的,这明显是不现实的营销手段。在这种情况下,旅行社通常依靠购物店和自费项目的返佣来弥补亏损。例如,如果带200人的团去购物店,购物店可能会按每人50元的标准返佣给旅行社。

三、做生意不易,经营旅行社更是难上加难

对于旅行社而言,旅游出行过程中存在许多风险,如交通问题和意外情况。总的来看,旅行社的经营确实不易。

这篇文章的目的不是劝大家都去跟团旅游,而是分享一些客观事实。跟团旅游有其优点,自由行也有其优势,选择跟团还是自由行完全取决于个人的出游需求。

消费者在旅行时关注的不仅是旅游目的地,还有同行的伙伴。虽然自由行有其魅力,但旅行团在性价比方面更具优势。一些特色主题小团和以一日游为主的微旅游产品,重新成为性价比时代的"白月光"。

在解决自由行交通不便问题的基础上,团游产品不断在高性价比和高体验感之间寻找平衡点。传统旅行社通过收购行业内垂直企业、投资旅游景区等方式,努力整合旅游目的地资源,提升自身产品的竞争力,设计满足用户需求的产品。旅行社要想留住用户,需要设计差异化的旅游产品。归根结底,旅游业作为服务业,其本质在于产品和服务的质量。为了让用户愿意买单,旅行社必须提供高质量、差异化并能满足用户需求的产品。产品才是王道!

(资料来源:根据旅业网公众号内容整理所得)

(三)网络销售

20世纪90年代以来,互联网技术的突飞猛进对旅游业的发展产生了巨大影响,改变了旅游者的消费习惯,也改变了旅游企业的营销思维。在"互联网+"时代,旅游行业在与互联网融合的过程中焕发了新的生机。

网络营销，又称为互联网营销，是指为实现企业营销目标，借助互联网技术开展的营销活动。互联网作为跨越时空的传输媒体，不仅可以为旅游者提供更为方便快捷的服务，还能及时了解旅游者的需求，并有针对性地做出回应。

对于旅行社而言，其所提供的旅游产品主要包括：打包好的旅游线路；旅游过程中的单项旅游产品，如住宿、酒店、景点门票、签证、租车、包车、导游等。除了有形旅游产品，更多的旅游产品是无形的。这类无形的旅游产品具有无形性、不可移动性、生产与消费的同一性、不可储存性、评价的滞后性等特点，这些特点为旅行社旅游产品的销售带来了一定的难度。

由于旅游者所在区域分散，且旅游目的地与客源地之间存在空间距离，这就需要供应商和分销商组成一个庞大的销售网络，这在一定程度上也带来了较大的工作难度。网络营销的出现，使得旅游产品可以通过旅游分销系统进行分销，这可以降低促销成本并扩大市场覆盖范围，提升旅游者的购买体验感，进一步优化客户关系，提高旅游产品的销售效率，增加旅行社的利润空间和营销成效。

目前，旅游分销的网络平台多种多样。既有在旅游行业深耕多年的携程、同程、飞猪、美团、去哪儿等线上平台，也有近两年兴起的、对旅游行业产生重大影响的三大短视频平台——抖音、快手、小红书，这些平台已经成为旅游分销的重要渠道。近年来，旅游供应商通过官网、微信小程序等进行网络直销，还利用短视频平台进行直播销售，或借助平台网红的直播带动销售，这在一定程度上提升了旅游产品的知名度，降低了促销成本，减少了中间环节。同时，旅游分销商也利用各种平台进行网络营销，通过超链接直接下单，大大提升了旅游者的购买效率和体验感。

第二节　分销渠道信息管理

一、添加分销商

旅行社与分销商谈妥合作协议后，可以将分销商添加到旅行社的 ERP 系统中，这样双方的某些信息就可以实现实时共享。具体步骤：进入"客户"模块，选择"客商"，然后进入"客商管理"，点击"添加客户"。客商管理页面如图 7-1 所示。

点击"新增客户"后，旅行社需要填写新增分销商的基础信息，包括客户名称、客商编码、客户税号、具体地址、联系人等。同时，旅行社需要区分客户类型并对客户进行分组（也可以在"客商分组"页面完成）。选择标签页面如图 7-2 所示。

旅行社需要与经销商、加盟店等建立一个全面的交流平台，以保持及时联系并方便业务交流。一方面，旅行社能够及时、准确地发布旅游产品或促销信息，让分销商实时获取这些信息。另一方面，旅行社与分销商签订责任书，明确双方的责任和义务，通过业务信息共享，确保并监督分销商按规定履行职责并承担义务。

图7-1 客商管理页面

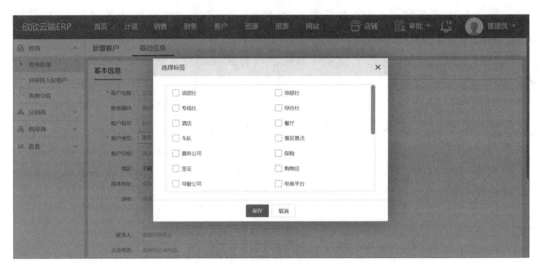

图7-2 选择标签页面

二、客户分组管理

　　分销商对旅行社具有重要意义,但每个分销商对旅行社产生的价值不同。为了准确评估分销商的价值,旅行社通常采用四象限管理法。该方法通过将分销商的忠诚度和"相对利润"作为横纵坐标,结合业务合作过程中的管理数据,使用相对科学的评分规则,对销售量、销售连续性、回款评价、合作方式、违约率、投诉率等因素与"相对利润"进行加权计算。这样,数据模型可以定位分销商在象限中的位置,从而确定其地位和维护指数,实现客户细分管理。

　　在四个象限中,第一象限为绿色,代表旅行社的生命线客户;第二象限为浅绿色,代表支撑客户;第三象限为黄色,代表可培养客户;第四象限为红色,代表业务运作的警戒线。旅行社在客户管理时应根据分销商所在象限,采取不同的维护策略和精力分配,制定相应的维护方案。对于处于第一和第二象限的分销商,旅行社应重点维护;对处于第三象限的分销商,则需要分析其销售比例低、应收账款违约、投诉率高等原因,并对症下药。如果不能改善其位置,则将其降入第四象限,适时淘汰。旅行社可以记录与分销商的业务合作情况,像企业员工绩效考核一样对分销商进行评价,使分销商成为旅行社价值链中不可或缺的组成部分,并根据评价水平动态调整分销商队伍。

对分销商进行分组的具体操作步骤:客户—客商—客商分组—添加分组。旅行社可根据业务指标的评分,将不同的分销商分至不同组别。添加分组页面如图7-3所示。

图7-3　添加分组页面

组别命名出现在客户分组中,可以对客户分组进行添加或删除等操作。客户分组右侧是分组客户,选中要分组的客户,点击"操作"会弹出"添加分组"对话框。在分组名称的下拉菜单中选择分组客户应归入的组名,点击"保存"即可。此外,也可以批量移动分组。

三、分销商设置权限管理

对分销商的管理主要体现在分销权限设置上,包括分销产品权限、账户授信权限和价格权限设置。

(一)分销产品权限设置

分销产品权限设置具体操作步骤:客户—分销商管理—批量设置产品权限。设置分销产品权限页面如图7-4所示。

图7-4　设置分销产品权限页面

在打开的页面上，勾选该分销商可以分销的产品类别，然后点击"保存"即可。也可以在选中分销商后，点击"操作"下拉菜单，再点击"设置"，在设置页面进行相应操作。批量设置产品权限页面如图7-5所示。

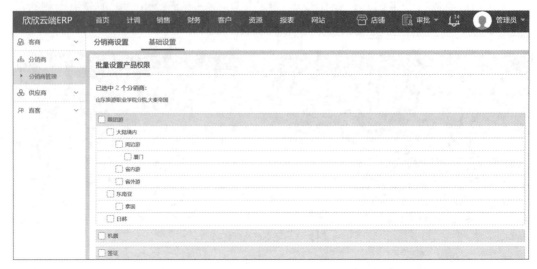

图7-5　批量设置产品权限页面

（二）账户授信权限设置

账户授信权限设置的具体操作步骤：客户—分销商管理，先选择要进行设置的分销商，点开"操作"下拉菜单，点击"授信设置"。账户授信权限设置页面如图7-6所示。

图7-6　账户授信权限设置页面

在"授信设置"的对话框中，填写授信额度和是否进行限制。对信誉较好的分销商给予较高的授信额度，对应收款结账不及时的分销商给予较低的授信额度，甚至不给予授信额度。除了设置授信额度，旅行社还需要对授信设置的有效时间进行限制。分销商在授信期内享有该授信额度,过了授信期,该授信设置将作废,旅行社需要重新对该分销商进行授信设置。授信设置完成后,点击"保存"即可。授信设置页面如图7-7所示。

图7-7 授信设置页面

(三)价格权限设置

价格权限设置的步骤:客户—客商管理,选择要设置的分销商,点开"操作"下拉菜单,点击"价格设置"。价格权限设置页面如图7-8所示。

图7-8 价格权限设置页面

在"价格设置"对话框中,打开"价格等级"下拉菜单,选择所需的价格等级。价格设置页面如图7-9所示。

图7-9 价格设置页面

（四）其他操作

1. 余额查询

旅行社需要随时了解分销商的账户余额，以便及时调整分销政策，避免产生更大损失。有三种方式可以查询分销商余额，具体如下。

第一种方式是通过"客户"—"客商"—"客商管理"，选择要查询的分销商，点开"操作"下拉菜单，点击"账户余额"即可。第一种余额查询方式页面如图7-10所示。

图7-10 第一种余额查询方式页面

第二种方式是通过"客户"—"分销商"—"分销商管理"，选择要查询的分销商，点开"操作"下拉菜单，点击"查看账户余额"进行查看。第二种余额查询方式页面如图7-11所示。

第三种方式是通过"计调"—"平台运营"—"分销商管理"—"账户余额"。可下单金额计算公式如下。

可下单金额＝授信＋账户余额－冻结金额

图 7-11 第二种余额查询方式页面

经营商被冻结的资金不能再使用,高于可下单金额的销售将无法进行。第三种余额查询方式页面如图 7-12 所示。

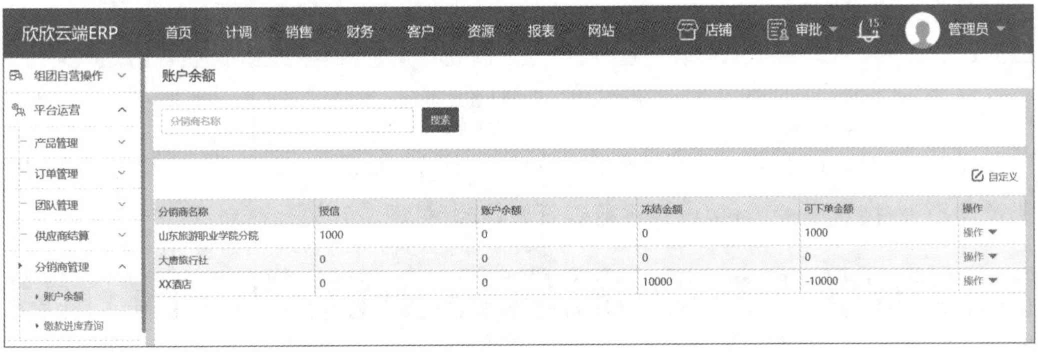

图 7-12 第三种余额查询方式页面

另外,旅行社可以随时查询分销商的缴款进度,具体步骤:计调—平台运营—分销商管理—缴款进度查询,在此可查询到分销商的缴款金额及是否已核销的信息。查询分销商缴款进度页面如图 7-13 所示。

图 7-13 查询分销商缴款进度页面

2. 查看与修改

旅行社通过"客户"—"客商"—"客商管理"选择要查看和修改的分销商，点击"操作"下拉菜单，再选择"查看/修改"。查看/修改页面如图7-14所示。

图7-14　查看/修改页面

在"查看/修改"页面，可以对分销商的基础信息、联系人、银行账户、税号管理、电子章及抬头、接送模板、对接设置进行查看和修改（见图7-15）。

图7-15　查看/修改页面可操作内容

3. 禁用

对于不再合作的分销商，旅行社可以设置为禁用。被禁用的分销商将无法再销售本旅行社的产品。

第三节 分销商数字化订单管理

旅游产品的复杂性决定了运用互联网营销模式的便利性,同时也导致供应商对旅游产品营销的控制力减弱,因此需要使用ERP系统来整合所有订单和销售信息。

ERP系统为分销商提供了专门的端口来进行订单管理和一系列操作。通过ERP系统,供应商和分销商可以随时掌握旅游产品的销售情况以及游客对相关旅游产品的评价,以便调整旅游产品,提升市场竞争力和市场份额。

ERP系统中分配了专门的分销商端口,分销商可以通过账号和密码进行登录。登录以后的页面如图7-16所示。

图7-16 登录以后的页面

分销商主要通过ERP系统进行预订服务、单团定制、同业订单、客户管理、合同管理、发票管理、保险管理、财务管理、基本信息和报表等操作。使用ERP系统的分销商主要是旅行社的门店,这些门店可以分为直营门店和加盟门店两种。

分销商预订下单的旅游产品包括线路报名、机票报名、签订报名、酒店报名、门票报名、交通票报名、商品预订等。每种旅游产品在分销商端口都是单独列出的。

一、线路报名

线路产品是旅行社业务的核心竞争力,是其重要的业务板块之一。点击"预订报名"后,排名第一的即是"线路产品"。点击"线路产品"后,可以查看计调录入的各种线路产品,如图7-17所示。

图 7-17　线路产品页面

根据"研学""香港""澳门"等标签,分销商可以更方便地找到对应的线路产品。同时,可以根据价格、利润、日期和热门程度进行排序,并查看发团日期、成团状态、价格、计划、已售、占位和剩余等信息,以便根据实际情况进行报名下单。分销商的下单页面与销售的下单页面有所不同。分销商的下单页面如图 7-18 所示。

图 7-18　分销商的下单页面

销售员填写信息后,需要填写预订数量,系统将显示同行价和直客价。门店中的加盟店价格与同行价一致。ERP 系统会根据门店类型,在输入数量后显示直客价和同行价。直客价是消费者在门店看到的价格,而同行价则是针对加盟商或其他同行的价格。信息录入完成后,可根据订单是否确定选择"占位"或"报名"。订单提交后,会显示选择"继续报名"或"查看订单",也可以通过快捷入口进行订单操作(见图 7-19)。

图 7-19　订单提交成功页面

点击"查看订单"后,可以看到订单的详细信息。供应商端口的特殊之处在于仅存在付款功能,不涉及收款或与平台结算。确定订单后,可以点击"付款""取消订单"或"修改订单信息"等进行下一步操作。

如果供应商对门店开展了优惠活动,则需要进行退团调账操作。同行掉账申请页面如图 7-20 所示。

图 7-20　同行掉账申请页面

如果减少金额,则需要在金额前加上"－"。选择涉及游客,填写调账原因,然后提交申请。提交申请后,调账信息会显示为"待处理"状态。需要等待平台或供应商审核通过后,才能看到待支付金额的变化。

订单确定后,可以选择付款。付款方式分为现金付款、使用余额付款和使用金币付款三种。付款页面如图 7-21 所示。

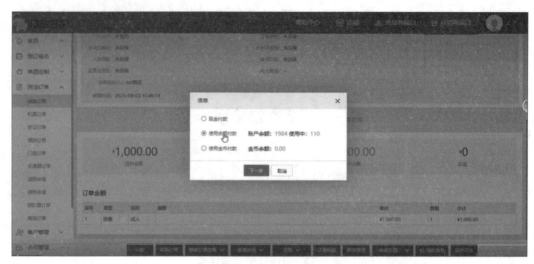

图 7-21　付款页面

付款、取消订单、修改订单信息、新增合同、投保、申请开票、付/退款信息均通过详情页进行操作。

二、查看订单

下单后,相关人员可以通过"同业订单"查看详细的订单信息。

三、单团定制

门店也可以提交需求,包括团队名称、发团日期、行程天数和人数等。确定后,需等待平台报价和确认。确认后,状态将显示为"已成团"。在"成行团队"中可以查看团队状态。需求管理页面如图7-22所示。

图 7-22　需求管理页面

四、客户管理

点击"客户管理"—"游客列表",添加完所有游客后,可以通过"游客列表"进行查看。

"会员列表"针对直营门店,会员就是直客。

五、合同管理

所有的电子合同都可以通过"合同管理"进行查看。

六、发票管理

"发票管理"允许申请纸质发票或电子发票,可以单独开票或批量开票。在订单页,只能进行单独订单开票。

七、保险管理

"保险管理"即查看所有的保险订单。

八、财务管理

"财务管理"页面可查看账户余额,并进行账户充值,还可以查看冻结额度和金币金额,并发出提现申请以提取账户余额。冻结额度要求分销商在账户中存有一定金额,以进行订单预订。

缴款进度查询用于查看订单是否已缴款,缴款后账户冻结额度也会发生变化。

后返明细表用于处理分销商与平台的对账问题。由于大多数旅行社要求分销商的直客价与平台订单价格一致,但平台实际给分销商的是同行价,因此存在一定差额。这个差额需要分销商提供发票,平台会进行后返。通常情况下,平台每月汇总订单,在分销商应付订单、已付订单和后返明细结算清楚后,会进行后返结算。后返明细表主要用于与平台对账。

九、基本信息

门店确定后,将扫描二维码绑定平台,以查看个人信息。个人信息中的微店功能允许消费者扫描二维码进行下单,这些订单将关联到门店相关负责人。

十、报表

订单首付款表允许通过搜索订单号、时间、供应商等来查看订单的应付、未付、后返等相关信息。线路同业收客统计、线路直客收客统计、机票同业收客统计和机票直客收客统计都是根据不同维度进行的报表统计。

第四节　旅游供应商

一、旅游供应商的概念和价值

旅游供应商是指向旅游企业提供生产经营活动所需的各种资源的企业。例如，提供客房、餐饮产品的酒店，提供旅游资源的旅游景点，提供交通运输服务的运输企业，向酒店提供餐具和其他酒店用品的酒店用品公司等。旅游供应商是向旅游企业及竞争对手提供生产旅游产品所需各种资源的企业或个人。

供应商所提供的资源是旅游企业正常运行的保障，也是旅游企业向市场提供旅游产品的基础。把握旅游资源供应环境，不仅有助于保证货源质量，而且有助于降低成本。目前，许多旅游企业采用"定点"制，形成食、住、行、游、购、娱"一条龙服务"，相互提供客源，又相互优惠，收效颇佳。

二、通过ERP系统了解旅游供应商

供应商主要通过ERP系统上线旅游产品，并由组团社负责销售。

登录供应商端口之后显示的页面如图7-23所示。

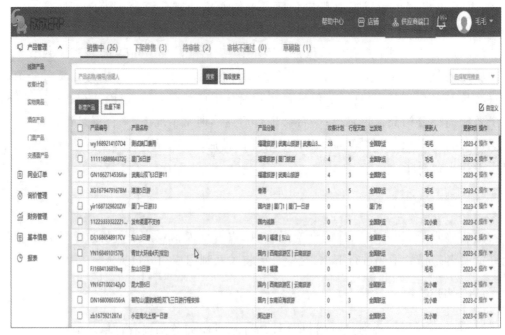

图7-23　登录供应商端口之后显示的页面

通过管理员的账户可以对供应商进行设置。

（一）供应商类型

在 ERP 系统中，供应商类型可分为三种类型，即平台型、直采型、外交型。供应商管理页面如图 7-24 所示。

图 7-24　供应商管理页面

1. 平台型

平台型即平进平出，供应商直接与分销商交易，即为分销商搭建销售的平台，供应商的价格即平台给分销商的价格。平台型的盈利方式有两种：一种是每年供应商提供给平台一定的使用费，这也是比较传统的方式，现在使用较少；另一种是平台每销售一单，平台通过配置端口费收取费用。端口费配置如图 7-25 所示。

图 7-25　端口费配置

在"端口费配置"中，点击"开启"，开启门店奖励金，端口费收取方式可采用统一标准收取和按产品分类收取。统一标准收取即所有的旅游产品收取的佣金都一样，计算规则以人民币计算，可以分为收入比率（即订单金额多少）、团队人头（每人多少钱）、报价类型（不同的游客类型，如老人、儿童等）三种类型。这三种类型中按照收入比率计算的方式占据绝大多数。按产品分类收取，则可分为周边游和出境游。通常，周边游抽取的佣金要比出境游低。

2. 直采型

直采型即加价模式，供应商不直接与分销商交易。平台通过供应商和分销商之间的差价盈利。

3. 外交型

外交型供应商即非签约供应商（临时供应商），平进平出，直接与分销商交易，平台由分销商分享利润盈利。

明确供应商类型之后，在供应商的基础设置页面，可以在发布产品审核、发布计划审核、发布渠道（同业或者直客）、使用公司图册、上传本地图片等几个方面根据实际情况进行相应操作。

（二）采购模式

采购模式主要针对集团型旅行社。集团型旅行社，即在总社的基础上在各地建立分社。集团型旅行社采购模式可以分为集团跨采和公司直采两种。集团跨采是指由总部开设账号上传旅游产品，再由各分社进行旅游产品销售，供应商与总部进行采购结算，总部再与分社进行采购结算。公司直采，即供应商直接与分社进行采购结算，无须经过总部。在这两种采购类型中，集团跨采的使用频率更高，主要根据公司业务类型来进行具体划分。

（三）权限配置

权限配置主要是划定供应商发布旅游产品的类型，避免供应商发布的旅游产品与实际不符。供应商权限配置如图7-26所示。

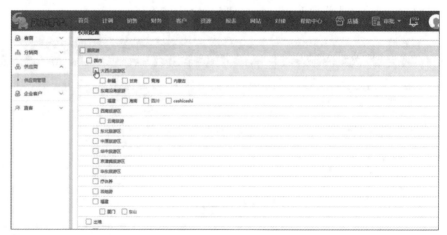

图7-26　供应商权限配置

（四）黑名单

把供应商拉入黑名单后，意味着供应商不再能看到旅行社的旅游产品并进行采购。黑名单页面如图 7-27 所示。

图 7-27　黑名单页面

（五）结算设置

结算主要是供应商发起的，主要针对拖欠供应商应结款的情况。结算设置可分为两种类型，即自动结算和不自动计算。目前，几乎不采用自动结算的方式。自动结算可以根据结算日期以月为单位进行结算，还可以设置结算条件。供应商可以设置相应的条件，要求分销商按照一定时间和条件进行结算。结算设置页面如图 7-28 所示。

图 7-28　结算设置页面

（六）接待社设置

供应商进入 12301 合同查看分销商资质。接待社的设置主要是为了在同一条旅游路线上销售不同的旅游产品。接待社设置页面如图 7-29 所示。

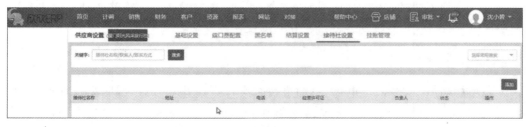

图 7-29　接待社设置页面

（七）挂账管理

挂账管理作为一种特定客户的定制化服务，允许客户在不立即支付款项的情况下，通过挂账方式进行财务记录，但目前此功能使用较少。挂账管理页面如图7-30所示。

图7-30　挂账管理页面

三、旅游供应商ERP系统操作

（一）新增产品

进入供应商端口的操作页面后，点击"线路产品"可以查看有关如何发布产品的相关信息。要发布新产品，请点击"新增产品"进入新增产品页面（见图7-31）。

图7-31　新增产品页面

可以选择不同的产品类型，与发布线路相同，参考项目二。线路产品、实物产品、酒店产品、门票产品、交通票产品的操作与新增产品一致。

（二）审核

新增产品后可进入"待审核"页面进行查看行程、删除、查看计划、编辑计划、复制新增、上传海报、操作日志、审核日志等操作。审核后，产品将进入"销售中"状态。待审核页面如图7-32所示。

图 7-32　待审核页面

（三）收客计划

计划编辑完成且审核通过后，可以查看"收客计划"，也可以从"未发团"菜单中查看产品。未发团页面如图 7-33 所示。

图 7-33　未发团页面

（四）线路订单

分销商或者组团社直接下订单报名后，可以通过"线路订单"中的"有效订单"进行查看。分销商也可以通过设置右上角的"个人信息"进行"微信扫码绑定"操作，这样就可以通过微信端接收订单信息了。基本信息页面如图 7-34 所示。

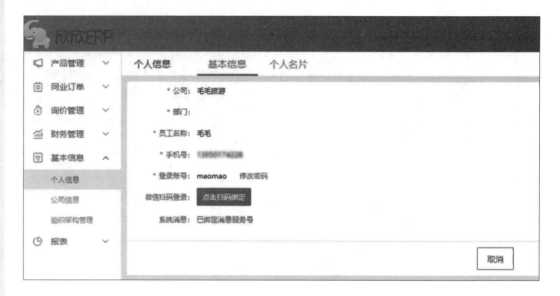

图 7-34　基本信息页面

订单需要二次确认的情况下,可以通过"待确认订单"找到订单然后点击"查看订单"—"确认库存",确认后才可成为"有效订单"。待确认订单页面如图7-35所示。

图 7-35　待确认订单页面

"无效订单"即退款或者取消的订单。

(五)退团申请

分销商购买产品后退团,需要经过供应商确认。退团申请页面如图7-36所示。

项目七 客户管理数字化运营

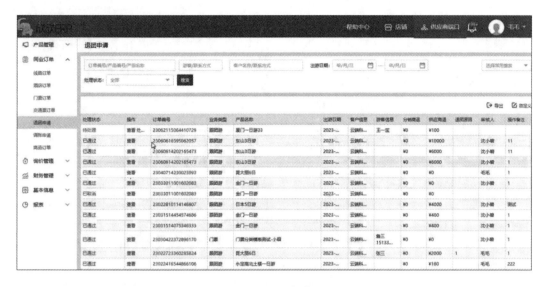

图7-36 退团申请页面

（六）调账申请

当活动优惠或者产品价格上涨时，分销商需要进行调账，这一调整需由供应商进行确认。通常，调账是线下双方已经沟通完毕，需要通过线上平台完成相关的手续。调账申请页面如图7-37所示。

图7-37 调账申请页面

请通过ERP系统为平台型分销商分别按照收入比率设置3%的端口费、按照团队人数设置2%的端口费、按照报价类型设置3%的端口费。

评价标准
Pingjia Biaozhun

序号	评价项目	评价内容	分值/分
1	按照收入比率设置	系统操作准确无误	35
2	按照团队人头设置	系统操作准确无误	32
3	按照报价类型设置	系统操作准确无误	33

项目小结

在数字化时代，旅行社ERP系统成为分销商和供应商之间协作的桥梁。通过ERP系统，分销商能够实时查看供应商的库存情况，进行订单管理，并通过自动化工具快速响应客户需求。供应商则可以利用ERP系统优化库存管理，提高资源利用率，并根据市场动态调整价格策略。这种数字化整合不仅提高了操作效率，还提升了双方的信任度，为旅游业的持续发展提供了强有力的支持。同时，我们都应该具备数字化思维，沉下心来，真正理解数据、掌握数据。

项目训练

请选择一条ERP系统分销商端口已有的线路，并完成线路预订。

在线答题

项目八
平台财务运营和大数据分析

 思维导图

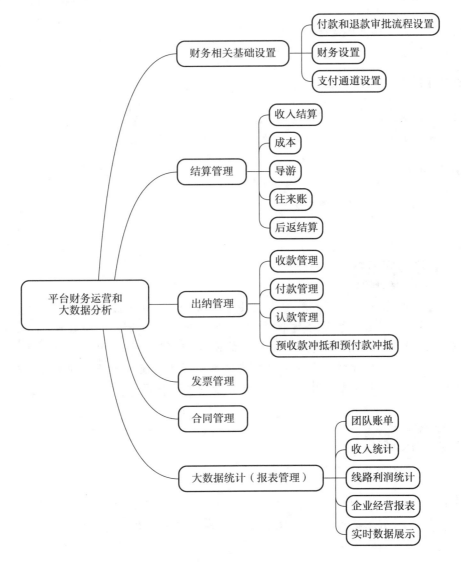

项目描述

无论是旅行社的组团产品还是单项产品,都是旅行社的产品,都需要核算成本和利润。财务部门不仅需要核算总成本和利润,还需要对不同线路和具体单项产品的成本进行详细分析,以便分析经营情况。使用传统的财务软件进行核算通常比较复杂,并且可能不能与旅行社的业务流程同步进行。通过ERP系统,旅行社可以规范业务流程,严格进行审核和审批,并且能够直接汇总产品的销售情况和成本情况,将其沉淀为大数据,为决策提供参考依据。

学习目标

知识目标

(1) 掌握旅行社财务运营的流程和内容。
(2) 了解旅行社大数据统计分析的流程。

能力目标

(1) 能够完成旅行社的财务运营操作。
(2) 能够使用平台进行旅行社大数据分析,并对旅行社的经营管理提供建议。

素养目标

(1) 具有规避财务风险的能力。
(2) 具有一定的财务分析能力。

任务引入

旅行社作为一个以旅游服务为主要业务的企业,涉及旅游线路的设计、组织、销售、接待等多个环节。在这个过程中,旅行社需要处理大量的财务数据,包括收入、支出、成本、利润等。如何高效处理旅行社的账务,如何实时、可视化地向管理人员展示这些数据,成为旅行社财务人员必须解决的重要问题。使用ERP系统能够高效实现财务管理工作,帮助管理者及时了解整个旅行社的业务情况。

学习任务

针对旅行社面临的挑战,请完成以下任务。

任务1

任务描述:为了使用ERP系统管理旅行社的财务运营,请进行与财务相关的基础设置。

任务目标：通过完成本任务，学生可以理解审批流程的重要性，并了解在应用财务模块时需要进行的初始设置。完成本任务后，学生能够为ERP系统进行财务相关的基础设置。

任务2

任务描述：作为一名优秀的旅行社管理人员，你需要向管理者汇报最近旅行社的经营情况。为此，你需要查询各个旅游产品的收入和成本，以及了解现金的收支情况。请利用ERP系统进行相关数据查询，并准备汇报材料。

任务目标：通过本任务，学生能够学习查询不同旅游团的收入和成本，了解导游的借款情况和导游账单。

任务3

任务描述：假设你是旅行社财务部门的出纳，请通过出纳管理完成收付款业务和款项的冲抵，并为客户和分销商开具发票。

任务目标：通过完成本任务，学生可以学习如何支付不同供应商的成本款项，收取客户和分销商的付款，进行销售和计调的款项管理；学习如何根据申请开具增值税普通发票，并在ERP系统中登记，了解虚开发票的法律责任。

任务4

任务描述：如果你是旅行社的总经理，请利用ERP系统查询和分析团队账单以及各个单项业务的运营情况，并为旅行社未来的发展制定规划。

任务目标：通过完成本任务，学生能够学会使用报表查询获取大数据信息，并进行简单的分析，为决策提供依据；能够了解ERP系统首页大数据展示的数据来源。

第一节　财务相关基础设置

旅行社使用ERP系统的重要原因之一是提高办公效率并节省人力成本。使用ERP系统后，旅行社能够快速、准确地查询不同旅游产品的收入、成本和利润，统计资金的收入和支出情况，分析各个旅游线路和不同单项旅游产品的盈利情况，为经营决策提供参考。需要注意的是，ERP系统并不能完全替代财务核算软件。通常，旅行社的财务部门会使用独立的财务核算软件（如金蝶、用友等）来进行记账和生成账册。尽管旅行社数字化运营的ERP系统致力于提供完善的应用功能，但财务工作通常需要与ERP系统平行操作。这种情况可以通过接入开源的记账核算软件来解决，具体体现在系统的上端进行"对接"。

在进行财务模块和报表模块的操作之前，需要进行一些基础设置。这些基础设置包括付款和退款审批流程设置、财务设置以及支付通道设置等。

一、付款和退款审批流程设置

企业的资金流出需要审批,因为规范的管理和建立机制是企业发展的保障和推动力。同时,审批手续产生的相关凭证也是会计人员进行账务处理的原始凭证,需要附在账册中。一般来说,根据金额大小,付款审批可以设定不同的审批流程。例如,20000.00元(含)以下需要本部门经理审批,并由财务负责人审核;20000.00元以上则需要本部门经理审批后转交公司经理审批,再由财务负责人审核。在ERP系统中,可以设置付款审批流程和退款审批流程,即:系统设置—企业设置—审核审批—付款审批或退款审批。系统设置页面如图8-1所示。付款审批、退款审批如图8-2所示。

图 8-1 系统设置页面

图 8-2 付款审批、退款审批

点击编辑流程—新增审批流,可添加审批流程。在审批流程设置中,首先需要选定生效部门,然后设置审批流程。审批流程可以根据部门设置不同的审批路径,同时也可以根据金额的不同设置不同的审批路径。具体路径:选择审批流程生效的部门,然后设置审批员工。需要注意以下内容。

(1) 在设置审批员工时,可以在审批条件中选择"全部款单",这样不论是付款或退款的金额大小,都使用同一种审批流程;若选择审批条件为"按款单金额",则需要为不同金额范围分别设置审批流程。

(2) 审批流程中,"审批员工1"表示需要先传递到员工1账号进行审批,审批通过后再传递到"审批员工2"进行审批。"审批员工1"中的两位审批人是并列关系,即任意一位审批通过即可传递到下一个审批流程。

(3) 需要依次点击系统设置、企业设置、员工管理,在录入员工资料后,才能在审批审核中选择所需员工。新增审批节点如图8-3所示。

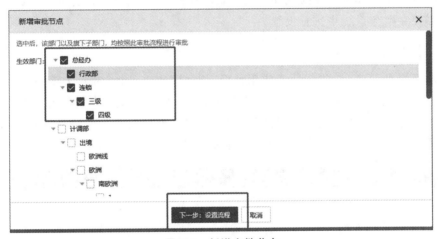

图8-3　新增审批节点

审批员工(全部款单)页面如图8-4所示;审批员工(按款单金额)页面如图8-5所示。

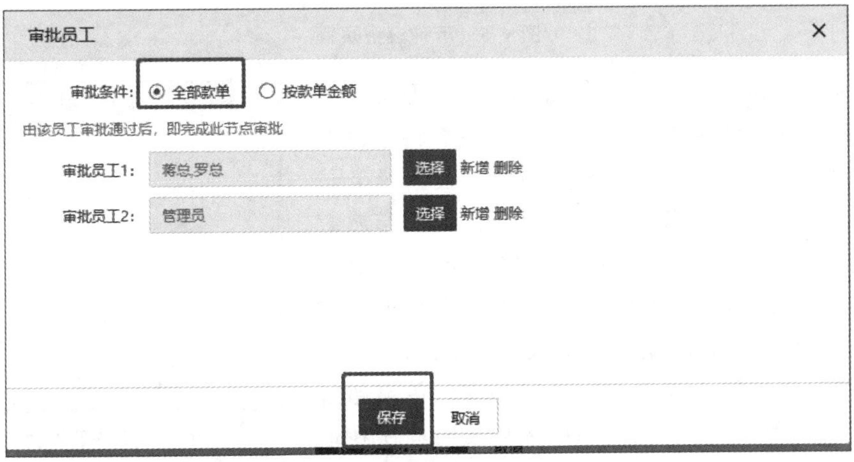

图8-4　审批员工(全部款单)页面

图 8-5　审批员工（按款单金额）页面

二、财务设置

ERP系统有部分财务核算功能，例如款项流动、收支核算、开具发票等，所有这些业务都需要在财务系统中进行设置。

（一）进行币种设置

当涉及海外业务时，旅行社会使用外币，例如销售海外旅行团，需要预订当地住宿和餐饮，以及进行支付和结算等都需要使用外币。在结算时，需要将外币转换为人民币，因此需要进行币种设置。设置路径：系统设置—财务设置—币种设置—新增币种。币种设置页面如图8-6所示。新增币种页面如图8-7所示。

图 8-6　币种设置页面

境内机构和个人向境外支付等值5万美元以上的外汇资金（除无须备案），需向所在地主管税务机关进行税务备案。外汇支付税务备案是由国家税务总局和国家外汇管理局联合设立的管理制度。与旅游和旅行社经营相关的无须备案情况包括两种：一是境内旅行社从事出境旅游业务的团费及代订、代办的住宿、交通等相关费用；二是境内个人因私用汇，如境外留学、旅游、探亲等。如果旅行社对外支付单笔超过5万美元且不符合无须备案条件，需要及时向所在地主管税务机关进行备案。

图 8-7　新增币种页面

（二）添加银行账号

ERP 系统可以用于核算旅行社与供应商、分销商和客户等之间的资金往来。由于旅行社通常会开设多个账户，因此在 ERP 系统中添加这些银行账号是必要的，以便进行财务收支核算。添加银行账号的路径：系统设置—财务设置—银行账号—新增银行账户。需要注意的是，在此添加的银行账户仅包括旅行社的银行账户，客商的账户需要再通过客户—客商管理—银行账号进行设置。银行账户页面如图 8-8 所示。新增银行账户页面如图 8-9 所示。

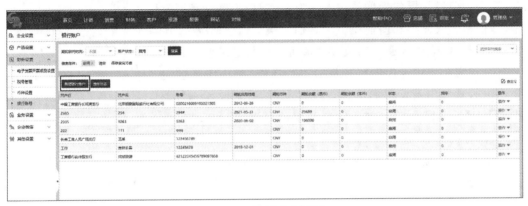

图 8-8　银行账户页面

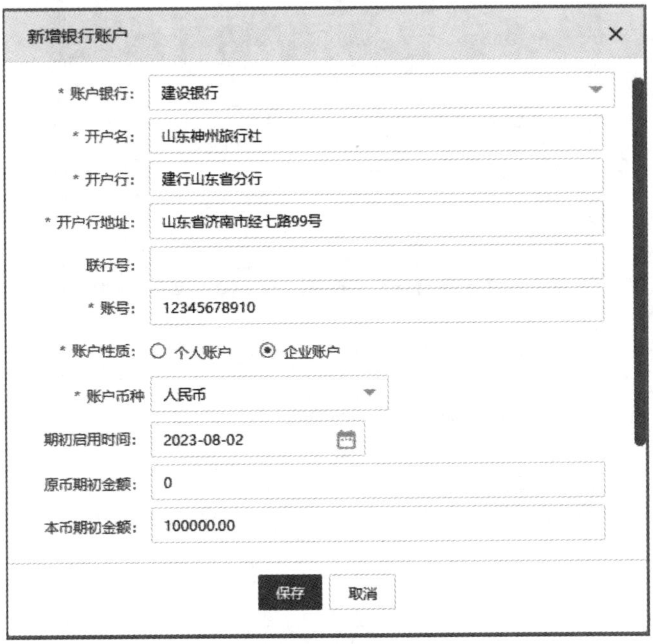

图 8-9　新增银行账户页面

一般来说，公司财务账户不能使用私人账户进行资金往来，这是不合法的。根据《中华人民共和国商业银行法》第四十八条规定，企业和事业单位可以选择在一家商业银行开设一个基本账户,用于日常转账结算和现金收付,不得开立两个以上基本账户。任何单位和个人不得将单位的资金以个人名义开设账户存储。

在 ERP 系统中新增银行账户时,如果添加的是公司账户,需要选择账户性质为企业。如果添加的是私人账户,则应选择个人账户性质。对于旅行社账户的核算,可以设置本币期初金额,即该账户的期初余额,以便后续财务对账。

(三) 发票设置

销售产品后,企业需要为客户开具增值税发票。根据规定,我国增值税发票包括增值税专用发票、增值税电子专用发票、增值税普通发票和增值税电子普通发票。通常情况下,旅行社会开具增值税普通发票或者增值税电子普通发票。企业开具发票需要使用专门的税控系统进行操作,而 ERP 系统主要用于管理和申请发票的流程。设置流程:系统设置—财务设置。"财务设置"中有"电子发票开票项目设置"和"税号管理"两部分(见图 8-10)。

企业营业执照示例图如图 8-11 所示。增值税普通发票如图 8-12 所示。

图 8-10　财务设置内容

图 8-11　企业营业执照示例图

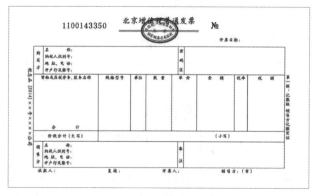

图 8-12　增值税普通发票

电子发票开票项目设置需根据市场监管部门颁发的营业执照中的经营范围,将能够开具的具体项目填入系统中。只有这样,在申请开票时才能选择适当的开票项目。同时,税号管理是指发票销售方需要填写的纳税人识别号。

三、支付通道设置

随着网络的发展,第三方支付迅速发展,如支付宝、微信支付、云闪付等已经深入到我们的生活中。在支付过程中,客户更倾向于使用这些第三方支付渠道,而不仅仅是传统的银行账户转账。因此,ERP系统也已经增加了支持通过第三方支付渠道进行付款的功能路径。旅行社使用第三方支付的设置步骤:系统设置—业务设置—支付渠道设置。一般情况下,第三方支付是有手续费的,手续费需要旅行社承担。

第二节 结算管理

利润是衡量企业运行成果的重要指标,也是企业缴纳企业所得税的依据之一。表8-1展示了利润表的一部分,详细列出了净利润的计算过程。在计算净利润时,关键指标包括营业收入和营业成本。

营业收入指的是企业从其主营业务或其他业务中获取的总收入。对于旅行社而言,营业收入包括所有产品的收入,例如团费和单项服务收入等。

营业成本,也称为经营成本,是指企业销售商品或提供劳务所发生的成本。对于旅行社来说,营业成本包括景点门票费用、宾馆费用、机票费用和大巴车费用等支出。

这些指标的准确记录和分析对于评估企业的盈利能力和经营效率至关重要。

表8-1 利润表(部分)

会企02表

编制单位:　　　　　　　　　　　年　　月　　　　　　　　　　　单位:元

项目	本期金额	上期金额
一、营业收入		
减:营业成本		
税金及附加		
销售费用		
管理费用		
研发费用		
财务费用		
其中:利息费用		
利息收入		

续表

项目	本期金额	上期金额
加：其他收益		
投资收益（损失以"－"号填列）		
其中：对联营企业和合营企业的投资收益		
以摊余成本计量的金融资产终止确认收益（损失以"－"号填列）		
净敞口套期收益（损失以"－"号填列）		
公允价值变动收益（损失以"－"号填列）		
信用减值损失（损失以"－"号填列）		
资产减值损失（损失以"－"号填列）		
资产处置收益（损失以"－"号填列）		
二、营业利润（亏损以"－"号填列）		
加：营业外收入		
减：营业外支出		
三、利润总额（亏损总额以"－"号填列）		
减：所得税费用		
四、净利润（净亏损以"－"号填列）		
持续经营净利润（净亏损以"－"号填列）		
终止经营净利润（净亏损以"－"号填列）		
五、其他综合收益的税后净额		
不能重分类进损益的其他综合收益		
重新计量设定受益计划变动额		
权益法下不能转损益的其他综合收益		

ERP系统能够方便快捷地统计旅行社的营业收入和营业成本，从而为净利润的核算提供便利。

一、收入结算

（一）收入汇总

ERP系统能够展示旅游产品的收入汇总，路径：财务—结算中心—收入—收入汇总。这里展示的是销售不同旅游产品的收入，主要包括旅行团和各种单项旅游产品的销售收入。收入汇总页面如图8-13所示。

在"查询"功能中，可以按照收款状态、订单状态、订单类型、出发日期等信息进行查询。在显示页面上，可以看到团号、收款状态、已收金额、未收金额等信息。点击

图 8-13 右侧的"自定义"按钮,即可根据需要隐藏和排序展示信息。自定义排序页面如图 8-14 所示。

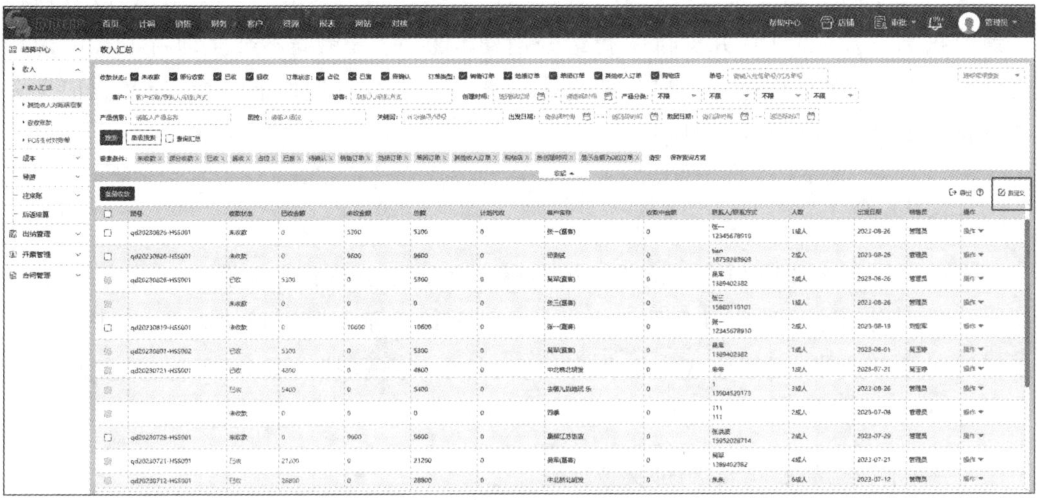

图 8-13 收入汇总页面

图 8-14 自定义排序页面

如果需要进行财务收款操作,可以点击具体的团号或者在最右边进行操作,发起收款。具体的操作流程详见出纳模块。

(二)其他收入对账明细表

其他收入包括除了销售旅游产品所得的直接收入,例如旅行社从代理供应商处获得的返佣以及出租办公楼所得的租金等。

（三）应收账款

当旅行社与分销商采取挂账方式合作时，会产生应收账款。具体来说，散客通过分销商报名参加旅行团，并支付团费给分销商。然而，分销商不会立即将散客的团费支付给旅行社，而是在每月固定日期进行结算。在结算日期之前，旅行社就会记录分销商尚未支付的团费为应收账款。

二、成本

成本是核算企业净利润非常关键的指标。在结算中心的成本模块中，相关人员能够清晰地查询到旅行社所有产品的成本。为了明确展示不同项目的成本，ERP系统不仅能展示全部成本，还能将成本细化为住宿、门票、用餐、接送服务、保险等，使用户能够进行分类查询。

（一）所有成本明细和成本汇总

依次点击成本—所有成本明细，即可查看所有成本，这是旅行社售出的所有产品的全部成本。例如，旅行社发出一个散客成团的订单需要有交通工具、安排团餐、预订住宿、预订门票等，当计调安排这些资源时会将需要的成本在计调—散客—散团调度中录入，录入完成后即可生成该团的总成本。散客调度收入/成本页面如图8-15所示。

图8-15　散客调度收入/成本页面

当财务查看旅行社的所有成本明细时，ERP系统会将一个旅行团的成本拆分成明细，显示为多条记录。当财务查看成本汇总时，系统会将一个旅行团的所有成本汇总为一条记录，向财务人员展示。在成本明细和汇总显示处均可以进行批量付款，具体操作详见出纳模块。所有成本明细页面如图8-16所示。成本汇总页面如图8-17所示。

项目八　平台财务运营和大数据分析

图 8-16　所有成本明细页面

图 8-17　成本汇总页面

（二）安排汇总

安排汇总是组团自营操作中散客调度和单团调度中资源安排的汇总。销售人员售出产品后，需要进行具体的计调安排。例如，销售向散客售出"黄山＋婺源晒秋＋千岛湖 双飞 6 日游"，确认成团后，计调依次点击组团自营操作—散客—散团调度—资源安排，进行接站安排、送站安排、用车安排、用餐安排、门票安排、导游安排、交通票安排、地接安排以及其他安排。团期详情及资源安排如图 8-18 所示。

图 8-18　团期详情及资源安排

续图8-18

当计调做好资源安排后,这些资源安排既可以在财务—结算中心—成本—安排汇总中显示。安排汇总如图8-19所示。

图8-19 安排汇总

(三)单项业务对账明细表和汇总表

单项业务的成本明细表和汇总表展示不同业务的付款状态、结算价格以及具体购买信息,帮助经营者了解各个业务的经营成本和支付状态。

三、导游

在旅行团的行程中,可能会出现导游需要现场支付的情况。例如,对于前往新疆的团队,由于路程和时间等因素,无法预先确定确切的用餐和住宿地点,因此必须根据实际情况决定。在这种情况下,计调无法在团队调度的成本中填写具体的支出和支付方式等信息,通常采用导游现付的方式。因此,导游需要在出团前向财务部门借款,在行程中现场支付费用,并在团队结束后进行报账,完成成本核算。

导游借款的申请由计调完成,或者由导游登录自己的账户完成。计调的操作步骤:计调—组团自营操作—散客—散团调度,即可选择具体旅行团。然后,计调依次点击:资源安排—导游安排,即可添加导游。随后,导游便可以申请借款了。填写借款金额和账号后,导游借款申请成功。计调通过计调—导游—导游借款,即可搜索到借款申请,进行审核后,借款申请发送到财务端。申请导游借款如图8-20、图8-21所示。

图8-20　申请导游借款(1)

图8-21　申请导游借款(2)

财务依次点击:财务—结算中心—导游—导游借款,便能够搜索到借款申请,申请显示审核通过但是未付款。此时,财务通过出纳模块,核销后付款即可。具体付款流程详见出纳模块。审核状态如图8-22所示。

图8-22　审核状态

出纳付款后,依次点击:财务结算—导游—导游借款—详情,即可查看导游借款审核结果、账单状态。"未结清"表示导游未生成账单并报账(见图8-23)。

图8-23　"未结清"页面

借款明细页面如图8-24所示。

图 8-24 借款明细页面

导游报账是旅行团结算成本的必要条件,在财务模块,依次点击:结算管理—导游—导游账单,即可查询所有旅行团的导游报账情况。导游账单如图 8-25 所示。

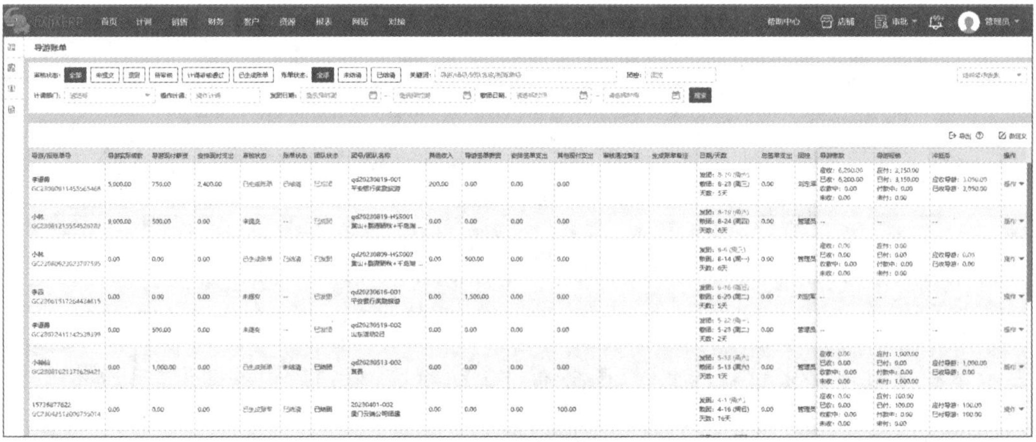

图 8-25 导游账单

四、往来账

往来账是指旅行社与供应商和分销商之间的账目往来。不论是自营还是加盟的分销商,在一个结算期内都可能有多笔往来账目。为避免财务人力资源的浪费,提高办事效率,通常旅行社和客商会定期核算这些账目。为了便于查询不同客商在一个结算期内的账目,ERP 系统提供了往来账查询功能。往来账汇总查询能够显示与不同往来单位的本期应收和应付总额,以及已收和已付的金额。具体的账目详细信息可以通过点击"往来账汇总"进行查看(见图 8-26)。应收明细页面如图 8-27 所示。

往来账期初是为了计算不同往来单位的本期而必须填写的内容,可以点击"具体往来结算单位"修改期初余额。

项目八　平台财务运营和大数据分析

图 8-26　往来账汇总页面

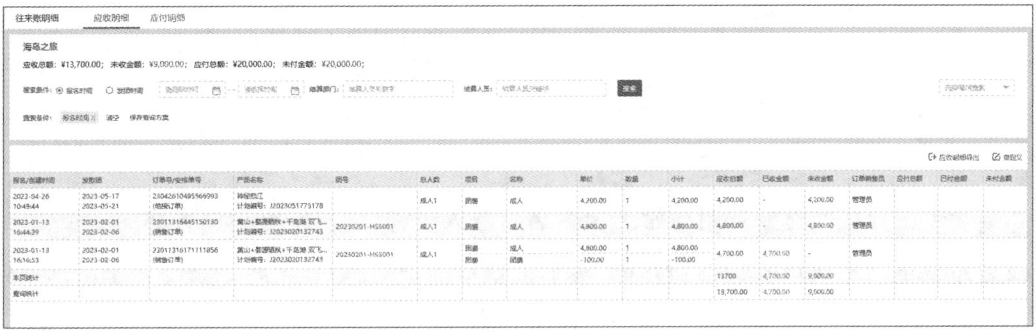

图 8-27　应收明细页面

五、后返结算

分销商的利润来源之一是出售旅游产品的差价,也就是销售价格与旅行社供应价格之差。通常,分销商有两种结算方法:第一种结算方法是,旅行社标价为"华东五市＋夜宿乌镇至尊四日游"2000.00元,分销商以此价格出售,从客户处收取款项,然后以1800.00元的价格与旅行社结算,从中获得200元的利润;第二种结算方法是,旅行社要求分销商以2000.00元的价格销售产品,并要求分销商提前全额付款,售出后旅行社会定期将分销商的佣金退还给分销商。需要注意的是,有些旅行社要求分销商开具与返利金额相等的发票。

在财务模块中,结算中心中的后返结算(见图8-28),展示的是第二种与分销商结算模式的返佣金额。点击具体条目后,可以选择后返订单明细、后返票登记、开票明细(见图8-29)。

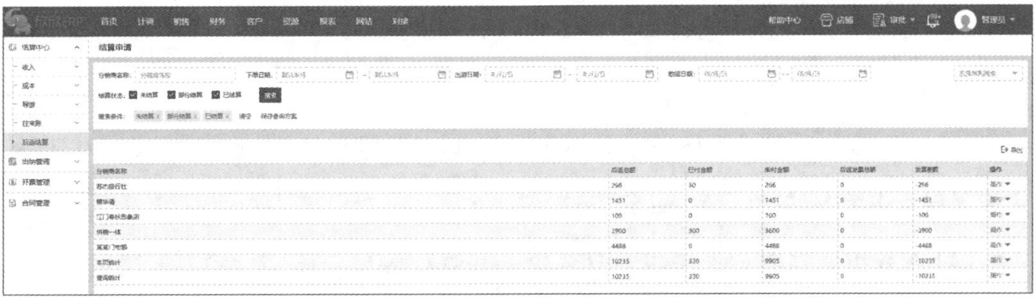

图 8-28　结算中心中的后返结算

图 8-29　后返订单明细、后返票登记、开票明细

"后返订单明细"展示分销商需要返佣的所有订单的明细。需要用发票返佣的分销商,具体发票信息需要填列在"后返票登记"处。"开票明细"是旅行社开具的发票。

第三节　出纳管理

一个旅行社的财务部门通常需要多名财务人员,其中出纳是不可或缺的一员。出纳的职责包括按照相关规定和制度,处理本单位的现金收付、银行结算及相关账务,负责保管库存现金、有价证券、财务印章和相关票据等工作。在ERP系统中,出纳管理与财务部门中出纳岗位的职责密切相关,主要涉及现金收付和银行结算的管理。

一、收款管理

在旅行社的工作流程中,通常有两种方式处理旅游产品的销售和收款。一种是由销售人员向客户销售旅游产品(例如"黄山＋婺源晒秋＋千岛湖 双飞6日游"),客户付款后直接到公司账户。销售人员会通过ERP系统下单,并在客户付款后将占位状态更新为已售。客户通常会选择线上支付,可以通过支付宝、微信或其他第三方渠道,也可以通过银行转账。销售人员需要在系统中录入客户的付款详情。操作步骤如下。

(1)订单详情页面中最下方点击"收款"。

(2)在弹出的信息对话框中点击"现金收款",然后点击"下一步"(见图8-30),对话框中的直客余额是直客在旅行社平台上的充值,案例中是散客,该散客未充值,因此没有余额。

(3)在现金收款对话框中核对具体收款信息,包括订单号、产品信息、出团日期等,正确无误点击下方的"确定"(见图8-31)。

(4)在线下缴款对话框中填写具体付款和收款信息,核对无误后点击"保存"(见图8-32),此时会显示"需要财务审核"。

项目八　平台财务运营和大数据分析

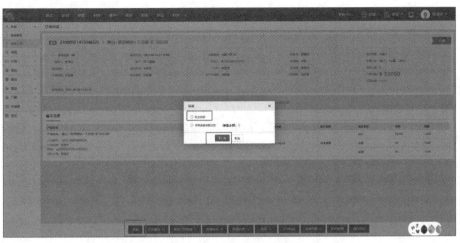

图 8-30　点击"现金收款"

图 8-31　现金收款页面

图 8-32　线下缴款对话框

在这个过程中,出纳需要在出纳管理模块中对收款记录进行核对和核销。这是因为在财务工作中,账面与银行存款需要保持一致。当销售人员通知财务这笔款项已经收到时,财务部门需要在银行流水中查找相关订单,确认两者一致后,在 ERP 系统中确认这笔收款。具体的操作步骤如下。

(1)点击"收款管理",搜索相关付款订单。

(2)核对该订单的相关收款信息,并将其与对应银行账户流水核对,确认是否收到款项。

(3)单击该订单弹出对话框,可以直接点击"核销收款",也可以点击"详情"(见图 8-33),点击"详情"后会显示订单详情,再次核对信息后,点击"核销收款"(见图 8-34)。

(4)弹出对话框进行收款核销,填写收款明细,包括收款渠道、收款账户、银行流水号等信息。用户还可以扫描上传银行回执单作为附件。核对完业务信息后,点击"核销通过"。如果出纳在银行流水中未找到相应的收款记录,则点击"核销不通过"(见图 8-35)。

图 8-33 "核销收款"和"详情"页面

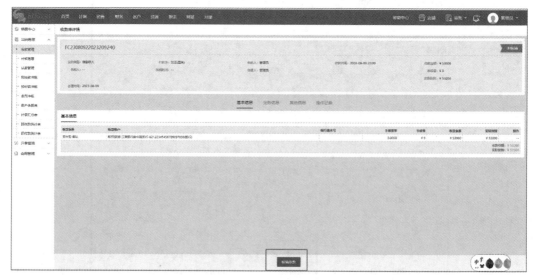

图 8-34 "核销收款"

图 8-35 "核销通过"和"核销不通过"

另外,如果核销后发现核销错误,可以在收款管理页面查询到该订单,单击后点击"反核销"。

当然,财务部门也有权限直接添加收款记录。在"财务"—"出纳管理"—"收款管理"页面的上方,点击"新增预收款"或者"新增现收款"可以添加款项。例如,销售收到一位散客"黄山+婺源晒秋+千岛湖 双飞6日游"的团费,进行入账。具体操作步骤如下。

(1)点击"新增现收款"(见图8-36),并填写相关信息。需要注意的是,业务单号需要与成团信息一致,才能关联到相关订单。收款明细页面如图8-37所示。

(2)填写信息后,需要出纳进行核销。在收款管理中查找到此记录,点击"记录",选择"核销收款"(见图8-38),点击"核销通过"即可(见图8-39)。此时,计调部门可以在订单中查询到,客户张一已支付1000元款项。

图 8-36 新增现收款页面

图 8-37 收款明细页面

图 8-38 核销收款页面

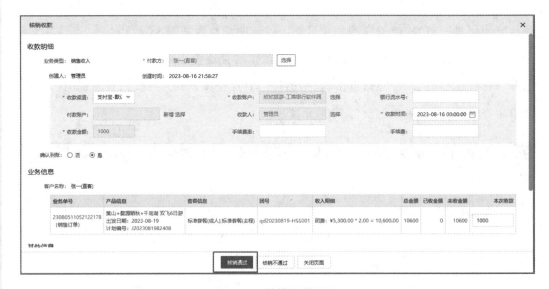

图 8-39 核销通过页面

二、付款管理

付款时,需提交付款申请并经审核确认付款需求。随后,财务部门在ERP系统上填写付款记录,并进行货币支付。

(一)旅行团成本付款

在一个旅行团中,成本可以细分为两类,即其他支出和安排支出。两种成本的付款方式略有不同。

其他支出的付款可以由计调发起,也可以直接由财务付款。当计调发起付款时,需要在具体调度中进行。团队成本为其他支出的可以直接点击"付款"(见图8-40),填写相关支付信息后提交财务审核。提交后,"付款"变为"付款中"。订单明细和付款明细页面如图8-41所示。

图8-40 付款页面

图8-41 订单明细和付款明细页面

在财务模块的出纳管理中,选择"付款管理",搜索相关订单号,可以对付款订单进行核销。选择"确认到账",如果对方开具增值税发票,则选择"有成本票",否则为"无成本票"。付款管理"未核销"页面如图8-42所示。核销付款"核销通过"页面如图8-43所示。

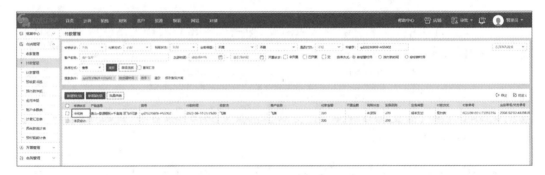

图 8-42　付款管理"未核销"页面

图 8-43　核销付款"核销通过"页面

安排支出付款的操作只能由财务部门进行。计调部门在安排资源时产生的成本需要在团队结束后,由导游提交账单并经计调部门审核后才能进行付款。此时,财务部门可以在"成本"—"安排汇总"页面中,通过相关订单号搜索找到旅游团的所有资源安排。安排汇总页面如图8-44所示。

当需要支付不同的资源安排时,如果付款对象相同,可以选择"批量付款"。否则,需要分别进行单独付款。添加详细的付款信息后点击"保存"(见图8-45),此时显示为"付款中"(见图8-46)。

图 8-44 安排汇总页面

图 8-45 添加付款"保存"页面

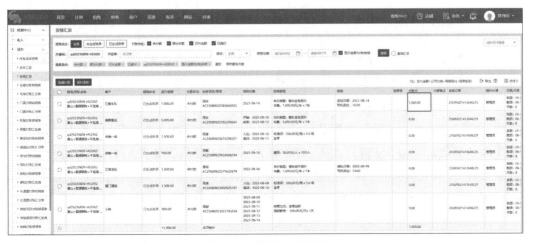

图 8-46 "付款中"状态

在财务模块中,点击"出纳管理"—"付款管理"搜索该订单,核销付款即可(见图8-47)。

图 8-47　核销状态显示

(二)导游借款付款

在付款管理中,可以搜索到导游的借款未付款记录。点击相关订单(参见图8-48),然后选择"核销付款"(见图8-49)。填写相关支付信息后,点击"核销通过",系统将显示已支付此笔借款。此时,出纳需要根据申请中的账户和付款方式,将资金打款到导游的账户上。

图 8-48　未核销订单

图 8-49　核销付款页面

需要注意的是,出纳在处理收款和付款时有不同的记账顺序。通常情况下,是先记账后付款,先收款后记账。

三、认款管理

在一个旅行社的完整架构中,财务和销售环节是分开进行的。然而,销售和收款需要保持一致性,因此销售人员在售出产品后需要负责收款,并与财务对账。当旅行社业务较少时,销售人员可以与财务逐笔核实。但当业务量较大时,逐笔对账会显著降低工作效率。此时,可以利用认款管理功能。认款管理的原理是,财务人员将各个收款途径的流水信息(包括付款人、付款账户、到账金额、收款账户等信息)导入系统,销售人员(收款人员)负责核对信息,认领自己收到的款项及对应的旅游产品信息。通过认款管理,可以快速核销旅游产品的收款情况,并计算销售人员的业绩。

具体操作步骤如下。

(1)财务人员核对所有账户的收款信息,将未知来源的收款信息导入系统。点击

"财务"—"出纳管理"—"认款管理"—"新增认款单/批量导入"。导入时可以逐笔导入,即直接点击"新增认款单"(见图8-50);若使用批量导入,则选择"批量导入",并下载流水信息导入模板(见图8-51)。

图8-50 "新增认款单"页面

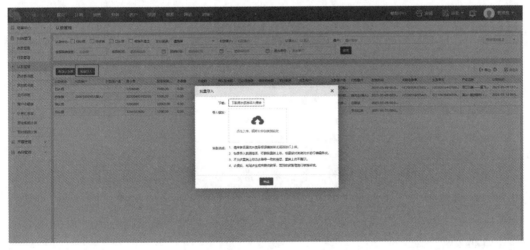

图8-51 "批量导入"页面

(2)由认款人认领收款项目。点击"计调"—"业务处理"—"认款管理",选择相对应的款项,点击"认领认款",添加正确的收入对应订单,并填写金额,选中业务单号,点击"确定"(见图8-52)。此时该笔款项认款状态变为"待核销"(见图8-53)。

(3)最后由财务依次点击"财务"—"出纳管理"—"收款管理"进行核销。搜索该订单,选中该订单后选择"核销收款",核对信息后,点击"确认"即可(见图8-54)。此时核销状态变为"已核销"。

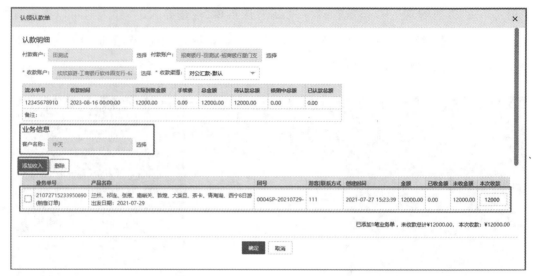

图 8-52　认款明细

图 8-53　认款状态

图 8-54　"核销收款"

四、预收款冲抵和预付款冲抵

分销商和供应商与旅行社的业务往来通常不是逐笔结算的,而是定期结算的。如果分销商预先向旅行社支付了款项,可以将预收款用于抵消应付款。同样地,如果旅行社向供应商预付了款项,在定期结算时可以将预付款用于抵消应付款。以分销商预付款冲抵为例,操作过程如下。

(1)旅行社预收分销商资金,在"客户"—"分销商"—"分销商管理"中,点击具体分销商后选择查看账号余额,即可看到该分销商的余额,如图 8-55 所示。如需充值,在此页面上方点击"账户充值"即可。

(2)分销商为其客户下单后,需要向旅行社付款,金额可以使用账户余额冲抵。财务在"财务"—"结算中心"—"收入"—"收入汇总"中查找客户为供销一体,选择使用账户余额付款即可,如图 8-56 所示。此时在预收冲抵处,此条显示为"已核销"。

核销预收冲抵的第二种方法为,在"预收冲抵"页面上方选择"新增冲抵",填写具体冲抵信息并进行核销。

项目八 平台财务运营和大数据分析

图 8-55 账户余额查看页面

图 8-56 使用余额收款页面

第四节 发 票 管 理

发票管理是指,对增值税发票的管理。因为旅行社差额纳税,所以一般开具普通发票。发票的开具需要在税控系统中进行,ERP系统主要用来进行发票开具的申请和查询。因此,由计调、销售等岗位人员发起开票申请,并填写相关信息后推送给财务人员,财务人员根据具体信息开具发票后将发票是否开具的信息录入,之后申请人员即可查询发票的办理进度。

需要注意的是,发票的开具直接影响税务申报,十分严肃。发票开具的具体品名、金额、对应单位等信息必须如实填写。《中华人民共和国发票管理办法》(2023年修订)第十九条规定,所有单位和从事生产、经营活动的个人在购买商品、接受服务以及从事其他经营活动支付款项,应当向收款方取得发票。取得发票时,不得要求变更品名和金额。

发票管理的具体操作流程如下。

(1)由计调人员或者销售人员进入需要开票的订单,点击订单下方的"申请开票"—"开票申请"(见图8-57),填写开票信息(见图8-58)。

图 8-57 开票申请页面

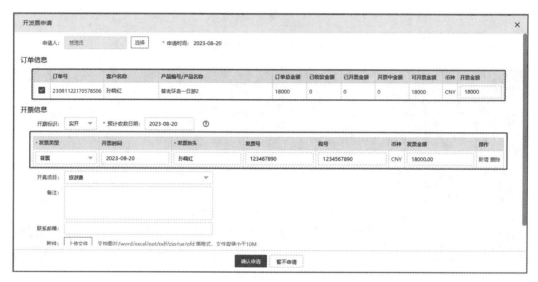

图 8-58 开发票申请页面

(2)财务人员进行审核并开票。财务人员在"财务"—"开票管理"—"开票列表"中即可查询到上述申请,然后点击"开票申请"(见图8-59)。财务人员审核确认无误后在税控系统中开票,在ERP系统中点击"确认开票"(见图8-60)。此时,系统显示开票状态为"已开票"。客户可以来收取发票。

图 8-59 开票申请页面

项目八 平台财务运营和大数据分析

图 8-60　确认开票页面

虚开发票涉嫌犯罪，切勿心存侥幸！

一、什么是虚开发票？

《中华人民共和国发票管理办法》第二十一条规定，任何单位和个人不得有下列虚开发票行为：

（一）为他人、为自己开具与实际经营业务情况不符的发票；

（二）让他人为自己开具与实际经营业务情况不符的发票；

（三）介绍他人开具与实际经营业务情况不符的发票。

【举个例子】

1. 无中生有

没有真实交易发生，却开具发票，这是虚开。

2. 虚开品名

用便于报销的物品名称代替不符合报销要求的实物名称（例如：卖的是水泥，发票开的是钢材；卖的是化妆品，发票开的是劳保用品）。

3. 虚假数量

卖了10个苹果，发票开的是5个苹果。

4. 虚假价格

卖的苹果是10元/斤，发票开的是5元/斤。

5. 虚假关系

东西卖给了甲，发票却开给了乙；甲卖东西给乙，发票却是丙开给乙。

6.进销项品名严重背离

买进废纸,开票黄金。

【总结】发票上的销货方、购货方、商品名称、数量、单价、金额必须与实际经营业务一致,有一处不一致,即为虚开。

二、虚开发票的后果是什么?

(一)受到行政处罚及追究刑事责任

《中华人民共和国发票管理办法》第三十五条规定,违反本办法的规定虚开发票的,由税务机关没收违法所得;虚开金额在1万元以下的,可以并处5万元以下的罚款;虚开金额超过1万元的,并处5万元以上50万元以下的罚款;构成犯罪的,依法追究刑事责任。

(二)纳税信用评定为D级

纳税信用直接判为D级,评价结果将通报相关部门实施联合惩戒,在经营、投融资、取得政府供应土地、进出口、出入境、注册新公司、工程招投标、政府采购、获得荣誉、安全许可、生产许可、从业任职资格、资质审核等方面予以限制或禁止。

(三)列入税收"黑名单"

税务部门联合34个部门对税收违法当事人实施阻止出境,限制其担任企业的法定代表人、董事、监事、高级管理人员,金融机构融资授信参考,限制高消费等28项联合惩戒措施。

【总结】虚开发票行为,轻者给予税收行政处罚,重者直接移送司法机关追究刑事责任,最高可判处无期徒刑。直接评为D级纳税人,列入税收"黑名单",同34个部门进行联合惩戒。

(资料来源:普洱税务)

【思考一下】如果客户组织公司团建在你处报名定制团,团费实际为10万元,但是客户要求你开具12万元的发票,你该怎么办?

第五节　合同管理

旅行社出售的旅行团合同需要对接全国旅游监管服务平台,ERP系统能够与该平台对接,直接提交电子合同。当计调或者销售人员售出旅行团旅游产品的时候,在团队订单页面下方点击"12301对接"—"申请报审",填写具体信息即可。财务这里的合同管理能够查询报审合同的审批状态和具体信息。

第六节 大数据统计（报表管理）

对企业而言，分析不同产品的成本和利润，大力发展利润高的产品，淘汰利润低的产品，对经营决策至关重要。如果企业的产品数量较少，则分析相对简单；但如果产品数量巨大，分析起来困难重重。对于旅行社来说，产品数目非常庞大。不同线路的旅行团需要分别核算成本和利润，同时旅行社也销售单项产品，如酒店、门票和交通票等。在这种情况下，分析不同线路的营收情况以及了解各单项产品的成本和利润，工作量庞大且困难重重。然而，ERP系统的报表模块能够有效解决这些问题。ERP系统中的报表管理包含大量的统计信息，购买ERP系统的旅行社可以根据具体需求进行系统定制。利用大数据统计企业的经营情况，不仅可以提高统计准确性，还能提升工作效率，为企业的发展奠定基础。

一、团队账单

团队账单提供组团散团团账查询、地接散团团账查询、单团团账查询。以组团散团团账查询为例，大数据显示包括收入总额、已收金额、未收金额，以及各成本模块（如房费、餐费、车费、导游费、门票费、保险费等）的金额，并计算团队的毛利、毛利率等经营指标，为进一步优化团队路线提供决策依据。

二、收入统计

收入统计提供销售统计报表查询、销售明细表查询、订单收付款表查询。销售统计报表涵盖所有销售人员的业绩查询，包括已售订单数、已售收入总额、游客数、平均每单销售额等信息。如果旅行社规模较大，拥有多个门店和销售人员，按相同标准统计这些信息将需要大量时间。然而，使用ERP系统后可以更加方便快捷。销售明细表展示所有销售订单，支持选择性查询。订单收付款表则能够查阅所有订单的收款和付款信息。

三、线路利润统计

线路利润统计提供产品利润统计查询、销售人员利润统计查询、销售部门利润统计、客户利润统计查询、收客渠道利润统计等功能。

产品利润统计显示不同线路旅游团的利润情况，包括毛利总额、订单总成本、订单总收入、利润，以及具体的收入来源和成本分摊情况。产品利润统计数据可用于评估各线路的盈利能力，支持旅游线路的筛选决策。

销售人员利润统计展示不同销售人员的订单销售总收入、订单总成本以及销售人员的利润分成情况。这些数据能够帮助管理者识别和奖励表现优秀的销售人员。

四、企业经营报表

企业经营报表主要用于分析企业的总体经营情况、部门业绩以及个人业绩，提供企业经营分析、销售人员业绩分析、销售部门业绩分析、客户业绩分析、收客渠道业绩分析等数据。

企业经营分析提供包括含税和不含税的营业收入、营业成本、毛利等数据的简明利润表（见图8-61）。通常情况下，财务人员每月制作财务报表，但具体的数据需要等到下个月才能确切计算完成，因此存在一定的滞后性。通过ERP系统，经营管理人员能够实时了解企业经营的总体数据，从而做出进一步的决策。

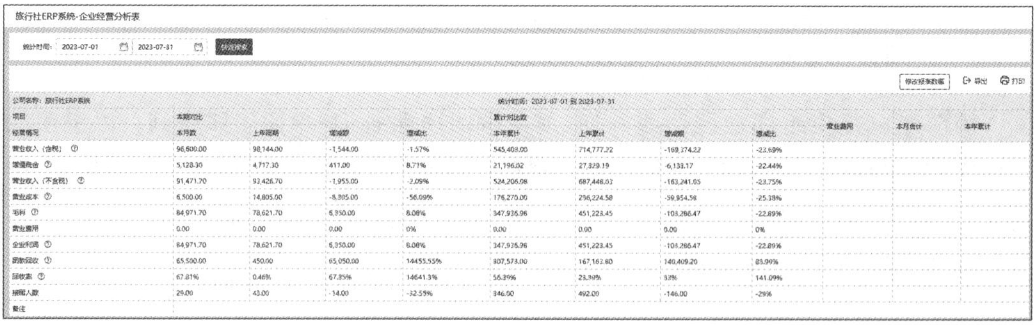
旅行社ERP系统-企业经营分析表

统计时间：2023-07-01 2023-07-31 快速搜索

修改报表数据 导出 打印

公司名称：旅行社ERP系统　　统计时间：2023-07-01 到 2023-07-31

项目	本期对比				累计对比数				营业费用	本月合计	本年累计
经营情况	本月数	上年同期	增减额	增减比	本年累计	上年累计	增减额	增减比			
营业收入（含税）	96,600.00	98,144.00	-1,544.00	-1.57%	545,403.00	714,777.22	-169,374.22	-23.69%			
增值税金	5,128.30	4,717.30	411.00	8.71%	21,196.02	27,329.19	-6,133.17	-22.44%			
营业收入（不含税）	91,471.70	93,426.70	-1,955.00	-2.09%	524,206.98	687,448.03	-163,241.05	-23.75%			
营业成本	6,500.00	14,805.00	-8,305.00	-56.09%	176,270.00	236,224.58	-59,954.58	-25.38%			
毛利	84,971.70	78,621.70	6,350.00	8.08%	347,936.98	451,223.45	-103,286.47	-22.89%			
营业费用	0.00	0.00	0.00	0%	0.00	0.00	0.00	0%			
企业利润	84,971.70	78,621.70	6,350.00	8.08%	347,936.98	451,223.45	-103,286.47	-22.89%			
团款回收	65,500.00	450.00	65,050.00	14455.55%	307,573.00	167,163.80	140,409.20	83.99%			
回收率	67.81%	0.46%	67.35%	14641.3%	56.39%	23.39%	33%	141.09%			
接团人数	29.00	43.00	-14.00	-32.55%	346.00	492.00	-146.00	-29%			
备注											

图8-61　企业ERP系统-企业经营分析表

收客渠道业绩分析展示不同收客渠道的预订数量、收客数量、订单总收入、订单成本、毛利率以及每人利润等信息，旨在关注效率最高的收客渠道。

五、实时数据展示

在报表管理中，ERP系统通过大数据统计计算出许多常用的数据和指标。然而，使用者更希望能够直观地看到结果。因此，在ERP系统的首页上，实时展示了报表管理的数据（见图8-62），通过筛选和分析复杂数据，形成最终结论并直接展示。

举个例子，如果把企业管理者比作一架飞机的机长，首页上的实时数据相当于仪表盘。在飞行过程中，飞机有海量的数据，机长当然不能亲自收集并筛选所有数据。机长需要做的是利用仪表盘上的数据来操作飞机。ERP系统就像飞机的操控系统，不仅能够计算数据，还能挑选合适的数据进行展示。

Note

项目八 平台财务运营和大数据分析

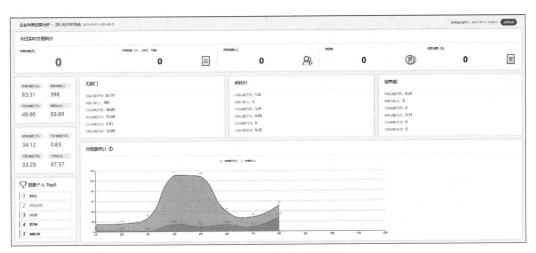

图 8-62　企业年度经营分析

教学互动
Jiaoxue Hudong

如果你要进行财务方面的工作,进行经营分析时,需要什么数据?

评价标准
Pingjia Biaozhun

序号	评价项目	评价内容、标准及细分项	分值/分
1	财务模块基础设置	相关基础设置严谨,合乎企业规章	15
2	结算管理	迅速、准确地查找	20
3	出纳管理	及时、完整、准确、严谨地进行支付,确保平台数据与账册数据一致	40
4	发票管理	合规且按时开具发票	10
5	合同管理	准确、按时申报	5
6	大数据统计分析	发散思维,数据分析	10

项目小结

在数字化时代,企业要保持竞争力和持续发展能力,就必须进行数字化转型。旅行社作为服务行业的重要组成部分,也必须适应这一转型。ERP系统不仅能提升业务效率和改善客户体验感,还能支持数据分析和决策。通过分析收入、成本和费用的来源,降低成本、提高销售量,并减少风险。ERP系统作为数字化转型的重要工具，不仅提升了旅行社的核心竞争力，也为旅行社的可持续发展奠定了坚实的基础。旅行社必须正视数字化转型，及时行动，以保持竞争力并抓住未来的发展机遇。

项目训练

在线答题

东北旅游开启"宠客"模式 冰城"尔滨"凭实力火出圈

央视网消息：2024年元旦假期，黑龙江哈尔滨美轮美奂的冰雪旅游产品让万千游客感受到"冰雪世界"的独特魅力。黑龙江哈尔滨不仅有好看、好玩的冰雪项目，还有热情好客的当地居民。元旦假期三天，哈尔滨的旅游收入就达到近60亿元，创历史新高。

元旦假期，哈尔滨冰雪大世界每天迎来数万名游客，跨年之夜更是一票难求。此外，哈尔滨中央大街也是人山人海，三天的接待游客量接近300万人次，马迭尔冰棍的销售量达10万支，东北虎林园、哈尔滨极地公园、松花江冰雪嘉年华、太阳岛雪博会等景区、景点成为热门旅游打卡地。

这个冰雪季，黑龙江发出倡议，开启"宠客"模式。网红大雪人、蹦迪公交车、冰上热气球，还有索菲亚广场上空升起的人造月亮，很多商家自发给游客送上免费热饮，志愿者纷纷走上街头，为游客提供暖心服务。

除了哈尔滨，黑龙江伊春市、亚布力滑雪旅游度假区、中国雪乡等多个旅游目的地，同样热情迎接八方游客。

某旅游服务平台数据显示，元旦假期，黑龙江整体旅游订单量同比增长130%，异地客群占比75%。酒店预订量同比增长近4倍，租车预订量同比增长超6倍。

（案例来源：央视网）

思考以下问题。

2024年初哈尔滨爆火，你供职的旅行社推出了五条哈尔滨旅行线路，你可以在旅行社的ERP系统中查看相关数据。你打算如何向管理者汇报这五条线路的运营情况？

参 考 文 献

[1] 鲍丹波.未来已来,数字化时代的商业模式创新[M].北京:中信出版社,2018.
[2] 郭斌,王真.商业模式创新[M].北京:中信出版社,2022.
[3] 何大安.互联网应用扩张与微观经济学基础——基于未来"数据与数据对话"的理论解说[J].经济研究,2018(8):177-192.
[4] ＣＫ.普拉哈拉德,文卡特·拉马斯瓦米.自由竞争的未来——从用户参与价值共创到企业核心竞争力的跃迁[M].北京:机械工业出版社,2018.
[5] 卡尔·夏皮罗,哈尔·R范里安.信息规则:网络经济的策略指导[M].北京:中国人民大学出版社,2017.
[6] 魏凯,韩国华.旅行社运营实务[M].北京:中国人民大学出版社,2020.
[7] 周春林,李俊楼,王新宇.旅游电子商务[M].北京:中国人民大学出版社,2020.
[8] 陈宁.旅行社旅游销售管理和营销策略研究[J].会展旅游,2022(7):27-29.
[9] 吴小露.新媒体背景下贵州非遗手工旅游商品一体化销售模式研究[D].贵阳:贵州师范大学,2021.
[10] 高尚.不同销售策略下的旅游供应链决策模型研究[D].哈尔滨:哈尔滨理工大学,2016.
[11] 孟浩.基于混合捆绑销售的旅游服务供应链策略研究[D].天津:天津大学,2018.
[12] 吴明佳.不同销售模式下旅游供应链广告合作策略研究[D].成都:西华大学,2022.

教学支持说明

为了改善教学效果,提高教材的使用效率,满足高校授课教师的教学需求,本套教材备有与纸质教材配套的教学课件和拓展资源(案例库、习题库等)。

为保证本教学课件及相关教学资料仅为教材使用者所得,我们将向使用本套教材的高校授课教师赠送教学课件或者相关教学资料,烦请授课教师通过加入旅游专家俱乐部QQ群或公众号等方式与我们联系,获取"电子资源申请表"文档并认真准确填写后发给我们,我们的联系方式如下:

地址:湖北省武汉市东湖新技术开发区华工科技园华工园六路

邮编:430223

旅游专家俱乐部QQ群号:758712998

旅游专家俱乐部QQ群二维码:

群名称:旅游专家俱乐部5群
群　号:758712998

扫码关注
柚书公众号

教学课件资源申请表

填表时间：_____年___月___日

1. 以下内容请教师按实际情况写，★为必填项。
2. 根据个人情况如实填写，相关内容可以酌情调整提交。

★姓名		★性别	□男 □女	出生年月		★职务	
						★职称	□教授 □副教授 □讲师 □助教

★学校		★院/系	
★教研室		★专业	
★办公电话		家庭电话		★移动电话	
★E-mail（请填写清晰）				★QQ号/微信号	
★联系地址				★邮编	

★现在主授课程情况	学生人数	教材所属出版社	教材满意度
课程一			□满意 □一般 □不满意
课程二			□满意 □一般 □不满意
课程三			□满意 □一般 □不满意
其 他			□满意 □一般 □不满意

教 材 出 版 信 息						
方向一		□准备写	□写作中	□已成稿	□已出版待修订	□有讲义
方向二		□准备写	□写作中	□已成稿	□已出版待修订	□有讲义
方向三		□准备写	□写作中	□已成稿	□已出版待修订	□有讲义

请教师认真填写表格下列内容，提供索取课件配套教材的相关信息，我社根据每位教师填表信息的完整性、授课情况与索取课件的相关性，以及教材使用的情况赠送教材的配套课件及相关教学资源。

ISBN(书号)	书名	作者	索取课件简要说明	学生人数（如选作教材）
			□教学 □参考	
			□教学 □参考	

★您对与课件配套的纸质教材的意见和建议，希望提供哪些配套教学资源：